GENRE, PATRIMOINE ET DROIT CIVIL

ÉTUDES D'HISTOIRE DU QUÉBEC/
STUDIES ON THE HISTORY OF QUEBEC

Magda Fahrni et/and Jarrett Rudy
Directeurs de la collection/Series Editors

1 Habitants and Merchants in
Seventeenth-Century Montreal
Louise Dechêne

2 Crofters and Habitants
Settler Society, Economy, and Culture
in a Quebec Township, 1848-1881
J.I. Little

3 The Christie Seigneuries Estate
Management and Settlement
in the Upper Richelieu Valley,
1760-1859
Françoise Noël

4 La Prairie en Nouvelle-France,
1647-1760
Louis Lavallée

5 The Politics of Codification
The Lower Canadian Civil Code
of 1866
Brian Young

6 Arvida au Saguenay
Naissance d'une ville industrielle
José E. Igartua

7 State and Society in Transition
The Politics of Institutional Reform
in the Eastern Townships, 1838-1852
J.I. Little

8 Vingt ans après *Habitants
et marchands*, Lectures de l'histoire
des XVIIe et XVIIIe siècles canadiens
Habitants et marchands,
Twenty Years Later
Reading the History of Seventeenth-
and Eighteenth-Century Canada
Edited by *Sylvie Dépatie,
Catherine Desbarats, Danielle
Gauvreau, Mario Lalancette,
Thomas Wien*

9 Les récoltes des forêts publiques
au Québec et en Ontario, 1840-1900
Guy Gaudreau

10 Carabins ou activistes? L'idéalisme
et la radicalisation de la pensée
étudiante à l'Université de Montréal
au temps du duplessisme
Nicole Neatby

11 Families in Transition
Industry and Population in
Nineteenth-Century Saint-Hyacinthe
Peter Gossage

12 The Metamorphoses of Landscape
and Community in Early Quebec
Colin M. Coates

13 Amassing Power
J.B. Duke and the Saguenay River,
1897-1927
David Massell

14 Making Public Pasts
The Contested Terrain of Montreal's
Public Memories, 1891-1930
Alan Gordon

15 A Meeting of the People
School Boards and Protestant
Communities in Quebec,
1801-1998
*Roderick MacLeod
and Mary Anne Poutanen*

16 A History for the Future
Rewriting Memory and Identity
in Quebec
Jocelyn Létourneau

17 C'était du spectacle!
L'histoire des artistes transsexuelles
à Montréal, 1955-1985
Viviane Namaste

18 The Freedom to Smoke
    Tobacco Consumption and Identity
    Jarrett Rudy

19 Vie et mort du couple
    en Nouvelle-France
    Québec et Louisbourg au XVIIIe siècle
    Josette Brun

20 Fous, prodigues et ivrognes
    Familles et déviance à Montréal
    au XIXe siècle
    Thierry Nootens

21 Done with Slavery
    The Black Fact in Montreal,
    1760-1840
    Frank Mackey

22 Le concept de liberté au Canada à
    l'époque des Révolutions atlantiques,
    1776-1838
    Michel Ducharme

23 The Empire Within
    Postcolonial Thought and Political
    Activism in Sixties Montreal
    Sean Mills

24 Quebec Hydropolitics
    The Peribonka Concessions
    of the Second World War
    David Massell

25 Patrician Families and the Making
    of Quebec
    The Taschereaus and McCords
    Brian Young

26 Des sociétés distinctes
    Gouverner les banlieues bourgeoises
    de Montréal, 1880-1939
    Harold Bérubé

27 Nourrir la machine humaine
    Nutrition et alimentation au Québec,
    1860-1945
    Caroline Durand

28 Why Did We Choose to Industrialize?
    Montreal, 1819-1849
    Robert C.H. Sweeny

29 Techniciens de l'organisation sociale
    La réorganisation de l'assistance
    catholique privée à Montréal
    (1930-1974)
    Amélie Bourbeau

30 Beyond Brutal Passions
    Prostitution in Early Nineteenth-
    Century Montreal
    Mary Anne Poutanen

31 A Place in the Sun
    Haiti, Haitians, and the Remaking
    of Quebec
    Sean Mills

32 The Pauper's Freedom
    Crime and Poverty
    in Nineteenth-Century Quebec
    Jean-Marie Fecteau

33 Au risque de la conversion
    L'expérience québécoise de la mission
    au XXe siècle (1945-1980)
    Catherine Foisy

34 From Old Quebec to La Belle
    Province
    Tourism Promotion, Travel Writing,
    and National Identities, 1920-1967
    Nicole Neatby

35 Genre, patrimoine et droit civil
    Les femmes mariées de la bourgeoisie
    québécoise en procès, 1900-1930
    Thierry Nootens

Genre, patrimoine et droit civil

Les femmes mariées de la bourgeoisie québécoise en procès, 1900-1930

THIERRY NOOTENS

McGill-Queen's University Press
Montreal & Kingston • London • Chicago

© McGill-Queen's University Press 2018

ISBN 978-0-7735-5459-7 (relié toile)
ISBN 978-0-7735-5460-3 (relié papier)
ISBN 978-0-7735-5577-8 (ePDF)
ISBN 978-0-7735-5578-5 (ePUB)

Dépôt légal, quatrième trimestre 2018
Bibliothèque nationale du Québec

Imprimé au Canada sur papier non acide qui ne provient pas de forêts anciennes (100% matériel post-consommation), non blanchi au chlore.

Cet ouvrage a été publié grâce à une subvention de la Fédération des sciences humaines, dans le cadre du Prix d'auteurs pour l'édition savante, à l'aide de fonds provenant du Conseil de recherches en sciences humaines du Canada.

Nous remercions le Conseil des arts du Canada de son soutien. L'an dernier, le Conseil a investi 153 millions de dollars pour mettre de l'art dans la vie des Canadiennes et des Canadiens de tout le pays.

We acknowledge the support of the Canada Council for the Arts, which last year invested $153 million to bring the arts to Canadians throughout the country.

Catalogage avant publication de Bibliothèque et Archives Canada

Nootens, Thierry, 1973-, auteur
Genre, patrimoine et droit civil : les femmes mariées de la bourgeoisie québécoise en procès, 1900-1930 / Thierry Nootens.

(Études d'histoire du Québec = Studies on the history of Quebec ; 35)
Comprend des références bibliographiques et un index.
Publié en formats imprimé(s) et électronique(s).
ISBN 978-0-7735-5459-7 (couverture rigide). –
ISBN 978-0-7735-5460-3 (couverture souple). –
ISBN 978-0-7735-5577-8 (ePDF). – ISBN 978-0-7735-5578-5 (ePUB)

1. Femmes mariées – Droit – Québec (Province) – Histoire – 20e siècle.
2. Séparation de biens – Québec (Province) – Histoire – 20e siècle. I. Titre.
II. Collection: Studies on the history of Quebec ; 35

KEQ245.N66 2018   346.71401'34   C2018-905021-7
KF521 N66 2018   C2018-905022-5

Ce livre a été composé par Marquis Interscript en 10,5/13 Sabon.

Table des matières

Remerciements ix

Introduction 3

PREMIÈRE PARTIE: LES DROITS FINANCIERS DES FEMMES MARIÉES FACE AU MARCHÉ 19

1 Sauver les meubles : les épouses face aux créanciers de leur mari 27
2 Femmes prête-noms, femmes utilisées : de douteuses transactions entre époux 44
3 Est-elle responsable ? 72

DEUXIÈME PARTIE: LES DROITS FINANCIERS DES ÉPOUSES À L'ÉPREUVE DES CONFLITS CONJUGAUX 91

4 Les annulations de mariage et leurs effets civils 102
5 Les séparations de fait et la moralité du mariage 123
6 Les séparations de corps, les biens des époux et les pensions alimentaires 147
7 Les conflits successoraux et les demandes d'aliments adressées à des tiers 181

Conclusion : Contraindre et protéger ? Les « bonnes intentions » du droit civil et l'institution du mariage, 1900-30 200

Notes 211

Bibliographie 243

Index 259

Remerciements

Comme plusieurs ménages dont ce livre retrace l'histoire, mes dettes sont nombreuses. Heureusement pour moi, elles sont surtout intellectuelles et morales. Le projet de recherche à l'origine de ce travail a gracieusement été financé par le Fonds de recherche du Québec sur la société et la culture, par l'entremise de son programme d'établissement des nouveaux professeurs-chercheurs. Le Conseil de recherches en sciences humaines du Canada m'appuie également de manière soutenue depuis mon entrée en poste à l'Université du Québec à Trois-Rivières, dans le cadre de projets parallèles à l'occasion desquels j'ai pu approfondir ma réflexion sur les « affaires de famille » et le droit en tant qu'outil de régulation sociale. Le programme des Chaires de recherche du Canada, pour sa part, a permis la mise sur pied en 2013 de la Chaire de recherche du Canada en histoire du droit civil au Québec à l'époque contemporaine (19e et 20e siècles) dont je suis titulaire. Sans les dégagements d'enseignement autorisés par cette chaire, ce livre n'aurait certainement pas vu le jour.

Chez McGill-Queen's University Press, les directeurs de la collection Études d'histoire du Québec, Magda Fahrni et Jarrett Rudy, ont aimablement accueilli ce projet de livre et m'ont aidé, dès le départ, à en préciser les orientations. Jonathan Crago, éditeur en chef, a fait preuve d'une patience remarquable. Le dépôt du manuscrit lui a maintes fois été annoncé avant d'être reporté. Il m'a ensuite fait profiter, à toutes les étapes qui devaient encore être franchies, de sa grande expérience et de sa rigueur. Par leurs critiques et commentaires, les deux évaluateurs anonymes sollicités par McGill-Queen's ont aussi enrichi de manière significative certaines parties de la démonstration.

Si l'expression « environnement de recherche » a un sens, c'est bien celui que lui donne, au quotidien, le Centre interuniversitaire d'études québécoises (CIEQ). Deux des professionnels de ce centre, Jean-François Hardy et Tomy Grenier, ont toujours répondu avec célérité – et une bonne dose d'indulgence – à mes multiples requêtes en matière informatique.

Sans le travail remarquable et l'application sans faille de Nathalie Ricard, candidate au doctorat en études québécoises à l'UQTR et coordonnatrice de ma chaire de recherche, cette étude n'aurait pas été menée à terme. Nathalie a fait de nombreuses suggestions à l'occasion d'une lecture du manuscrit. Mille mercis. Il y a plusieurs années, Amélie Allaire et Chrystine Lavoie ont passé plusieurs semaines de la saison estivale enfermées en ma compagnie au Centre du Vieux-Montréal de Bibliothèque et Archives nationales du Québec, à rechercher des dossiers judiciaires originaux parmi les fonds de la Cour supérieure. Ce travail était proprement fastidieux, mais elles l'ont mené à bien avec constance et bonne humeur. D'autres assistantes de recherche assurent depuis un bon moment la collecte des séries documentaires dont je fais usage dans mes travaux. Le fait d'avoir pu compter sur le professionnalisme et l'affabilité de Roxane de Carufel, Camille Trudel et Marilyne Caouette m'a grandement facilité la tâche.

Plusieurs mentors ont eu un rôle déterminant dans mon parcours académique. Dès mon baccalauréat en histoire, Peter Gossage a fait naître mon intérêt pour l'histoire sociale et l'histoire de la famille. Je suis ravi de pouvoir maintenant collaborer avec lui au sein de projets de recherche communs. Peter a toujours été un modèle de chercheur ainsi qu'un collègue modèle, du fait de ses qualités personnelles. Le très regretté Jean-Marie Fecteau a dirigé ma thèse de doctorat et je lui dois de consacrer maintenant mes recherches à l'histoire du droit. Tous ceux et celles qui l'ont côtoyé de près ont profité de la manière, unique à Jean-Marie, de stimuler ses étudiants et de les amener à faire l'histoire des rapports de pouvoir autrement. Yvan Rousseau, enfin, a toujours été de bon conseil, à titre de scientifique de haut calibre et de directeur du Centre interuniversitaire d'études québécoises. Trop rares sont les chercheurs qui, comme Yvan, ont autant le souci du bien commun en recherche.

L'amitié inébranlable de Jean-Michel Beaucher et de Maude Maillot compte énormément dans ma vie. Les moments sont trop rares, la distance est trop grande, tout simplement.

Remerciements

**

Des portions de l'introduction générale, de l'introduction de la première partie, des chapitres 1, 2, 3 ainsi que de la conclusion ont été publiées dans Thierry Nootens, «'Des privations ne peuvent pas constituer une fortune': les droits financiers des femmes mariées de la bourgeoisie québécoise face au marché, 1900-1930», *Revue d'histoire de l'Amérique française* 65, 1 (2011): 59-96. Reproduit avec l'aimable autorisation de la *Revue d'histoire de l'Amérique française*.

GENRE, PATRIMOINE ET DROIT CIVIL

Introduction

Je ne me rappelle pas cela, parce que je donne toujours mes papiers à mon mari, c'est lui qui fait mes affaires.[1]

I told him two or three different times I would leave him, he said I could go, but I would have to leave the children, and I did not consider I could leave the children with such a man, especially after his treatment of them; I stood it as long as I could, and then consulted my lawyers to see what I would do.[2]

Deux dames de la bourgeoisie montréalaise, Blanche Hudon et Mary Stevenson, ont été contraintes de témoigner devant la Cour supérieure au début du 20e siècle. La première devait répondre de la poursuite d'une ancienne servante, dont les gages n'avaient pas été payés, alors que son époux était au bord de la faillite. On l'interrogeait à propos d'une procédure de saisie visant ses propres meubles. La seconde, quant à elle, bataillait ferme pour obtenir une séparation de corps à l'encontre de son époux, Maurice, ainsi que la garde de leurs trois jeunes enfants. Son avocat cherchait à savoir pourquoi elle n'avait pas quitté plus tôt son mari. Blanche et Mary faisaient face à des conjonctures familiales fort différentes. Néanmoins, tant les difficultés financières éprouvées parfois par les ménages que des conflits conjugaux exacerbés étaient susceptibles de mettre en danger la condition financière et l'aisance des femmes mariées de l'élite. C'est à ces deux catégories de problèmes, de même qu'à leur prise en charge par l'appareil judiciaire de la province de Québec, entre 1900 et 1930, que ce livre est consacré.

À n'en pas douter, ces femmes et leurs familles espéraient mieux lors de la célébration de leur mariage. La conclusion d'une alliance avantageuse, au plan de la fortune et de l'honorabilité, constituait encore à l'aube du 20e siècle l'un des pivots de la reproduction sociale des familles de l'élite[3]. L'impératif du bon mariage s'ajoutait à toutes les prescriptions sociales et religieuses faisant de cet engagement un acte sacré et indissoluble, dont la fonction première était la procréation. La condition et le rang des parties n'entraient pas seulement en scène lors du choix d'un conjoint approprié. En milieu possédant, la signature d'un contrat de mariage venait préciser la forme qu'allaient prendre les rapports financiers entre époux.

Une fois le mariage célébré, la trajectoire d'un couple pouvait évoluer de diverses manières. Une croissance des revenus et actifs était envisageable, du fait des activités professionnelles du mari, de l'investissement de capitaux ou d'héritages qui n'avaient pas encore été reçus. Des épreuves n'étaient pourtant pas exclues. Des obligations contractées dans l'espace public engendraient parfois un état de gêne. Dans certains foyers, les rapports matrimoniaux s'aigrissaient et suscitaient coups, tromperies et séparations. L'échec proprement interpersonnel du mariage avait quelquefois de graves conséquences patrimoniales et financières. Dans tous les cas, il pouvait y avoir matière à poursuite, que ce soit de la part de tierces personnes à l'encontre de l'un des conjoints ou d'un époux contre l'autre.

La lecture de ces procès montre sans l'ombre d'un doute qu'un gouffre séparait le niveau de vie des femmes mariées de l'élite de celui de leurs consœurs des milieux populaires. Un éventuel déclassement social constituait certainement un grave motif de préoccupation, tout comme le scandale inhérent à une rupture prochaine. Mais avant que l'échec de l'économie domestique ou que le naufrage du mariage ne se manifestent avec évidence, des servantes voyaient à la bonne marche de la maisonnée ; certaines épouses voyageaient en Europe pour le plaisir ; d'autres habitaient des résidences proprement somptueuses. Leur horizon d'attente était véritablement distinct et distinctif. Il n'était aucunement question, pour elles, de tenter de franchir sans trop de mal la semaine ou le mois, à l'instar des ménages ouvriers dont Bettina Bradbury, Sherry Olson et Patricia Thornton ont fait l'histoire de manière magistrale, sans parler des prostituées et vagabondes pour qui survivre était un défi quotidien, populations marginales et fragiles étudiées par Mary Anne Poutanen[4]. Une déconfiture financière ou une séparation n'allaient pas se traduire, pour la majorité des dames des beaux quartiers, par l'anéantissement complet de leur mode de vie. Aucune, sauf exception, ne serait contrainte de travailler de ses mains. En fait, pour plusieurs de ces femmes et leurs avocats, il s'agissait de mitiger au mieux l'impact du désordre des affaires, du désordre des sentiments, afin d'éviter une chute matérielle et symbolique par trop brutale.

Peu importe le rang des époux, le mariage était un pari sur l'avenir. Cette transition, en milieu possédant, n'avait cependant pas grand-chose du saut dans l'inconnu, du moins au plan financier. Pour ce qui est des sentiments, seul le temps allait dire si les caractères étaient véritablement compatibles. Mais les jeunes filles de la bourgeoisie changeaient de statut juridique et social en étant munies de garanties : séparation des patrimoines, au moyen du recours à la séparation de biens ; dons de l'époux à l'épouse, pour mieux garantir sa protection matérielle ; engagement du mari de voir aux dépenses de sa femme et aux charges de la maisonnée ; transfert de biens et de ressources, souvent, de la part d'ascendants. Il n'était pas question de se lancer dans la vie à deux en comptant seulement sur la santé de l'un et de l'autre, leur débrouillardise, leur force de travail et l'espoir que la bonne entente règnerait dans le ménage.

Même ainsi protégées, quels étaient pour les épouses de la bourgeoisie québécoise les aléas susceptibles de menacer leur statut et de jeter à bas les espérances qui avaient entouré leur union ? Si leurs contrats de mariage et leur appartenance aux classes possédantes étaient censés les mettre à l'abri de la gêne, dans quelle mesure s'agissait-il de protections effectives en cas d'impéritie financière du mari, de malversations de sa part ou de haines domestiques ? Répondre à ces questions permettrait de prendre la mesure d'une forme particulière de fragilité, sociale et genrée, qui n'a pas encore été explorée systématiquement par la littérature scientifique[5]. C'est ce que nous nous proposons de faire, en tenant compte des particularités juridiques, financières et interpersonnelles du mariage bourgeois, tel que pratiqué et vécu à l'aube du 20e siècle au Québec.

Ce mariage était un contrat, au sens anthropologique, en ce que cette « transaction » impliquait des dons réciproques, mais non égalitaires, mettant en jeu des ressources matérielles et immatérielles, comme du pouvoir ou des places dans la hiérarchie sociale, tout en cristallisant des attentes symboliques. L'épouse livrait sa personne, sa disponibilité exclusive en vue de la reproduction, son abnégation, son obéissance et le prestige attaché à une alliance avec sa famille. Y répondaient en principe la protection offerte par le mari (lui aussi un bon parti), détenteur de l'autorité, et sa responsabilité à l'égard du maintien du foyer et du rang des personnes qui dépendaient de lui.

Pour ces femmes, le mariage représentait une institution totale : elles y trouvaient – ou devaient y trouver – valorisation sociale, sécurité matérielle et sujétion, tout à la fois, sans exclure un bonheur espéré.

Les difficultés vécues par des ménages de l'élite ne se sont pas toutes traduites par des recours en justice. Toutefois, les décisions prises par les tribunaux au terme de procès, en première instance ou en appel, ont une importance capitale en ce que la magistrature contribuait ainsi, avec la force du droit et au nom de l'État, à la construction sociale et institutionnelle du statut et de la condition des femmes mariées. Cela à partir d'une interprétation des règles formelles du *Code civil du Bas-Canada* et des clauses des contrats de mariage, certes, mais également au moyen d'une reconstruction, reformulation du parcours et des prétentions des parties, à la lumière des exigences de la preuve. Le déroulement de ces affaires et les raisonnements judiciaires méritent donc une attention particulière. La conduite et la moralité des hommes et femmes impliqués étaient aussi soupesées et, le cas échéant, sanctionnées. À ce titre, nous tenterons de déterminer le rôle de normes morales non explicitement juridiques dans l'issue de ces procès et dans ce processus de construction sociojuridique de l'épouse de bonne famille. À tout prendre, la distinction entre morale, droit et justice ne va pas de soi : le droit, ainsi que sa mise en œuvre par les tribunaux, représentent l'éthique qu'une société se donne à elle-même – ou que ses classes dirigeantes lui imposent, pour être plus précis – en tant que principe d'ordre et projet politique. Certains articles du code civil étaient d'ailleurs explicitement moraux, comme ceux faisant de l'adultère et des violences graves des causes légitimes de séparation de corps. Mais la rhétorique de la faute, à laquelle recouraient souvent les juges, les tableaux peints par ces derniers d'épouses vertueuses ou oublieuses de leurs devoirs, de maris indignes ou escrocs, montrent que la justice allait au-delà du droit et des obligations *stricto sensu* et régulait un large éventail de comportements. Les litiges portés à son attention étaient nécessairement spécifiques les uns par rapport aux autres. Chaque couple a son histoire. Par contre, dans tous les cas, c'était le socle de l'ordre social dans la province de Québec, l'institution du mariage, qui était en jeu. Dès lors, ces affaires privées étaient simultanément on ne peut plus publiques, d'où la réitération appuyée, dans le discours judiciaire, de représentations concernant par exemple le dévouement des femmes mariées et la probité des chefs de famille. Trancher une affaire particulière, c'était aussi faire un exemple, forger l'exemplaire.

Brian Young a récemment renouvelé le champ de l'histoire des élites au Québec en montrant de quelle manière certaines lignées familiales ont formé la colonne vertébrale de l'exercice de l'autorité dans la province, au 19e siècle et au début du 20e siècle. Les assises familiales de cette autorité dépendaient, entre autres choses, du placement de rejetons mâles dans des positions clés au sein de l'appareil judiciaire et de la communauté juridique, institutions qui connaissent toutes deux un développement accéléré à partir du milieu du 19e siècle[6]. Il s'agira ici de voir comment, en retour, la justice régulait à l'interne les ménages bourgeois, leurs tracas et leurs conflits et, par le fait même, les obligations, émotions et rapports de domination qui faisaient la trame de leur existence.

Le point de départ de cette enquête, l'année 1900, se situe en plein apex de la transition au capitalisme industriel. Durant les décennies précédant la Crise des années 30, la grande bourgeoisie canadienne est au sommet de sa puissance tandis que les élites régionales souffrent à des degrés divers du mouvement de monopolisation de l'économie[7]. La concentration des revenus s'avère alors considérable au Canada, comme en témoignent les données présentées par T. Piketty dans son ouvrage phare *Le capital au XXIe siècle*. Cette forme spécifique d'inégalité effectue d'ailleurs un retour en force depuis la fin du 20e siècle[8]. Le terme de notre étude, l'année 1930, outre qu'elle voit la débâcle économique s'approfondir, précède l'adoption de la *Loi modifiant le Code civil et le Code de procédure civile, relativement aux droits civils de la femme*, première petite brèche dans les puissantes digues juridiques érigées autour des épouses. On donne notamment aux femmes séparées de corps une capacité civile pleine et entière[9]. Avant cette loi, le droit familial du Québec fait système, exception faite de révisions mineures. Elle est l'œuvre de la commission Dorion sur les droits civils de la femme, commission qui avait réitéré haut et fort le conservatisme des élites juridiques de la province en droit familial, notamment recourant à la rhétorique de l'éternel féminin qui, en toute logique, ne pouvait engendrer des réformes juridiques importantes. Selon la même commission, les malheurs dont les femmes avaient toujours souffert n'étaient pas imputables au droit[10].

En outre, la période 1900-30 se situe approximativement au milieu de ce que l'on pourrait qualifier de siècle long de la marginalisation juridique et politique des femmes québécoises. Elle se trouve à peu près à mi-chemin entre, d'une part, les premières restrictions apportées aux droits coutumiers des épouses en 1841[11] et la perte en 1849 du droit de vote exercé par certaines femmes[12] et, d'autre part, le retour de ce droit au niveau provincial en 1940 et la *Loi sur la capacité juridique de la femme mariée* de 1964[13].

Âge d'or de la bourgeoisie? Certainement. Âge d'or des femmes de la bourgeoisie? Pas pour toutes. Cette prospérité pouvait leur échapper, en cas d'ennuis financiers ou de rupture. Les contraintes juridiques qui les enserraient et leur mise à l'écart du monde du travail les mettaient véritablement à la merci des secours que pouvait leur fournir l'appareil judiciaire, si elles avaient un bon droit d'action à faire valoir non seulement en vertu du droit positif, mais également en fonction des normes morales attachées à leur sexe et à leur condition. Cette dépendance institutionnelle est une facette rarement explorée de l'histoire du mariage au Québec[14]. Ce phénomène n'était pas seulement judiciaire, mais également sociojuridique: avant même que des problèmes ne surviennent, quelques lignes du testament d'un père ou d'une mère et la phraséologie d'un contrat de mariage avaient déjà tracé les contours de leur personnalité patrimoniale et financière, de leurs assises matérielles. Leur condition était profondément juridicisée. Les conventions censées régir leur statut et les principes du *Code civil du Bas-Canada* avaient une concrétude immédiate dans leur existence. Bettina Bradbury a d'ailleurs déjà fait état de l'influence primordiale des choix faits devant notaire sur le sort des veuves montréalaises au 19e siècle[15].

Il est une règle qui dominait les différents aspects de la dépendance institutionnelle des femmes mariées: leur incapacité civile générale. Qu'est-ce qui fondait cette incapacité, selon les juristes du temps? Une tautologie commode a cours alors: elle découle, disait-on, de la «suprématie du mari[16]». Le même raisonnement circulaire était appliqué à l'obligation d'obéissance, contrepartie du devoir de protection de l'homme[17]. Le juriste le plus en vue de la province au début du 20e siècle, Pierre-Basile Mignault, cite à cet égard l'explication donnée par Frédéric Mourlon, auteur français à partir duquel il a bâti son œuvre maîtresse, *Le droit civil canadien*, imposant commentaire raisonné du code civil en neuf volumes: «le mari doit protéger sa femme, parce qu'il est le plus fort; sa femme est tenue de lui obéir, parce que, si elle était absolument maîtresse de ses actions, la protection que lui doit son mari serait souvent inutile et quelquefois même impossible[18]».

Les hommes de loi se défendent toutefois de dénigrer les femmes en bloc, à titre d'êtres inférieurs ou débiles. Les dames célibataires et majeures ne jouissent-elles pas de la capacité civile? C'est bien le mariage qui transforme les «personnes du sexe» en sexe faible.

François Langelier, juge de la Cour supérieure et professeur de droit à l'Université Laval, ne lésine pas sur la pédagogie pour éclairer la règle voulant qu'une épouse ne puisse être partie prenante d'un procès sans autorisation de son mari[19] :

> quelle est la raison qui fait exiger cette autorisation maritale ? Cette raison c'est le désir de maintenir la femme mariée dans une certaine subordination envers son mari. Ce n'est pas du tout l'incapacité mentale, ou le manque d'expérience de la femme mariée, qui font qu'elle a besoin de l'autorisation de son mari, car il serait absurde de prétendre qu'une veuve ou une fille, parfaitement capable de faire toutes sortes d'actes juridiques jusqu'à neuf heures du matin, et qui s'est mariée à cette heure, est devenue incapable à neuf heures et quart, parce qu'elle a perdu son intelligence, son jugement, et son expérience pendant ce quart d'heure. Ce serait dire que, par le seul fait d'avoir contracté mariage, on doit présumer qu'elle a perdu la tête.[20]

Ainsi, « la véritable raison de l'inégalité conjugale, ce n'est ... pas la faiblesse de la femme, mais bien plutôt parce que la loi croit qu'il est de l'intérêt d'une association qu'il n'y ait qu'un chef et de la dignité humaine que le commandement repose entre les mains du mari[21] ». Dans sa thèse de doctorat intitulée *De l'incapacité légale de la femme mariée*, thèse soutenue en 1899, Louis J. Loranger soutient à son tour que ce n'est pas en raison de défectuosités intrinsèques que les épouses sont soumises à l'autorisation maritale, mais bien en vertu de l'obéissance due au chef de famille[22]. Dieu est appelé en renfort : « placé par le Créateur dans cet Univers où tout lui était soumis, doué par la Providence de qualités spéciales, l'homme fut de tout temps reconnu comme Seigneur et Maître de la société qu'il est appelé à fonder ; à lui appartient le droit de commander et de diriger ceux qui dépendent de lui, à lui aussi d'en porter la responsabilité[23] ». Du reste, la condition féminine au début du 20ᵉ siècle constituerait un progrès par rapport à des temps barbares. Selon Jean-Joseph Beauchamp, important compilateur de jurisprudence, « sous l'influence du christianisme, la femme prit le rang qui lui convenait. Elle ne fut plus asservie, elle ne fut que soumise ; elle ne devint plus la propriété de l'homme, elle fut sa compagne ; elle cessa d'être sa pupille, pour devenir son associée. De là la séparation de biens, le régime dotal, la communauté de biens, et, comme moyen restrictif sous cette nouvelle ère de liberté, l'autorisation maritale[24] ».

Protection, foi et dignité : les barrières morales et symboliques érigées autour des épouses constituent de puissants ouvrages en ce début de 20e siècle. Cette rhétorique, combinée aux contraintes du code et au conservatisme des élites québécoises, n'autorisait pas de remise en cause des fondements du droit familial, hormis à propos de questions très spécifiques. Mais les rigueurs et les arcanes du droit civil ne furent pas sans donner des maux de têtes aux tribunaux chargés non pas de discourir sur le Créateur et l'Univers mais bien d'arbitrer des conflits financiers et interpersonnels bien réels.

Ces conflits ont été repérés à l'aide de la jurisprudence. Les rapports de jurisprudence relatent les circonstances d'affaires portées à l'attention de l'appareil judiciaire, de même que les raisonnements mis en œuvre par les juges. Ces litiges ont été considérés dignes d'être publiés et communiqués à la communauté des professionnels du droit, le plus souvent en raison des difficultés que présentait leur résolution. Si les causes rapportées de la sorte ne constituent pas un reflet fidèle de la pratique ordinaire des tribunaux, elles ont néanmoins une valeur historique considérable[25]. Le fait que la jurisprudence privilégie les cas abstrus permet justement une plongée dans les zones d'ombre et les dangers propres à la condition d'épouse. C'est aussi un excellent matériau pour établir l'éventail complet des problèmes que *pouvaient* connaître les femmes mariées de l'élite : imbroglio autour des termes d'un contrat de mariage, gêne financière, tromperies, violences. Bien d'autres femmes, même moins riches, étaient susceptibles de traverser des épreuves semblables, de faire l'expérience des mêmes risques sociaux et genrés.

De surcroît, les décisions retenues par les périodiques de jurisprudence transcendaient le sort des parties en présence : les principes diffusés par ce moyen avaient un pouvoir référentiel, plus ou moins étendu dans la durée. Ces jugements, parties prenantes du droit vivant en vigueur, pouvaient être appelés en renfort dans des causes similaires, à titre d'autorité plus ou moins contraignante. Cela n'exclut ni les contradictions, ni les changements au sein des normes jurisprudentielles, tout comme le renversement en appel de décisions publiées[26]. Les règles engendrées de la sorte ne jouissaient pas non plus de la légitimité fondatrice des articles du *Code civil du Bas-Canada*. Mais c'est bien en déterminant ce que signifiaient précisément ces articles, leur incidence précise, circonstancielle, que les juges de la province de Québec construisaient juridiquement et socialement l'état de femme mariée.

Trois répertoires généraux de jurisprudence ont été dépouillés en tenant compte de tous les thèmes propres à documenter les aléas de la vie conjugale : aliments, contrats de mariage, donations maritales, obligations des conjoints et séparations de corps, pour ne nommer que les principaux[27]. Les références relevées nous ont ensuite conduit aux procès rapportés en détail dans des périodiques comme *La revue légale* ou les *Rapports judiciaires de Québec*. L'immense majorité de ces causes ont été entendues par la Cour supérieure en première instance. Ce tribunal, *grosso modo*, était chargé de toutes les réclamations supérieures à 200 $, tout en ayant juridiction sur des aspects fort délicats du droit des personnes, telles les demandes de séparation de corps[28]. Plusieurs litiges ont été portés en appel devant la Cour de révision, la Cour du banc du Roi et même, plus rarement, devant le Conseil privé de Londres. Ces appels, notons-le d'emblée, montrent que la mise en œuvre du droit applicable aux femmes mariées de bonne condition pouvait être malaisée.

L'année au cours de laquelle les jugements ont été rendus a déterminé l'inclusion dans le corpus. Établir l'appartenance des ménages à la bourgeoisie présentait trois difficultés : les causes rapportées ne contiennent pas d'informations systématiques quant à la richesse des parties ; ces procès peuvent concerner autant des ménages bourgeois en début de parcours que des personnes d'âge mûr et plus en moyens ; quelques couples, de condition modeste au départ, ont connu par la suite une ascension sociale importante[29]. Il a donc fallu procéder au cas par cas, par indices, tout en tenant compte des trajectoires familiales dans la durée. Ont notamment été pris en considération : la mention d'une « fortune considérable » (chiffrée ou non) ; la propriété d'une entreprise industrielle ou d'une société par actions ; un patrimoine de 30 000 $ ou plus ; des revenus de 4 000 $ ou plus par année ; un don important à l'épouse par contrat de mariage (5 000 $ par exemple) ; des manifestations non équivoques d'un mode de vie bourgeois (présence de plusieurs serviteurs à domicile, voyages d'agrément en Europe, etc.). Inversement, un travail manuel ou agricole, un statut d'employé(e) ou l'existence d'un petit commerce dirigé conjointement par le couple ont conduit d'emblée à l'exclusion du litige. La condition des ménages en cause dans les affaires retenues est malgré tout assez diversifiée : certains font partie de l'élite dirigeante du Canada alors que d'autres appartiennent à la moyenne bourgeoisie régionale ou professionnelle. Mais leur niveau de vie et leur rapport à la propriété n'ont, dans tous les cas, aucune commune mesure avec la réalité des milieux populaires. En tenant compte de ce tri, des quelques décisions rapportées simultanément dans plus d'un périodique et des procès publiés suivis d'appels publiés à leur tour, les rapports de jurisprudence à la base de ce livre concernent 64 femmes mariées distinctes[30].

Est-ce là un groupe représentatif ? C'est l'économie juridique de la condition des femmes mariées de l'élite et les périls de cette condition, au début du 20e siècle, que nous voulons reconstituer. De ce point de vue, la collecte de données a été systématique. Tout le droit applicable aux épouses bourgeoises a été examiné et toutes les interprétations qui s'y rattachent ont été déconstruites. Peu importe qu'elles aient habité Montréal ou Québec, qu'elles aient été protestantes ou catholiques, d'origine canadienne-française ou écossaise, fabuleusement riches ou un peu moins, jeunes ou âgées, etc. : ces femmes se sont toutes retrouvées dans l'arène judiciaire *à titre d'épouse et de mère*, le cas échéant. Elles étaient sujettes au même droit civil, corps de normes formelles sanctionnées par l'État et qui, par essence et en principe, ne fait pas et ne peut faire de telles distinctions. Comme de nos jours, il n'y avait qu'un seul droit familial en vigueur au Québec et l'interprétation d'une donation en contrat de mariage, par exemple, n'avait pas grand-chose à voir avec le groupe socioculturel des parties en cause[31].

Des recherches ont aussi été menées dans les fonds de Bibliothèque et Archives nationales du Québec, afin de mettre la main sur les dossiers judiciaires originaux liés à ces causes rapportées. Fort coûteuse en temps, cette démarche a été limitée aux seules archives de la Cour supérieure pour le district de Montréal[32]. 27 dossiers ont été retracés. Ce nombre peut paraître faible. La politique d'échantillonnage des archives judiciaires de BAnQ n'a pas arrangé les choses pour la période postérieure à 1919[33]. Par contre, certains dossiers comportent plusieurs centaines de pages de documentation variée : déclaration ouvrant le procès, défense opposée, témoignages, jugements interlocutoires et final, actes notariés déposés en preuve, etc. Les témoignages, surtout ceux des épouses convoquées à la barre, se sont avérés particulièrement riches. Ces prises de parole n'ont rien d'épanchements auxquels elles auraient donné libre cours dans le privé : leur propos est structuré par les questions des avocats des deux camps et contraint par l'enjeu précis du litige. Ces dames en disent tout de même parfois plus que nécessaire, judiciairement parlant. Surtout, le discours de certaines permet d'établir ce qu'elles connaissent de leurs droits, de leurs avoirs et des affaires en général. Ces savoirs féminins concrets sont rarement abordés en histoire des femmes au Québec, du moins en ce qui concerne celles des classes possédantes[34]. Or, il s'agit de données cruciales si l'on cherche à mieux cerner leur capacité à agir et à se défendre.

Les périodiques de jurisprudence ont été dépouillés non seulement pour retracer des causes impliquant des épouses de la bourgeoisie mais, également, la doctrine relative à des questions qui les concernaient directement, telles la possibilité assez extraordinaire de pouvoir leur donner des biens futurs – non encore existants – par contrat de mariage et l'interdiction faite aux épouses séparées de biens de se porter caution pour leur mari[35]. Ces deux principes, en apparence assez abscons, étaient l'objet de débats importants dans la communauté juridique. Si le *Code civil du Bas-Canada* ne change pas vraiment entre 1900 et 1930, en ce qui a trait à la place faite aux femmes mariées, il ne s'ensuit pas que sa mise en œuvre allait toujours de soi, loin de là. La liberté étendue dont jouissaient les conjoints et leurs familles en matière de conventions matrimoniales, les empêchements considérables qui frappaient les transactions intraconjugales une fois le mariage célébré et l'incapacité générale des épouses ont placé plusieurs d'entre elles dans une espèce de *no man's land* juridique et contribué, ce faisant, à la fragilité de leur expérience[36].

Si le concept de « sphères séparées » a récemment fait l'objet de critiques, il demeure parfaitement valable pour rendre compte de l'expérience des femmes dont nous ferons l'histoire ici. Des travaux importants, considérés il y a peu de temps encore comme des classiques en histoire sociale, ont montré de quelle manière la bourgeoisie et les classes moyennes se sont construites au 19e siècle à partir de pratiques spécifiques quant aux rapports entre les genres, à la domesticité et à la division sexuée des tâches[37]. Suivant le même récit, les épouses des classes possédantes ont été mises à l'écart des activités de production au profit du foyer, progressivement érigé en site de reproduction et de consommation. Leur entretien et leur oisiveté économique – ce n'est pas dire qu'elles restaient couchées toute la journée – étaient au fondement de l'idéal familial victorien, notamment à titre de signes d'honorabilité et de raffinement[38].

Nancy Christie a invité les chercheurs, il y a peu, à examiner de plus près les dynamiques intrafamiliales afin de réévaluer la dichotomie entre domaine privé féminin et domaine public masculin. Selon Christie, les attitudes féminines envers l'autorité patriarcale et des traces éventuelles de résistance pourraient traduire le fait que les femmes n'ont pas été « emprisonnées » dans la famille à l'occasion de la transition au capitalisme industriel, mais qu'elles auraient plutôt favorisé la diffusion de notions chères au libéralisme moderne comme les droits individuels et l'exercice de la subjectivité[39]. La proposition est audacieuse. Amanda Vickery est allée encore plus loin. La montée du capitalisme au 19e siècle n'aurait pas accentué la marginalisation des femmes, que ce soit par la séparation du foyer et du lieu de travail ou une mise à l'écart des activités productives[40]. Pour Vickery, « the metaphor of separate spheres fails to capture the texture of female subordination and the complex interplay of emotion and power in family life[41] ».

Les archives judiciaires autorisent précisément une reconstitution des dynamiques intrafamiliales et de la « texture » de la subordination des épouses. Lorsque les fondations des ménages sont ébranlées, les normes juridiques et sociales qui circonscrivent leur place ressortent avec force. Or, comme Karine Hébert l'a bien montré, des dames de l'élite n'ayant même pas vécu de crises domestiques ressentaient très clairement l'étroitesse des barrières délimitant leur champ d'action[42]. Le contentieux des tribunaux, comme nous le verrons, traduit éloquemment la dépendance profonde des femmes envers la performance économique et l'honnêteté de leur mari, ainsi que la nécessité, pour elles, de s'être conformées aux préceptes d'abnégation et de pureté pour espérer obtenir gain de cause en cas de séparation. La construction d'une sphère distincte, au 19e siècle, a pesé lourd sur l'expérience des femmes en difficulté du début du siècle suivant. Faire cette démonstration, ce n'est pas nier leur agentivité, mais chercher à en rendre compte de manière précise[43]. Certaines d'entre elles, il faut le dire, ont mené des combats épiques en Cour supérieure et en appel, aux côtés de leur avocat, qui pour réclamer un don promis par contrat de mariage, qui pour être déliée de l'obligation de cohabiter avec un mari imbuvable.

Mais ces femmes tentaient de se maintenir et de se protéger, elles et leurs enfants, dans un État particulier – la province de Québec – qui n'a connu ni les « révolutions domestiques », ni les progrès législatifs qui ont profité aux épouses et ménagères des États-Unis, de l'Angleterre et, dans une moindre mesure, à celles des autres provinces canadiennes. Dans ces juridictions, les *Married Women Property Acts* et les lois sur le divorce ont fait progresser le statut financier et personnel des femmes mariées de manière significative à partir du milieu du 19e siècle[44]. Du reste, à la différence des États-Unis, l'institution du mariage n'a pas été l'objet de très vifs débats politiques et d'interventions législatives substantielles en terre québécoise[45]. Mais au début du 19e siècle, les femmes du Bas-Canada étaient bien mieux loties que leurs consœurs des juridictions anglo-saxonnes en droits patrimoniaux et en protections en cas de séparation. Ce droit familial, pour l'essentiel, se fige par la suite, notamment à l'occasion de la codification de 1866[46]. La question du « retard » du Québec est certes propice aux débats historiographiques, débats teintés par les sentiments nationaux des chercheurs en cause. C'est pourtant clairement le cas à l'époque étudiée, en ce qui a trait à l'institution du mariage. La quasi-hégémonie du conservatisme clérico-nationaliste en milieu francophone n'a laissé percoler alors, dans l'espace public, que des propositions de réforme bien timides, comme celles formulées par Marie Lacoste Gérin-Lajoie[47].

* * *

La première partie de ce livre est consacrée aux poursuites à caractère financier mettant en danger les avoirs des femmes mariées de la bourgeoisie ; la seconde traite des enjeux monétaires et patrimoniaux inhérents aux conflits conjugaux vécus par plusieurs d'entre elles. La compréhension de ces affaires passe nécessairement par une prise en compte des règles de droit dont les parties débattent et que les juges sont contraints d'appliquer à des cas d'espèce. Ainsi, chacune des deux parties est précédée d'un survol des normes juridiques relatives à ces deux grandes catégories de problèmes, de même qu'à l'historiographie pertinente.

Les clauses des contrats de mariage, destinés en théorie à protéger les épouses, pouvaient entrer en collision avec les réclamations des créanciers des ménages. Les juges devaient alors interpréter le sens exact des dons dont elles étaient censées profiter en vertu des mêmes contrats (chapitre 1). Il arrivait, aussi, que des maris en difficulté se servent du patrimoine de leur femme ou de sa personnalité juridique afin d'échapper à leurs obligations, manœuvres que la magistrature se faisait fort de réprimer (chapitre 2). En d'autres temps, c'était plutôt des obligations contractées par les femmes mariées elles-mêmes qui engendraient un procès, à l'issue duquel on déterminait la validité de ces actes et, surtout, si leur propre patrimoine devait en répondre (chapitre 3).

Procédures fort rares mais proprement scandaleuses, les demandes d'annulation de mariage conduisaient à un examen serré de la bonne foi de l'épouse qui s'était crue légalement mariée : cette bonne foi pouvait donner des effets civils, financiers, à l'union avortée (chapitre 4). Les poursuites entamées après des séparations de fait, quant à elles, présentaient un épineux problème juridique : quel effet devaient recevoir les obligations générales des conjoints et les engagements pris en contrat de mariage, si les époux ne cohabitaient plus sans être officiellement séparés de corps, situation en soi illégale ? Les juges en charge de ces affaires, soucieux de maintenir l'ordre, inspectaient de très près la conduite et la moralité des parties en cause (chapitre 5). Il en allait de même en cas de recours à la séparation de corps, qui ne pouvait être accordée que pour des motifs graves. Les pensions alimentaires réclamées par des femmes victimes de l'inconduite de leur mari étaient l'objet de débats assez âpres, tout en étant sujettes à des réévaluations ponctuelles qui faisaient perdurer l'incertitude financière bien après que la séparation ait été accordée (chapitre 6). Certaines épouses, enfin, ont dû croiser le fer avec des tiers afin de tenter de maintenir un train de vie décent. C'est le cas de veuves qui, abandonnées du temps de leur mariage, ont poursuivi sans grand succès les héritiers de leur époux, ainsi que de femmes contraintes de se tourner vers leur beau-père pour en tirer des aliments (chapitre 7).

Les protections offertes en contrat de mariage ou inhérentes aux obligations générales des maris fonctionnaient assez mal en cas de déconfiture financière ou de rupture. Le droit, de concert avec les pratiques notariales en milieu élitaire, était censé contraindre et sauvegarder les femmes mariées ; il devait les assujettir et les mettre à l'abri, simultanément. En cas de difficultés, de procès, les empêchements étaient bien difficiles à surmonter et les dégâts concomitants parfois impossibles à réparer. Les protections, elles, s'avéraient bien plus aléatoires. Le seul atout véritable, dans ce contexte, était la possession d'un patrimoine en propre. Encore fallait-il des biens à soi de valeur suffisante, ce qui n'était pas donné à chacune. La « fragilité » et la « délicatesse » attendues des femmes de l'élite ne relevaient pas seulement de la distinction de classe et du champ symbolique : les risques consubstantiels à la condition matrimoniale les rendaient on ne peut plus concrètes. Des maris malhonnêtes, grossiers et volages ont tout de même été sévèrement blâmés par la magistrature québécoise, parfois de manière très crue ; des femmes ont été sauvées de leurs griffes. Peut-on voir là des signes d'un progrès juridique et social du statut d'épouse et de mère au début du 20e siècle ? Pas nécessairement. Ces individus faisaient honte à l'institution du mariage, pierre d'angle de l'ordre social dans la province de Québec. Sanctionner les mauvais maris, c'était œuvrer au maintien, à la perpétuation d'un système fondé sur la soumission et la vulnérabilité des femmes mariées. Soumission voulue par le droit civil, vulnérabilité vécue dans les faits.

PREMIÈRE PARTIE

Les droits financiers des femmes mariées face au marché

Quel était le sort des femmes mariées de l'élite lorsque leur statut financier et leur aisance étaient menacés par la poursuite d'un créancier du ménage ou par les transactions de leur mari, transactions parfois menées en fraude des droits de tierces personnes ou même de leur propre épouse? Au Québec, les interactions entre rapports sociaux de sexe et avoirs des familles ont surtout été étudiées en ce qui a trait à l'économie familiale ouvrière, durant la transition au capitalisme industriel. Bettina Bradbury a depuis longtemps mis en lumière la nécessaire collaboration des époux pour faire face à l'insuffisance des salaires[1]. Sherry Olson a examiné, dans la durée, les stratégies de couples souvent modestes mais désireux de se « créer un avenir[2] ». Les femmes de la bourgeoisie québécoise vivaient une expérience tout autre. Elles ne travaillaient pas (du moins, elles n'étaient pas assujetties au salariat) et se trouvaient en théorie à l'abri du besoin. Mais les aléas du monde des affaires, tout comme la malhonnêteté d'un époux, pouvaient compromettre l'économie domestique bourgeoise, jusqu'à jeter par terre cet édifice fait de droits, de ressources et d'obligations réciproques.

Nous ne disposons pas, au Québec, de l'équivalent de l'excellente enquête menée par Lori Chambers sur la situation financière des femmes mariées ontariennes, du point de vue de la législation et de la pratique des tribunaux[3]. Son *Married Women and Property Law in Victorian Ontario*, tout comme le travail de Peter Baskerville[4], permet néanmoins de mettre en évidence un fait brut: le sort des épouses s'est considérablement amélioré dans les juridictions de *common law* canadiennes à partir de la seconde moitié du 19ᵉ siècle, alors que les Québécoises ne bénéficièrent pas de progrès équivalents.

Résumons cette histoire complexe, sans en prodiguer tous les détails. Dans ces juridictions, au début du 19ᵉ siècle, les actifs de l'épouse se fondaient à peu près totalement dans la personnalité juridique de l'époux[5]. Or, à partir du milieu du siècle, par une succession d'interventions législatives (les *Married Women's Property Acts*), certains biens et revenus furent progressivement réservés aux femmes mariées; leur autonomie juridique crût d'autant, quant à ces ressources. De fait, il faut distinguer l'attribution de certains avoirs du contrôle effectif de ceux-ci. Les deux réalités ne vont pas nécessairement de pair. Les femmes mariées de l'Ontario purent dès 1872 conserver leur salaire indépendamment de leur mari[6]. En 1884, elles obtinrent la faculté d'administrer l'ensemble de leurs biens et d'en disposer comme si elles étaient célibataires[7]. Les épouses québécoises ne profiteront d'avancées semblables qu'en 1931 et 1964 respectivement[8].

Ces dernières connurent une trajectoire différente, malgré le fait qu'elles profitaient au départ de dispositions plutôt favorables. On en compte trois: la communauté de biens, la séparation de biens et le douaire coutumier. La communauté de biens, automatique en l'absence d'un contrat de mariage, mettait en commun les biens (meubles et immeubles) acquis durant le mariage, les revenus encaissés durant cette période ainsi que les biens meubles possédés par les conjoints au moment de l'union. N'entraient pas dans la communauté les immeubles dont la possession était antérieure au mariage ou hérités par la suite. L'épouse possédait la moitié de la communauté, mais le mari avait la main haute sur ce patrimoine durant la vie commune. La séparation de biens stipulée par contrat de mariage mettait à l'abri, au profit de l'épouse, divers biens propres et les actifs éventuellement transférés à son bénéfice par des ascendants ou son époux à l'occasion de l'union. Quant à lui, le douaire coutumier gratifiait la veuve de l'usage (ou usufruit) de la moitié des propres de son mari décédé, soit les immeubles qui appartenaient à ce dernier en dehors de la communauté. Si on relève parfois des dispositions plus ou moins équivalentes dans les juridictions de *common law* au début du 19ᵉ siècle, les femmes du Bas-Canada jouissaient d'un statut légal et patrimonial assez enviable du fait de l'existence de ces outils juridiques[9].

Qu'arrive-t-il à ces mêmes outils au 19ᵉ siècle et au début du 20ᵉ siècle ? Les effets conjugués de transformations structurelles comme la montée du salariat, source de précarité, et de modifications législatives opérées au profit du libéralisme économique vont amoindrir la portée de deux d'entre eux. La communauté de biens, utile pour les patrimoines – même peu substantiels – des familles rurales, ne signifiera plus grand-chose pour les ménages urbains de salariés dénués d'actifs. Elle posera même un surcroît de problèmes du point de vue des épouses[10]. Le douaire coutumier ne trouvera pas non plus, dans leur cas, de biens immobiliers auxquels s'appliquer[11]. Au surplus, ce même douaire fut progressivement frappé de restrictions et affaibli à partir de la dictature du Conseil spécial[12]. La séparation de biens inscrite en contrat de mariage, elle, pouvait continuer à protéger l'épouse des classes possédantes. Par contre, s'en tenir à ce constat est insuffisant. Ce serait confondre régime juridique et expérience des femmes. Était-ce une protection solide en cas de dérèglement de l'économie domestique bourgeoise ?

Cette interrogation renvoie à une problématique plus globale, celle de la dialectique réunissant libéralisme économique et pratiques sociales concurrentes. Pour Ian McKay, la logique libérale, bien que dominante, n'a pas tout balayé sur son passage et dut composer avec des îlots de résistance[13]. Les modifications apportées au droit civil bas-canadien en vue de favoriser la circulation des biens sur le marché – comme l'abolition de la possibilité d'annuler un contrat entre majeurs pour cause de lésion[14] – ont déjà été bien documentées[15]. Il s'agit là de manœuvres de « désocialisation » de la propriété ou, dit autrement, de changements visant à extraire la propriété de certains rapports sociaux et familiaux dans lesquels elle était enserrée dans les sociétés préindustrielles, au profit d'un marché libéré d'entraves, point focal du système capitaliste. Ces transformations, cependant, ne doivent pas être confondues avec une expérience sociale totale des principes libéraux. Certaines législations et pratiques familiales relatives au patrimoine étaient assez étrangères à un droit contractuel débridé[16].

C'est le cas des contrats de mariage. Ces transactions constituaient la pierre d'angle des nouveaux ménages des classes possédantes. À l'instar des transmissions de biens, elles peuvent être rangées parmi les usages sociojuridiques qui, dans la sphère privée, étaient censés assurer le maintien et la reproduction du statut social des membres de la bourgeoisie. Cela au profit d'un ordre familial fait d'obligations juridiques et financières, d'une solidarité inter-individuelle contraignante et d'attentes spécifiques selon les genres. La propriété, comme phénomène social, occupait donc une position ambigüe. Objet d'une libéralisation significative en droit civil, elle était aussi pour ceux qui en disposaient l'objet de pratiques distinctes des diktats du libéralisme économique.

Le contrat de mariage précisait les modalités de l'insertion de la femme mariée, à titre de détentrice actuelle et potentielle de biens, au sein de l'économie familiale bourgeoise[17]. Actuelle, au sens où le contrat spécifie d'entrée de jeu, le plus souvent, qu'il y aura séparation de biens entre les conjoints et que le mari verra seul aux charges du ménage. Potentielle, car le contrat de mariage en milieu élitaire comporte la plupart du temps des donations de l'époux à l'épouse, transferts dont le calendrier et l'effectivité peuvent varier[18]. Bref, ce sont des tentatives de maîtrise du futur. Tout en établissant ce qui est, le contrat de mariage tente de spécifier ce qui devra être. De plus, séparation de biens et donations au profit de l'épouse ne servent pas qu'à mettre une portion des actifs du couple à l'abri des créanciers du mari. Il s'agit également de la mettre à l'abri du besoin, en cas de veuvage.

L'ÉCONOMIE JURIDIQUE DES BIENS DES FEMMES MARIÉES, 1900-30

Avant d'examiner des cas de dérèglement de ce mécanisme socio-juridique, une question se pose : quelles étaient les règles du jeu dont devaient tenir compte les ménages bourgeois au début du 20e siècle, tant au moment de leur formation qu'après la célébration du mariage ? Les normes du droit civil sont malléables, en ce que les acteurs sociaux peuvent faire des choix ou tenter de les contourner. Par contre, ils ne peuvent pas effectuer n'importe quel choix, surtout en matière matrimoniale, et le non-respect des conventions est sujet à sanction en cas de poursuite. Conséquemment, un exposé des prescriptions du *Code civil du Bas-Canada* qui régulaient d'emblée les rapports patrimoniaux des couples de l'élite est de mise. Ces prescriptions peuvent être regroupées en quatre catégories : la responsabilité des frais du ménage ; la capacité des épouses séparées de biens ; la latitude quant au contenu des contrats de mariage ; les restrictions frappant les interactions financières entre conjoints, une fois le mariage célébré.

Les époux ont conjointement l'obligation d'entretenir leurs enfants[19] et de voir aux charges du ménage, responsabilité qui peut être modulée par le contrat de mariage[20]. De fait, dans l'immense majorité des cas, les maris de l'élite s'engagent à assumer seuls les frais de la maisonnée et l'entretien des enfants à naître, de même que le coût de leur éducation. Aussi, les femmes mariées de toute condition peuvent compter en théorie sur la règle voulant que l'époux soit obligé de « recevoir » sa femme et de « lui fournir tout ce qui est nécessaire pour les besoins de la vie, selon ses facultés et son état[21] ».

Les épouses mariées en séparation de biens, si elles disposent de ce fait d'actifs réservés, n'en ont que l'administration. Elles peuvent par exemple en tirer les revenus, user de ceux-ci, sans avoir la faculté de conduire une transaction importante, telle une vente d'immeuble, sans autorisation de leur mari[22]. Fait à noter, le code civil prévoit explicitement le cas où une épouse séparée de biens ne se prévaudra pas de cette mince capacité administrative. En vertu de l'article 1425, elle peut laisser la jouissance de son patrimoine à son mari qui, en cas de demande de sa femme en ce sens, n'aura pas à rendre compte des revenus dépensés dans le passé mais seulement des « fruits existants[23] ». La subjectivité juridique partielle associée à la séparation de biens n'a donc rien de total.

Le contrat de mariage jouit d'un statut particulier en droit civil[24]. On peut y inclure, en vertu de l'article 1257 du code, des dispositions qui seraient invalides en d'autres occasions[25]. Cela s'explique, précisent certains juges, par la faveur particulière dont jouit le mariage en tant qu'institution sociale fondamentale et par la nécessité de protéger la famille des « revers de fortune » de l'époux et de ses créanciers[26]. Des impératifs publics sont en jeu dans les pratiques matrimoniales, pratiques on ne peut plus privées au premier abord. Selon un article publié dans *La revue du notariat* à la fin des années 20, la latitude prévue à l'article 1257 découle de la volonté du législateur de favoriser la formation des ménages et leur prospérité : « la société est intéressée à la multiplication des unions conjugales : elles accroissent le nombre des sujets, elles contribuent à la richesse sociale, elles apportent un indispensable élément de stabilité, elles assainissent et moralisent la société[27] ». François Langelier se veut plus prosaïque. Sans cette latitude juridique, des projets d'union échoueraient en raison de considérations financières : « tous ceux qui ont un peu d'expérience de la vie savent que, très souvent, un mariage dépend des arrangements matrimoniaux qui peuvent être faits. Que de fois n'a-t-on pas vu des mariages manqués parce que l'on ne pouvait pas s'entendre sur les conventions matrimoniales ? C'est pour cela que le Code se montre si facile sur ces conventions, et y permet des stipulations qui seraient nulles partout ailleurs[28] ».

Ainsi, le contrat peut comprendre une donation entre vifs (un don entre personnes existantes) qui ne prendra effet qu'à la mort du donateur. Habituellement, une donation entre vifs implique de se dépouiller réellement, dans l'immédiat, des biens visés[29]. Instituer une donation qui ne se concrétisera qu'au décès (donation à cause de mort) est en d'autres temps un acte nul[30]. Mieux, le contrat de mariage peut comporter une donation de biens à venir (ou biens futurs, qui n'existent pas encore), alors que les autres donations doivent s'exercer sur des biens présents sous peine de nullité[31]. Le contrat de mariage relève bel et bien de la prévoyance, d'un rapport particulier au temps et au risque. Cependant, la mise en œuvre de ces faveurs du droit dans des cas concrets, de même que leur télescopage éventuel, donneront du fil à retordre à bien des juges.

Une fois le contrat signé et la cérémonie nuptiale complétée, il est impossible d'y apporter quelque modification que ce soit en vertu de l'article 1265. Le même article précise que « les époux ne peuvent non plus s'avantager entrevifs[32] », c'est-à-dire opérer entre eux des transferts de biens ou de sommes d'argent que le contrat n'a pas prévus. Les contrats de vente entre époux sont de surcroît prohibés[33]. Par ailleurs, d'après l'article 1301, seule la femme en communauté de biens peut s'obliger au profit de son mari (avec ou pour lui) en contractant une obligation avec des tiers. Cela est interdit à la femme séparée de biens[34]. Cet article est amendé en 1904. Des créanciers de bonne foi pourront dès lors exercer leurs droits en vertu d'une obligation contractée par une épouse séparée de biens au profit de son époux[35]. Pour le reste, de manière générale, les femmes mariées ne peuvent contracter, sauf autorisation maritale[36].

En somme, le contrat de mariage représente un outil sociojuridique très particulier. Il ouvre un large éventail de possibilités, puisque les parties sont en mesure d'inclure des engagements invalides en d'autres circonstances, avant de se refermer aussitôt, puisque tout remaniement subséquent de son contenu est proscrit. Les prohibitions frappant les transactions entre époux méritent d'être soulignées. Elles sont destinées à éviter les fraudes dont pourraient souffrir les créanciers du mari, s'il transférait à sa femme certains actifs susceptibles de garantir ses dettes. Simultanément, elles doivent protéger l'épouse de la ruine possible de son conjoint ou la protéger d'un conjoint qui voudrait se servir de ses biens pour faire face à ses obligations. Ces deux objectifs – protéger les créanciers, protéger la femme – peuvent entrer en collision. Un procès pourra soit favoriser l'épouse, soit avantager les créanciers.

Ces prohibitions sont investies d'une mission particulièrement importante aux yeux des juristes du début du 20e siècle. Les « faiblesses naturelles » des femmes ne sont pas seules en cause ; il faut se garder de l'impéritie des maris. Selon Louis J. Loranger, « il est incontestable que la prohibition, faite aux époux de s'avantager pendant le mariage, aussi bien que celle qui interdit entre eux le contrat de vente, a rendu d'immenses services. Que de familles plongées dans la misère, n'eut été la sage disposition de la loi qui protège la femme contre son bon cœur et la tendresse qu'elle porte à un mari par trop souvent dissipateur[37] ». La conduite des femmes, dans les affaires domestiques, serait donc régie par leurs affects. Surtout, à défaut de pouvoir gouverner les sentiments conjugaux, dont on se méfie, la loi peut chercher à éviter qu'ils ne dérèglent l'économie familiale. C'est ce qui explique que les conventions matrimoniales doivent être conclues avant le mariage, comme le stipule l'article 1264 du code. Selon un article de *La revue du notariat*, cette règle relève du fait que les époux disposent alors de leur libre arbitre. Il n'en est plus de même après l'union, d'où l'interdiction de faire varier les clauses du contrat par la suite : « cette règle juridique se comprend très bien. Il est de l'essence de tout contrat que le consentement soit libre ; or, il ne l'est plus pendant le mariage, entre époux ; ils pourraient abuser, soit de l'affection, soit du pouvoir, pour extorquer des conventions qui seraient lésionnaires pour l'un par cela qu'elles seraient trop favorables à l'autre[38] ». C'est bel et bien le mariage que la loi gratifie de ses faveurs, non les personnes qui y prennent part. La subjectivité libérale n'y a pas sa place, ou si peu.

Les années 1900-30 ne montrent pas de changements législatifs qui modifieraient sensiblement le statut financier des femmes de l'élite en droit civil[39]. Mais les règles formelles du code ne constituent pas exactement un « cadre juridique ». Certes, ces normes ont un pouvoir étendu et en quelque sorte immanent. Elles structurent, en leur fondement, les rapports matrimoniaux; elles préexistent à d'éventuels conflits. Mais elles ne déterminent pas l'ensemble des pratiques familiales. Les modalités des contrats de mariage varient, sans parler de la profusion stochastique des situations personnelles des justiciables. Ces principes font aussi l'objet d'une application circonstancielle par les magistrats qui doivent les confronter aux disputes nécessairement singulières portées à leur attention. Par conséquent, si le code civil fait système quant à la condition des femmes mariées au début du 20e siècle, cela ne se traduit pas par une invariabilité et une absolue cohérence des décisions rendues en cas de litige. Ce serait confondre deux ordres de normes: le droit positif étatique, qui se veut universel, totalisant, et l'exercice de la justice, pratique sujette à des débats contradictoires, à des opinions divergentes et à des changements dans l'interprétation de la lettre de la loi.

Le droit matrimonial québécois présente en fait un paradoxe en ce début de 20e siècle. Le code civil paraît bien rigide. Il l'est: les épouses québécoises, au fil du temps, sont de plus en plus désavantagées par rapport à leurs consœurs des autres provinces. Mais l'appareil judiciaire a bien du mal à concilier en pratique les largesses du droit en matière de conventions matrimoniales, les droits des créanciers des ménages et les velléités de protection des épouses, que ce soit contre leurs propres « faiblesses », l'impéritie ou les malversations de leur mari.

I

Sauver les meubles : les épouses face aux créanciers de leur mari

Premier cas de figure, assez répandu : les créanciers d'un mari en difficulté réclament les biens ou certains biens du ménage. Ce peut être à l'occasion de la faillite de l'époux, de la faillite de son entreprise ou d'une saisie sans procédure de faillite. Des femmes mariées font alors valoir leurs droits et tentent de protéger ce qui leur a été promis par contrat de mariage. Dans ces litiges, le moment de la prise d'effet des donations prévues par les contrats revêt une importance capitale. Ces actifs ont-ils été donnés de facto, tout de suite, ou ce transfert a-t-il été remis à plus tard, dans un contexte incertain ? Si, en apparence, les contrats de mariage de l'élite se ressemblent, la variété des formulations retenues alimente bien des débats en justice. La nature et l'effectivité exactes des dons à l'épouse constituent des problèmes jurisprudentiels récurrents au début du 20e siècle.

LES FAILLITES : RÉCLAMATIONS FÉMININES ET INTERPRÉTATION DES CONTRATS DE MARIAGE

Que le contrat de mariage comporte une donation qui ne se concrétisera qu'au décès du mari et que celui-ci tombe en faillite, les biens promis de la sorte seront perdus. Jennie Sheffer en fait l'expérience en 1906, près de douze ans après son mariage[1]. Son contrat en séparation de biens comporte deux donations entre vifs et irrévocables de la part de son époux, Louis Klineberg : il lui a donné tous les meubles lui appartenant ou tous ceux qui lui appartiendront le jour de son décès ainsi que 2 000 $, somme à tirer des actifs les plus clairs de sa succession. Ces engagements maritaux se lisent précisément comme suit : « in consideration of the said marriage, the party of the first part hereby donates *inter vivos* and irrevocably, to his future wife, thereof accepting : 1o. All the household furniture which now belongs to him ... or all that which may belong to him at the date of his decease, and 2o. A sum of $2,000 which will be payable to her personally out of the most available assets of the estate and succession of the said Louis Klineberg[2] ». Le contrat précise que ces dons sont des gains de survie et qu'ils seront nuls si Jennie meurt la première. Dit autrement, il s'agit purement et simplement d'une assurance-veuvage. Klineberg fait ensuite faillite et les meubles de leur résidence de Montréal sont saisis par un créancier. Jennie fait opposition à la saisie, comme elle estime que ces meubles lui appartiennent.

Selon le juge Larue, la donation de biens en tant que gains de survie ne confère aucun droit actuel à l'épouse. Malgré le phrasé du contrat, nous ne serions pas en présence d'une donation entre vifs, car une telle donation implique que le donateur se dessaisisse réellement, sur-le-champ, de ce qui est donné. Or, ce ne peut être le cas, puisque l'échéance du don est le prédécès de Louis. Le principe jurisprudentiel tiré du jugement établit ainsi que du vivant du mari « la femme n'a aucun droit à ces biens, ni qualité pour former opposition à la saisie qui en est faite par les créanciers du mari[3] ». Elle ne jouit d'aucune espèce de priorité. Jennie sauve seulement ses cadeaux de noce du naufrage, ainsi que les effets qu'elle dit avoir achetés avec son propre argent. Les transferts prévus uniquement dans l'éventualité du veuvage doivent donc céder le pas devant le désordre des affaires du chef de ménage.

Établir les droits de Sarah Fox sera plus ardu[4]. Son mari, Carl Schiller, marchand et propriétaire de la *Canada Costume Co.*, fait faillite en 1905. Son passif s'élève à plus de 38 000 $. Sarah est d'abord écartée de l'assemblée des créanciers alors qu'elle tente de récupérer les 5 000 $ promis dans leur contrat de mariage de 1899. Cette promesse, un peu confuse, est au cœur du procès. Le contrat dit qu'elle pourra réclamer cette somme n'importe quand et qu'elle en sera propriétaire, pourvu qu'elle survive à son époux, car si elle meurt avant lui, la somme reviendra à ce dernier. Les avocats des créanciers ne croient pas à la réalité de ce don : « doit-on dire que le futur époux peut toujours, dans son contrat de mariage, stipuler pûrement [sic] et simplement, en prévision d'une faillite possible, que la future épouse pourra venir en concurrence avec les autres créanciers pour une somme de $5,000 $10,000 ou $25,000, sans aucune autre considération que l'amour et l'affection que le mari doit avoir pour sa femme, et sans qu'il soit nécessaire de démontrer que le futur époux avait les moyens de faire un avantage semblable ?[5] ». Ce serait une porte ouverte à la fraude. Et comment se fait-il qu'elle n'ait jamais réclamé cette somme auparavant ? En fait, pour le parti des créanciers, ce don ne peut être pris sur les biens de Schiller qu'après sa mort, s'il en reste quelque chose. La mention de la survie de l'épouse irait en ce sens.

Les avocats de Sarah, Mes Jacobs et Garneau, soutiennent quant à eux que le don a fait d'emblée de Schiller le débiteur de sa femme et que cette donation a pris effet le jour même du contrat de mariage. Le document ne dit pas que Sarah doit attendre la mort de son époux pour tenter de mettre la main sur ses 5 000 $. C'est seulement si elle meurt la première que son mari pourra récupérer le montant, ce qui n'est pas la même chose. De surcroît, si Sarah n'exerce pas ses droits maintenant, elle risque de tout perdre, vu l'insolvabilité de Carl. Dans le cas où son exclusion des créanciers serait maintenue, « the effect of such a decision would be to render of no value whatever any donation in a marriage contract in case of the subsequent insolvency of the husband[6] ». Fait à noter, la jurisprudence ne présente pas de cas parfaitement semblable d'après les mêmes avocats.

Sarah subit d'abord une défaite en Cour supérieure. Le juge Mathieu rend une décision aussi courte que tranchée : Schiller ne s'est pas obligé à payer cette somme, qui doit être prise seulement sur sa succession. Ce n'est pas une dette actuelle de l'individu. Il faut donc écarter sa femme du groupe des créanciers. Mais Sarah fait appel et la Cour du banc du Roi renverse le jugement de première instance. Pour le juge en chef Lacoste, ce n'est pas un gain de survie. Il est dit qu'elle peut réclamer les 5 000 $ en aucun temps. Surtout, si on a prévu un retour de la somme à Schiller, en cas de prédécès de Sarah, c'est bien parce qu'elle pouvait en être titulaire avant cette échéance. Cette victoire est remportée par une marge assez mince : seuls trois des cinq juges siégeant en appel sont de cet avis, ce qui témoigne de l'indécision du système judiciaire quant à l'interprétation à donner aux contrats dont le phrasé est confus[7].

Certains articles publiés dans *La revue du notariat* reconnaissent explicitement que des maris font des dons de meubles ou de sommes d'argent qu'ils ne possèdent pas au moment de l'union afin, dit-on, de mieux se prémunir des saisies[8]. Dans le cas des meubles, le contrat peut stipuler qu'il s'agit d'items que le mari acquerra par la suite ou de ceux qui garniront le domicile commun, ce qui revient au même. *La revue du notariat* enjoint d'ailleurs les notaires à faire bien attention au choix des mots lorsque de telles donations sont mises par écrit[9].

Des clauses contractuelles sont abstruses. D'autres s'avèrent carrément illégales. Au début des années 1920, Mme Mailloux, dont le mari a fait cession de ses biens, se retrouve piégée par un contrat nul d'emblée[10]. On y stipulait que « le futur époux fait don en outre à la future épouse, ce acceptant, d'une somme de $5000, qu'il se réserve le droit de lui payer dans n'importe quel temps après la célébration dudit futur mariage ; mais il est bien entendu que ni la future épouse ni ses héritiers ne pourront, soit durant ledit futur mariage, soit après sa dissolution, prendre aucune action en justice pour le recouvrement de la somme ci-dessus stipulée ou de partie d'icelle qui n'aurait pas été payée[11] ». Or, « donner et retenir ne vaut ». Créer une obligation totalement dépendante de la bonne volonté d'une personne est illégal, à plus forte raison si on dépouille l'autre partie de la possibilité de faire valoir sa créance. Mme Mailloux devra oublier ses 5 000 $. Quel individu a imaginé cette clause vaseuse ? Le notaire instrumentant, les proches de Mme Mailloux ou son mari ? Une chose est claire, cependant : lors de l'élaboration des contrats, des maris s'allouent ou demandent une certaine flexibilité quant aux modalités du versement des sommes promises. Elles seront exigibles soit au moment de leur décès, soit durant le mariage. À défaut d'être immédiate et entourée de garanties, la première échéance demeure plus clairement déterminée que la seconde. Aussi, verser 5 000 $ d'un coup n'est pas donné à tous les fiancés de l'élite. Beaucoup en sont au début de leur parcours professionnel. Reste que ces deux types de créances féminines paraissent bien fragiles en cas de faillite.

Le rapport de jurisprudence tiré de l'expérience malheureuse de Mme Mailloux érige en principe que « les biens d'un failli doivent être distribués parmi ses créanciers et ne peuvent servir à payer une donation entrevifs faite par un mari à sa femme, dans son contrat de mariage, et qui n'en a pas payé le montant avant sa faillite[12] ». Il est en quelque sorte trop tard pour que l'époux, une fois aux abois, se rappelle subitement sa promesse de don. Ce principe, notons-le, contredit la décision rendue par la Cour du banc du Roi dans le cas de Sarah Fox plusieurs années auparavant. La jurisprudence n'est donc pas constante quant à la préséance des dons en argent dont l'exécution était toujours en suspens au moment d'une déconfiture financière.

Outre l'interprétation malaisée de certaines donations, la faillite du chef de ménage donne parfois lieu à une remise en question des démarches de l'épouse quant à son propre patrimoine. La signification des clauses du contrat de mariage demeure cependant centrale. Celui paraphé en 1882 par Mme Hubou et Roch Bourbonnière a la particularité de contenir simultanément des éléments de séparation et de communauté de biens[13]. Le cas est rare[14]. Il a été stipulé que « les biens de chacun des époux seront propres respectivement à l'époux, aux siens et à ceux de son côté et ligne[15] ». Simultanément, « seront les futurs époux uns et communs en tout bien meubles et conquêts immeubles qu'ils feront et gagneront ensemble durant le futur mariage suivant la disposition de la coutume de Paris[16] ». Pour le juge Archibald, « les termes du contrat ... ne sont pas très clairs[17] ».

En 1912, M. Bourbonnière fait cession de ses biens. Mme Hubou tente de sauver un immeuble des griffes du curateur à la faillite, curateur qui voudrait le voir inclus dans la masse des biens du failli et en distribuer la valeur aux créanciers. Il poursuit le couple à cet effet. Or, Mme Hubou dit l'avoir acheté avec ses propres fonds en 1892, pour 3 400 $. Il s'agit d'une maison en brique de trois étages, située au coin des rues Maisonneuve et Mignonne, à Montréal. L'édifice comprend deux logements; une écurie et un hangar sont aussi érigés sur le lot. La somme nécessaire lui a été fournie par un héritage de ses grands-parents maternels. Cet immeuble est-il un de ses propres ou fait-il partie de la communauté comme le prétend le curateur à la faillite ? L'issue du litige, en Cour de révision, s'avère favorable à Mme Hubou ou plus précisément à ses héritiers, comme elle meurt en 1914 durant l'instance.

Dans le cas présent, tranche le tribunal en 1919, les propres incluent les biens que les époux pouvaient acquérir après le mariage chacun de leur côté. Le juge Martineau signale sa dissidence. L'acte d'achat de 1892 n'est pas assez précis à ses yeux. Mme Hubou n'a pas fait spécifier que cet achat était effectué à titre de « remploi » – soit qu'elle transformait certains de ses avoirs en cet immeuble – ou que l'argent nécessaire lui appartenait bel et bien. Cette imprécision devrait selon le magistrat faire tomber l'immeuble dans la communauté et le soumettre à la faillite. Son propos traduit malgré tout un tiraillement entre stricte légalité et sentiment de justice : « je serais donc d'avis d'infirmer le jugement de la Cour supérieure, mais la majorité de la Cour est d'opinion de le confirmer, et j'en suis très heureux, car, au point de vue de l'équité, au moins, la défenderesse a raison[18] ». Les actifs de Mme Hubou ont donc été menacés, pour un temps, par un contrat de mariage un peu obscur. Mais la possession d'un patrimoine distinct, fait de biens concrets, offre certainement plus de garanties qu'une donation qui en est toujours à l'état de promesse au moment d'une faillite.

De là l'importance des héritages dont peuvent disposer les femmes mariées. Ces transferts peuvent d'ailleurs littéralement changer leur condition sociale. L'appartenance de classe n'est pas fixe. Les couples peuvent connaître une mobilité sociale ascendante ou descendante, des périodes de difficultés ou de prospérité[19]. Les patrimoines eux-mêmes se métamorphosent au fil du temps. Ils se resserrent ou se dilatent au fil des choix effectués par les testateurs et en fonction du nombre d'ayants droit en mesure d'en profiter à un moment précis des trajectoires familiales. À première vue, il aurait fallu exclure Mme Hubou de notre corpus. Elle n'avait pas grand-chose d'une dame de la bourgeoisie. Son époux est plombier. Durant les premières années de leur mariage, il travaillait à la journée, pour 9 ou 10 $ la semaine. L'homme était pauvre et n'avait rien lorsque sa femme a acheté l'immeuble en litige.

Les grands-parents maternels de Mme Hubou ont toutefois laissé à leurs sept petits-enfants une fortune de près de 42 000 $. L'un de ses frères, Joseph, déclare être journalier au moment du procès. Signe que cette transmission des biens était attendue avec impatience par des héritiers modestes, ces derniers ont touché avant terme, au moyen d'emprunts ou d'avancements d'hoirie, les successions de leurs aïeuls. Le capital transmis a fait de Mme Hubou une propriétaire, ce qui la distingue de la masse des Montréalais du temps. Les patrimoines sont cependant mouvants. Comme elle a eu quinze enfants de son mariage, dont dix ont survécu, ses héritiers ne toucheront qu'une fraction des ressources dont elle-même a joui à une certaine époque.

La fragilité patrimoniale des femmes mariées ne relève pas uniquement du caractère plus ou moins sûr des avantages consentis à la veille de leur union. Leur incapacité juridique ou leur capacité juridique très partielle ne sont jamais loin. C'est une arme dont n'hésitent pas à se prévaloir, de toute évidence, des créanciers qui ont tout intérêt à ce que les revendications féminines soient mises de côté. Lorsque la firme P. Savard & Sons fait faillite, Marie-Anna Falardeau-Savard présente une réclamation de près de 4 000 $[20]. Son mari est partenaire dans l'entreprise. On ne sait pas s'il s'agit d'une somme promise au moment du mariage, mais le cas demeure instructif. La nomination d'un curateur à la faillite ne fait pas l'unanimité parmi les créanciers. La cour doit donc trancher. Mme Savard, de son côté, a révoqué de son propre chef les procurations des personnes qui devaient la représenter à l'assemblée des créanciers, au rang desquels on compte plusieurs banques. Ces procurations avaient été signées par son mari en tant qu'agent autorisé de Marie-Anna. Pouvait-elle changer d'idée toute seule ? Un avocat fait obstacle à ses démarches, en plaidant que Savard ne l'a autorisée ni à présenter une réclamation, ni à nommer un nouveau procureur pour protéger ses intérêts. Il faudra l'intervention du juge McCorkill pour stipuler qu'il s'agit là d'un acte de simple administration, formule censée traduire le pouvoir restreint des femmes séparées de biens sur leurs propres avoirs. C'est une victoire, certes, mais une victoire procédurale. On ne sait pas quel montant Marie-Anna pourra récupérer, question qui se posait aussi dans le cas de Sarah Fox. Admise au rang des créanciers de son époux, quelles seront ses pertes en capital ? Le rapport de jurisprudence ne le dit pas.

LES SAISIES SANS FAILLITE

Le désordre des affaires du mari peut entraîner une saisie sans que la situation ne dégénère en faillite. Les contrats de mariage comportent très fréquemment une donation aux futures épouses des meubles garnissant le domicile conjugal. Certaines doivent par conséquent batailler pour faire reconnaître leurs droits sur ces items, les plus couramment prélevés par les huissiers chargés d'exécuter les jugements pour dette. Ces procès montrent à leur tour que la nature exacte et l'effectivité des dons maritaux ne vont pas de soi au début du 20e siècle.

Conclu en 1891, le contrat de mariage de M. Trihey et Mlle Clément[21] prévoit une séparation de biens ainsi qu'une donation à la future Mme Trihey de « tous les meubles de ménage ... garnissant ou ornant en aucun temps la maison de résidence des futurs époux », le mari en faisant don « dès aujourd'hui[22] ». L'écueil des gains de survie est donc évité. La donation peut même évoluer au fil du temps, en fonction des acquisitions du couple. Les meubles de leur domicile sont saisis à la suite d'une procédure prise contre M. Trihey. L'homme, qui a hérité de plusieurs propriétés immobilières en compagnie de son frère et de ses sœurs, est sur une mauvaise pente : poursuivi par plusieurs créanciers, il a dû se départir de ses actifs. Mme Trihey fait opposition à la saisie et soutient que les meubles lui reviennent. Elle l'emporte. Dans sa décision rendue le 14 avril 1903, le juge Lavergne affirme « que cette donation de biens qui garniraient en aucun temps la maison ou résidence des époux comprend des biens présents et à venir ; que cette donation de biens à venir n'est pas nécessairement une donation à cause de mort, mais que cette donation devait prendre effet en aucun temps et qu'elle n'a rien de contraire à l'ordre public et aux bonnes mœurs et n'est prohibée par aucune loi[23] ». Mais Mme Trihey a peut-être perdu plus qu'il n'y paraît : elle avait aussi apporté 4 000 $ au mariage, ce que le contrat précise. Or, en 1907, une dame Clément figure parmi les créanciers qui doivent se partager la part saisissable du salaire de Trihey, maintenant employé du havre de Montréal. Sa créance est de 3 950 $. Elle ne retire qu'un maigre 152,80 $ de l'opération.

Mme Wilson a reçu une donation semblable des meubles qui, à n'importe quel moment, garniraient le domicile conjugal, sans compter les 5 000 $ qu'elle pourra réclamer en propriété absolue[24]. On a pris soin, dans l'acte notarié, de mentionner que ces meubles seront exempts de toute saisie engendrée par les dettes de son mari. On la retrouve en cour au début des années 1920. L'affaire est délicate. Elle soutient que M. Hauzberg, le père de son époux – avec qui elle est en instance de séparation de corps – est de mèche avec ce dernier pour la dépouiller des meubles, ses meubles. Ce dossier met en évidence un autre aspect de la fragilité financière des femmes mariées, outre les indécisions du droit : les rapports de force et les manigances auxquels peuvent les soumettre les hommes de leur entourage immédiat.

Le père de M. Hauzberg a poursuivi son fils pour loyer impayé et dommages. La réclamation s'est doublée d'une saisie des meubles du ménage, mais Mme Wilson intervient pour en réclamer la possession. Le juge Demers ne s'y trompera pas : « cette prétendue créance de loyer a été imaginée entre le père et le fils pour faire perdre le recours de l'intervenante, et les reçus produits ont été fabriqués après coup[25] ».

M. Hauzberg père soutient que la saisie est valide car, selon lui, avant le décès de son fils le mobilier demeure la possession de ce dernier. Le moment de la concrétisation des donations est encore une fois débattu. Il argue « qu'il s'agit d'une donation à cause de mort puisqu'il s'agit d'une donation de biens futurs[26] ». Pour le juge Demers, c'est là mêler les choses. Premièrement, une donation à cause de mort et une donation de biens futurs (ou à venir) sont facilement confondues. Dans le premier cas, il faut tout simplement que la personne favorisée (le donataire) survive au donateur pour que la donation se réalise. La seconde formule est habituellement nulle, car celui qui donne pourrait ne jamais acquérir les biens à venir. Le magistrat résume le nœud de l'affaire : « peut-on donner entrevifs des biens à venir par contrat de mariage ?[27] » Oui : l'article 778 du code civil dit clairement que la prohibition frappant de telles donations ne s'étend pas aux contrats de mariage. On peut y donner des biens qui n'existent pas encore… tout en faisant de ce transfert une opération immédiatement effective. Le jugement rendu en faveur de Mme Trihey allait dans le même sens. Deuxièmement, dit le juge Demers, bien qu'un droit de retour ait été spécifié – en cas de prédécès de Mme Wilson les dons doivent repasser à son époux – cela n'empêche pas qu'elle s'est trouvée dès le départ propriétaire des effets donnés. Cette interprétation a également joué en faveur de Sarah Fox. La prétendue saisie est donc annulée. Le fait que les distinctions opérées par le juge Demers fassent jurisprudence en 1922 traduit bien le flou juridique entourant les bénéfices dont sont censées jouir les femmes québécoises en se soumettant à l'institution du mariage et à ses « faveurs ».

Bien qu'elle ne soit pas marquée par une saisie, l'affaire Yerisslavitz témoigne également de la vulnérabilité des épouses et futures épouses face aux mâles du cercle familial[28]. Quelle part prennent-elles exactement à l'élaboration de leur contrat de mariage ? Connaissent-elles la signification des clauses, sont-elles en mesure de soupeser leur portée ? Pauline Yerisslavitz, âgée de 18 ans au moment de la signature de l'acte, dut certainement s'en remettre entièrement à son protecteur naturel, en l'occurrence son père Moses. Les pères et époux ont tout intérêt, en principe, à préserver filles et fiancées de déboires financiers éventuels et de l'indigence qui pourrait accompagner le veuvage. Certains hommes ont cependant une interprétation plus large des intérêts en cause et vont jusqu'à instrumentaliser la convention notariée, en dévoyant quelque peu sa fonction habituelle de prévoyance au bénéfice des épouses et des enfants à naître.

Le procès oppose Pauline à Moses. Ce dernier meurt durant l'instance et la Montreal Trust Co., exécutrice testamentaire, se retrouve défenderesse. L'objet du litige ? Lors de l'élaboration du contrat de mariage de Pauline en 1898, son père est intervenu pour la gratifier d'une donation entre vifs et irrévocable de 5 000 $, avantage consenti en échange d'une renonciation à la part à laquelle elle pourrait prétendre dans sa succession future. L'acte précise que la somme a été versée et que la jeune femme en donne quittance. Une fois l'affaire en cour, les avocats de Pauline diront qu'elle était alors « ignorant of the fact that she was signing an acquittance for the amount of donation made by him to her and signed through the fraudulent manœuvres of the defendent and would not have signed had she understood and appreciated the meaning of her signature[29] ».

Elle n'a reçu que 600 $ dans les faits, cela après son mariage et non avant la cérémonie comme susdit. Près de 18 ans plus tard, elle réclame le paiement complet du montant promis. Pourquoi un recours si tardif ? Peut-être a-t-elle eu vent des dispositions testamentaires que son père s'apprêtait à prendre. De fait, le testament de Moses, rédigé en 1917, prévoit que ses biens seront partagés entre sa propre sœur, sa seconde femme et les quatre enfants issus de cette deuxième union. Pauline est une fille du premier lit : elle sera donc exhérédée. Dès le mois d'août 1916, elle s'adresse à la Cour supérieure pour récupérer les 4 400 $ manquants.

Moses Yerisslavitz aura le temps de prendre part aux procédures avant son décès en mai 1918. Son plaidoyer est audacieux et certainement pas au goût de la magistrature. Il soutient sans ambages n'avoir jamais eu l'intention de verser effectivement la somme, cette donation simulée (« a mere sham and simulation by the parties[30] ») n'ayant été insérée qu'à la suggestion du notaire instrumentant pour obvier à une faillite éventuelle du mari de Pauline, Martin Landes. Sans surprise, Moses et la Montreal Trust Co. perdent le procès : il a lui-même prouvé n'avoir à peu près rien payé. Aussi, comme le soulignent les avocats de Pauline, cette donation n'aurait pu servir à mettre des actifs de Martin à l'abri de ses créanciers. Il aurait fallu, pour ce faire, une donation de l'époux à l'épouse et non du père à la fille. Le litige est porté devant la Cour de révision par la Montreal Trust Co., mais un arrangement hors cour intervient avant l'issue de cet appel. Les tribunaux veillent au grain. Il y a des limites aux usages des contrats de mariage et à la manipulation des droits féminins, réels ou imaginés.

Dans les cas de saisie, plus communs, la situation se complique lorsque les meubles ne forment pas un bloc homogène, quand la donation, par sa formulation, s'avère moins totale et que l'incapacité juridique des épouses fait sentir ses effets. Le contrat de mariage de M. Massey et Mlle Ella Jane Mooney accorde à celle-ci l'usufruit (droit d'usage, sans propriété) de tous les meubles du domicile conjugal et le transfert, à la mort de son époux, des meubles achetés par ce dernier[31]. Un droit d'usage des meubles de la résidence dans laquelle on vit n'a rien de mirobolant, on en conviendra. Le mobilier est saisi à la demande des créanciers de M. Massey. Ella Jane en revendique une partie en vertu de son contrat de mariage ; d'autres (un piano et un tabouret assorti) lui ont été offerts par sa mère, dit-elle ; les « objets de fantaisie, statuettes, tasses, soucoupes, cristaux, bronzes, etc., lui ont été donnés en cadeaux de noces par des amies[32] » ; enfin, elle soutient avoir acheté le reste avec ses propres fonds. Le lourd attirail décoratif d'un intérieur bourgeois est en jeu. Le juge Champagne lui accordera les meubles dont elle est usufruitière d'après le contrat. Par contre, il s'agit de biens précis : ceux qui garnissaient la maison au moment du mariage. Conséquemment, si ces meubles d'origine ont dû être remplacés, les droits d'Ella Jane ne s'appliquent pas aux items de remplacement. Or, le litige survient près de 20 ans après l'union. Le mobilier risque fort d'avoir été renouvelé pour partie, à l'exemple de la table et des huit chaises qui demeurent sujettes à saisie. De surcroît, même si certains effets ont été achetés avec l'argent d'Ella Jane mais par son mari, on ne peut pas soutenir que ce mobilier n'appartient pas au chef de ménage (elle est seulement devenue sa créancière à ce titre) et il est donc de même soumis à la saisie.

Un passage du jugement rend bien compte du fait que les finances des femmes mariées de la bourgeoisie peuvent s'alimenter à plusieurs sources et que les contributions d'un mari sont susceptibles de compliquer les choses, au plan de la preuve. Dit autrement, le problème n'est pas toujours le manque de ressources, mais le manque de ressources en propre, féminines. Le juge Champagne affirme que « quant aux effets que l'opposante dit avoir acheté pendant le mariage, elle dit dans son témoignage qu'elle a eu de l'argent de ses parents et aussi de son mari et qu'elle déposait le tout ensemble à la banque en son nom, sans pouvoir dire quels sont les effets qu'elle a ainsi achetés avec l'argent lui venant de ses parents. Il incombait à l'opposante de faire cette preuve et son opposition est aussi mal fondée de ce chef[33] ». Ce qui l'aurait protégée, c'est de faire les achats elle-même, avec l'argent qui était le sien ou celui de ses parents, exclusivement, factures à l'appui. La présence de son époux, comme acheteur/intermédiaire ou bailleur de fonds, a nui à sa cause. Mince consolation, Ella Jane sauve les « objets de fantaisie » offerts par ses amies à l'occasion de ses noces et probablement les cadeaux de sa mère.

Comment a-t-elle réagi à la saisie, même provisoire, de ses affaires ? Certaines d'entre elles avaient certainement une haute valeur sentimentale. Malheureusement, les archives judiciaires ne relatent pas, la plupart du temps, la manière dont une déconfiture financière est vécue par les dames de la bourgeoisie qui voient les huissiers faire irruption chez elles. On ne peut qu'imaginer la peine, l'embarras et la déception que peuvent susciter ces « invasions de domicile » provoquées par le désordre des affaires de leur mari.

D'autres couples connaissent les affres de la saisie. Martin Honan, avocat de Westmout, et sa femme Marie Louise Stein sont aux abois[34].

Le couple, séparé de biens, en est réduit à batailler pour sauver... ses luxueux manteaux d'hiver. Le marchand chez qui les items sont entreposés réclame 346,76 $ à Honan. Ce dernier est condamné à payer la somme, après avoir fait défaut de comparaître. Reste à exécuter le jugement. Les manteaux sont saisis. Sont-ce des biens insaisissables, c'est-à-dire protégés par le Code de procédure civile en tant qu'articles de première nécessité ? La classe sociale du couple est en jeu. Ce qu'il convient de laisser à des gens de bonne condition diffère du strict nécessaire en milieu populaire. Honan veut conserver son « persian lamb coat », Mme Stein son « seal coat ». L'homme fait valoir qu'il « a occupé autrefois une position sociale des plus enviables, comme avocat, à Montréal, [et qu'] il faisait beaucoup d'argent et fréquentait la haute société de Montréal[35] ». Ce n'est certainement plus le cas. Il a dû confier à un prêteur sur gage un autre de ses manteaux. La pelisse de Mme Stein, notons-le, a été payée 300 $, soit l'équivalent d'une bonne partie de ce que gagne en un an un de ses concitoyens comme travailleur non qualifié.

Le juge H.-T. Taschereau établit que le manteau de Honan, « pour un homme d'un certain âge et d'une certaine condition sociale, est un vêtement ordinaire, nécessaire et indispensable durant la saison d'hiver » et donc insaisissable[36]. Pour ce qui est de Mme Stein, il ne s'agit pas de savoir si elle a besoin de son manteau de phoque pour faire face aux hivers montréalais, mais bien de déterminer si c'est véritablement sa propriété. Honan l'a acheté et lui en a fait cadeau. Est-ce un don entre vifs, une transaction entre époux postérieure au mariage et prohibée en vertu de l'article 1265 du code, tel que le plaide le marchand qui a saisi les items ? Non, détermine le juge. Un mari est obligé de vêtir sa femme. Les choses données à cette fin deviennent la propriété de l'épouse qui ne peut en être dépouillée par un créancier de son conjoint. Le couple pourra donc arpenter les rues de Montréal au chaud, sans que sa déchéance ne soit trop visible. Le demandeur est coriace, par contre. Cinq ans plus tard, il est toujours aux trousses de Honan pour tenter de se faire payer.

UN DÉBAT SANS ISSUE : LES DONATIONS DE BIENS FUTURS ET LA COMMUNAUTÉ DES PROFESSIONNELS DU DROIT

Ainsi, les femmes mariées ont fort à faire pour protéger leurs biens et les dons dont elles sont censées bénéficier lorsque leur mari traverse des difficultés financières ou – cas plus rare – lorsqu'elles sont victimes de machinations ourdies par des proches, qui un père, qui un époux. L'indécision du système judiciaire y est pour beaucoup. Les donations de biens futurs, notamment, divisent profondément la communauté des professionnels du droit en ce début de 20ᵉ siècle. Quel effet doit-on donner à ces promesses de dons de meubles qui « garniront » le domicile et de sommes d'argent qui ont la particularité de ne pas exister encore ? De telles libéralités – véritables paris sur l'avenir – sont réservées uniquement aux contrats de mariage. Il s'agit, on le sait, de favoriser la formation des ménages et leur prospérité. Mais ce faisant, deux piliers de l'économie politique s'entrechoquent : l'institution du mariage, garante de l'ordre social et de la moralité ; le principe de respect des conventions et des obligations contractuelles, moteur juridique du libéralisme économique. Alors que le *Code civil du Bas-Canada* de 1866 a reconduit une conception très conservatrice de la famille, l'État québécois a simultanément consenti d'immenses efforts, à partir du deuxième tiers du 19ᵉ siècle, à la libéralisation du reste du droit civil et à la mise en place d'un système judiciaire efficace afin de faciliter le fonctionnement du marché et les recours des créanciers impayés[37].

Un débat fait rage dans les pages de *La revue du notariat* au tout début du siècle. Deux partis s'opposent. Les tenants de la sûreté des droits des tiers, attachés à combattre les malversations possibles, croisent le fer avec les défenseurs de la tranquillité des foyers, tranquillité à laquelle contribuerait la préséance des avantages consentis aux épouses.

Les partisans de la protection des créanciers ne font pas dans la nuance. L'honneur des notaires est en jeu : « il appartient aux notaires de ne pas prêter la main à la fraude, de refuser leur ministère ou de déconseiller les clients trop audacieux qui s'adressent à eux dans le but évident de faire servir leurs futures épouses comme d'une couverture pour les mettre à l'abri des catastrophes passées ou à venir[38] ». Les femmes mariées ne seraient, à ce titre, que le jouet de stratégies élaborées par les maris. Leur autonomie paraît nulle, tout comme celle de leurs proches, personnes éminemment susceptibles de peser sur le choix des clauses à insérer dans un contrat de mariage. Les détracteurs des donations de biens futurs font aussi valoir un argument juridique de taille, argument invoqué dans certains procès : une donation de biens futurs qui prendrait effet au fil du temps constituerait clairement une atteinte à l'article 1265 du code qui interdit aux époux de s'avantager durant le mariage. Cette règle jure avec l'article 1257 qui autorise les donations de biens futurs. Par conséquent, selon les adeptes de la ligne dure en matière de paiement des dettes, les donations de biens futurs devraient toutes être considérées comme des donations à cause de mort. Les meubles donnés de cette manière seraient ainsi sujets à saisie avant le décès du donateur, le mari, au détriment de la donataire, l'épouse[39].

Les partisans de la validité durant le mariage des donations de biens futurs cherchent quant à eux à mieux asseoir la sécurité matérielle des familles et des femmes mariées. Mais il ne s'agit pas que d'argent : à leurs yeux, les biens des familles relèvent d'une économie genrée et symbolique moralement supérieure. J. Germano, notaire, estime que les droits des créanciers ou l'éventualité d'une fraude sont bien trop facilement mis de l'avant. Il s'interroge : « en quoi l'attribution à la femme de la totalité des meubles et effets mobiliers, reposés dans la demeure commune, en y comprenant même ceux qui y sont directement apportés par le mari, est-elle illogique et immorale ? Comment viole-t-elle les règles d'une élémentaire honnêteté ?[40] ». La réponse offerte témoigne d'une conception anthropologique de la famille qui supplante – sans bien sûr le nier – l'impératif de solder ses dettes, représentation où le sens de la durée, l'attachement à la nation et la sécurité des épouses s'entremêlent : « au moment de leur union, les époux sont d'ordinaire à la fleur de l'âge et comptent atteindre ensemble une vieillesse avancée. Ils prévoient que, témoins muets des bonnes heures de leur existence, les divers objets dont ils auront journellement fait usage représenteront comme une part d'eux-mêmes, acquérant ainsi à leurs yeux, une valeur considérable. Ce sentiment, fort naturel, est un des dogmes de la religion du souvenir, cause certaine du culte de la famille et de l'amour de la patrie. Est-il surprenant, alors, que la femme, songeant au moment où elle aurait à subir le supplice d'une brusque et complète séparation, la privant de ce qui lui rappellerait un passé qui fut heureux, arrête par avance les moyens de se garantir d'une pareille calamité ?[41] ».

L'agentivité féminine change du tout au tout : les fiancées ne sont plus manœuvrées par les fiancés et elles « arrêtent par avance » les clauses qui les favorisent. Qui croire ? Les sources sont très peu prolixes quant aux négociations entourant les contrats de mariage. Les entretiens menés par D. Girard montrent que les jeunes filles de la bourgeoisie francophone des années 20 et 30 ne jouaient à peu près aucun rôle dans la préparation de leur contrat[42]. Les familles des futures épouses, néanmoins, ne laissent certainement pas le champ libre aux desiderata des futurs maris, sans parler du recours, par les notaires, à des clauses pour partie standardisées dont ils peuvent convaincre les cocontractants du caractère approprié. Qui plus est, des articles de doctrine mentionnent que les parties – sans distinction de sexe – ne savent pas toujours exactement ce à quoi elles s'engagent et que les notaires eux-mêmes feraient bien de prêter attention à la formulation précise des dispositions choisies, qui peuvent être lourdes de conséquences[43].

L'effectivité des donations de biens futurs est toujours débattue au début des années 30. La jurisprudence est encore divisée. Des juges de la Cour supérieure ne s'estiment pas liés par des décisions rendues par la Cour du banc du Roi[44]. Bref, l'État québécois n'a pas pu trancher entre protection de l'épouse et garanties des créanciers, deux objectifs poursuivis simultanément par plusieurs règles relatives aux contrats de mariage et aux transactions intraconjugales. Pouvait-il en être autrement ? Le droit et la justice, en tant qu'instruments de régulation sociale, ne sont pas exempts de contradictions et de débats internes. Même en Ontario, juridiction largement plus favorable à l'autonomie financière des femmes mariées et aux transferts d'actifs entre mari et femme, les pressions indues des maris et les fraudes pratiquées au détriment des créanciers demeurent des enjeux importants du droit familial à la fin du 19e siècle[45].

Une thèse de doctorat soutenue au début des années 30 adopte une position semblable à celle du notaire Germano. Selon Roch Brunet, après avoir opté pour le régime de la séparation de biens, la plupart des futurs maris donnent à leur promise les meubles qui garnissent ou qui garniront la résidence commune. Ce n'est pas seulement une question de protection patrimoniale. Loin d'être des objets de valeur neutres, échangeables ou saisissables comme n'importe quelle autre commodité, les meubles de ménage seraient revêtus d'un sens, d'une signification symbolique profondément genrée. Certes, dit Brunet, n'importe quelle dame souhaite un logis pourvu de manière décente. Mais « elle éprouve un besoin, bien justifiable par ailleurs, de se sentir maîtresse chez elle, de posséder ce qui l'entoure, de pouvoir dire siens ces meubles qui feront partie de son horizon journalier, et seront tout à la fois les inséparables compagnons de son voyage dans la vie[46] ». D'inséparables compagnons de voyage : les biens pensés, légitimés en tant que biens féminins et la sûreté dont ils devraient être entourés constituent véritablement un horizon. Abriter l'épouse, son confort et ses attachements – du moins ceux qu'on lui prête – c'est bien renforcer l'idéologie des sphères séparées et non faire progresser la condition féminine. À n'en pas douter, un mobilier possédé en propre peut constituer un atout non négligeable en cas de problème. Il n'en demeure pas moins que ce qui peut passer pour un débat juridique parfaitement abscons, en l'occurrence celui relatif aux donations de biens futurs, met précisément en jeu selon ce professionnel du droit la capacité de l'épouse à jouer son rôle de protectrice du foyer et de compagne apte à pallier les manquements du chef de famille. Les désirs de l'épouse que les meubles de ménage soient bel et bien les siens, évoqués précédemment,

> ne prennent pas leur source dans une soif de possession irraisonnée. Ils ont aussi comme cause profonde, ce sens de la stabilité et ce besoin inné de protection que la femme possède à un degré remarquablement développé. Le passage du célibat à l'état de mariage constitue pour elle un changement capital, et possède sur sa vie future des répercussions encore plus profondes que sur celle de l'homme. Rien d'étonnant qu'elle le veuille entouré de toutes les garanties possibles, et qu'elle prétende s'assurer contre les malchances éventuelles de la carrière de son époux, en se faisant la gardienne du foyer. Si le ménage est son bien, elle pourra mieux le protéger contre les incursions provenant du dehors, par la faute volontaire ou involontaire de son mari ; elle pourra empêcher la vente des meubles, qui signifie trop souvent l'écroulement du foyer et la dispersion de ses membres ; elle pourra continuer dans une paix relative l'œuvre commencée : l'éducation de ses enfants, et le soutien autant physique que moral de son époux. Elle aura donc été par sa prévoyance la réelle sauvegarde de son foyer, en lui permettant de subsister d'abord, et en donnant au chef de la famille, dans l'atmosphère ainsi conservée, l'occasion de se ressaisir et de reprendre avec plus de courage la tâche à laquelle il avait un moment failli.[47]

***

Les jugements rendus dans les cas de faillite de l'époux et de saisie, sans faillite, des meubles des ménages traversant des difficultés financières montrent que la phraséologie des contrats de mariage place parfois les femmes mariées en eaux troubles, alors que ces actes notariés sont censés les prémunir. Les privilèges dont jouissent les contrats de mariage en droit civil ont un envers. Ce sont aussi des facteurs de risque. Risque accentué par l'infériorité juridique des femmes mariées, obstacle supplémentaire avec lequel elles doivent composer pour participer aux procédures.

Le fait que ces litiges fassent jurisprudence, après avoir été portés en appel pour certains, souligne également le caractère abstrus de plusieurs contrats. De toute évidence, la pratique des contrats de mariage permet aux conjoints de tenter de prévoir l'avenir, de se réserver un espace de possibilités, d'où les variations du phrasé des clauses mises par écrit par les notaires. Cette flexibilité, proprement stratégique, peut avoir de lourdes conséquences. Des fiancés, notamment, hypothèquent en quelque sorte pour plus tard leur patrimoine, en faisant don d'actifs dont ils ne disposent pas immédiatement et dont le transfert est remis à un moment ultérieur, sans trop de précision. C'est le cas des sommes d'argent qui pourront être réclamées par leur femme « en aucun temps » et des meubles qui « garniront » le domicile commun. Or, il arrive parfois, une fois la faillite ou la saisie inévitables, que rien n'a effectivement été versé ou que le mobilier a bien changé depuis la célébration du mariage. On peut aisément comprendre, dès lors, les hauts cris des créanciers d'un mari en banqueroute, qui ne verront là qu'un stratagème mis en place il y a longtemps pour contrecarrer leurs réclamations. Rappelons, à cet égard, le faux don du père de Pauline Yerisslavitz à celle-ci, don imaginé dans le but avoué d'y recourir en cas de déconfiture financière. Des créanciers croisent donc le fer avec des épouses. L'issue de ces affaires est incertaine et la jurisprudence est éminemment variable. Le seul avantage de ces procès centrés sur l'interprétation à donner aux contrats de mariage, pourrait-on dire, est immatériel : les juges ne soupçonnent pas directement l'homme et la femme de collusion. Ils n'estiment pas que l'épouse a pris part à des manœuvres frauduleuses. D'autres couples voient s'abattre sur eux le courroux de la magistrature.

2

Femmes prête-noms, femmes utilisées : de douteuses transactions entre époux

L'espace de possibilités qui s'ouvre à l'occasion de la préparation d'un contrat de mariage se referme rapidement par la suite, pour ne pas dire immédiatement. En cas de litige, les transactions intraconjugales subséquentes sont considérées avec suspicion. Des dossiers montrent que des maris aux abois se sont servis de leur femme pour cacher une partie de leurs actifs ; d'autres leur ont transféré leurs propres dettes, en douce. Il ne s'agit plus de concrétiser des promesses contractuelles : ce sont là des situations plus nébuleuses où les rapports de force entre conjoints prennent beaucoup d'importance. Les couples concernés se heurtent notamment à l'un des piliers du droit matrimonial, en l'occurrence l'article 1265 du code civil qui prohibe les dons et avantages outrepassant le contrat de mariage et, de manière générale, toute modification des conventions matrimoniales. Cette règle, rappelons-le, est censée parer à deux types de malversations : la dissimulation des biens du mari sous couvert du nom de sa femme et le recours au patrimoine féminin à l'occasion de difficultés. Le principe de « l'immutabilité » sert à obvier autant aux pressions indues, en privé, qu'aux escroqueries dont pourraient être victimes des tiers : « il y a d'abord l'intérêt des époux. Étant donné que les époux, qui jouissaient avant le mariage d'une complète indépendance, voient leur situation changée, qu'après il y en a presque toujours un qui domine l'autre, la faculté de modifier les conventions matrimoniales pendant le mariage aurait fourni au plus fort un moyen d'oppression contre le plus faible. On aurait pu aussi redouter que le changement apporté par les époux à leur contrat de mariage eut pour but de frauder les tiers et de soustraire des biens à l'action légitime des créanciers[1] ». Il n'y a pas de doute quant à l'identité du partenaire le plus faible.

Plus fondamentalement, c'est la stabilité de l'institution du mariage elle-même qui est en jeu. Ne rien changer aux rapports financiers entre époux, c'est ne rien changer à l'indissolubilité de l'union, ce que les bons sentiments ne peuvent garantir à eux seuls : « les futurs époux se font presque toujours des avantages par leurs conventions matrimoniales. On dit d'ordinaire que les libéralités sont une condition et une loi du mariage. Au point de vue des sentiments qui devraient animer les futurs époux, c'est trop dire ; le mariage n'est pas une spéculation. Mais des intérêts pécuniaires s'y mêlent et le lien des intérêts peut fortifier le lien des âmes. Ce sont donc là des conventions matrimoniales, dans l'esprit de la loi ; partant il n'y peut être rien changé après le mariage[2] ».

Quelle fut l'expérience sociale et judiciaire de cette arme à deux tranchants qu'est l'article 1265 ? Quel regard jette la magistrature québécoise sur les époux et épouses pris en défaut, seuls ou conjointement ? Ces affaires permettent d'examiner de plus près les rapports de pouvoir qui structurent l'économie domestique élitaire. Les témoignages rendus par des femmes mariées sont particulièrement précieux à ce titre. Ils rendent compte, souvent, de ce qu'elles connaissent de leurs droits et des affaires en général. La résistance opposée par certaines d'entre elles aux pressions et aux ruses de leur époux montre que ce savoir féminin s'arrête assez précisément aux limites imposées par le code civil, qui en fait des incapables et les met à l'écart de la plupart des transactions conclues dans l'espace public. Ces femmes ont une bonne idée de ce qui leur appartient en propre, en vertu de leur contrat de mariage, ainsi que des obligations générales de leur conjoint, notamment en ce qui a trait à la prise en charge des frais de la maisonnée. Leur culture juridique et financière, en revanche, ne va pas vraiment au-delà. Dès lors, elles sont assez facilement victimes de machinations ourdies par un mari en difficulté ou tout simplement malhonnête. Cette position de faiblesse peut être interprétée, construite de trois manières différentes par les juges : il y a l'épouse innocente que le système judiciaire se doit de sauver alors qu'il est encore temps ; celle pour qui on ne peut plus rien faire, malheureusement ; la femme mariée qu'il convient de réprimander aussi sévèrement que le chef de ménage si elle semble avoir pris part aux tricheries de celui-ci, ne serait-ce que par surcroît d'ignorance ou pour avoir rendu un témoignage alambiqué.

LES FAILLITES ET CESSIONS DE BIENS : VICTIMES OU COMPLICES ?

Il est difficile de départager avec certitude les cas où l'épouse a tout simplement servi de prête-nom, en fraude des créanciers légitimes de son mari, de ceux où elle a été partie prenante de malversations. Les juges formulent parfois des commentaires à cet égard. Il n'en demeure pas moins que quelques procès révèlent des stratégies assez torves d'utilisation des contrats de mariage. L'enjeu, du point de vue des ménages, est toujours le même : éviter le naufrage de l'économie domestique, quitte à contourner la loi. La tâche est malaisée en ce début de 20e siècle au Québec. Lori Chambers a montré en quoi le droit matrimonial ontarien, bien plus libéral au plan de l'autonomie des femmes mariées et des transactions intraconjugales (on n'y trouve pas l'équivalent de l'article 1265) pouvait au même moment favoriser les fraudes au détriment des tiers[3].

L'affaire Boivin est significative quant à l'usage qu'un mari pouvait faire de sa femme et quant aux risques encourus par cette dernière, sans parler de la méfiance profonde des tribunaux envers les transactions substantielles impliquant des épouses[4]. Marie Boivin et N. H. Gilbert se sont mariés en 1892 sous le régime de la séparation de biens. Le couple, on ne peut plus modeste au départ, connaîtra une ascension sociale spectaculaire. Elle a apporté 200 $ au mariage. Lui, de son côté, a promis de verser 400 $ à Marie, somme payable sur demande. Les deux apports – 600 $ au total – auraient été en fait investis dans le commerce de Gilbert à Baie-Saint-Paul. Suit un retour à la terre, durant deux ans. Gilbert s'installe subséquemment en 1904 à Québec comme commerçant de bois et de charbon. Selon lui, son patrimoine s'élevait alors à 35 000 $; il en aurait donné la moitié à Marie à la même époque. Le commerce du bois de pulpe s'ajoute à ses entreprises. Ensuite, dit le juge, « la fortune ayant continué à lui sourire, et riche suivant lui de $100,000 le failli aurait fait un autre geste magnifique à l'occasion soi-disant de la naissance de son 16e enfant et de son vingt-cinquième anniversaire de mariage. Afin de témoigner à sa femme son affection et sa gratitude, il aurait eu l'idée de lui donner un superbe bijou, qui était le premier qu'elle aurait[5] ». Ce bijou, notons-le, « n'aurait pas été vu ni connu par personne[6] ». Marie aurait refusé et ce don aurait été remplacé par un dépôt bancaire de 10 000 $ à son nom.

En 1920, Marie achète une propriété valant 23 000 $ à Québec. Gilbert fait faillite deux ans plus tard. Les syndics en charge de ses actifs veulent mettre la main sur cette résidence et tout son contenu. Selon eux, Marie n'était que le prête-nom de son mari. La cour d'appel leur donnera raison. Les manœuvres du couple, comme le partage des 35 000 $ – qui n'a pas laissé de traces – ou le récit du bijou transformé en dépôt de 10 000 $, sont vertement dénoncées par le juge Lafontaine : « tout ceci est de la haute fantaisie et de la fabrication pure et simple, auxquelles s'ajoute l'impudence[7] ». Il est difficile de jauger l'implication réelle de Marie. Elle est tout de même sévèrement tancée par le magistrat : « le témoignage de l'appelante – que l'on pourrait peut-être expliqué [sic] en disant qu'elle a subi l'ascendant de son mari qui lui aurait dicté son témoignage – comme celui de son mari, est un tissu de faussetés, de contradictions, de réticences, d'incohérences auxquelles se mêle l'enfantillage[8] ».

L'interprétation de son rôle dans cette économie domestique particulière mérite d'être citée au long : « l'appelante peut avoir été une brave femme, une vaillante épouse, active et laborieuse, élevant une nombreuse famille et qui, non contente de vaquer aux soins du ménage, a pu aider son mari dans son commerce, si elle en a réellement eu le temps ». Le magistrat en doute. Aussi, elle

> n'a rien reçu de qui que ce soit par héritage ou autrement, elle n'avait aucun commerce, aucune industrie et par conséquent, aucune source de gains ou de revenus et voilà que tout d'un coup, elle est riche d'une somme d'au-delà de $33,000 formée au moyen de sommes que son mari lui aurait passées de temps à autre. Aussi, quand l'appelante parle de ses économies, il faut entendre, comme elle le dit, les privations qu'elle se serait imposées ou que les circonstances lui ont imposées, en contribuant par son travail, son esprit d'ordre et d'économie à alléger les charges du ménage. Mais, des privations ne peuvent pas constituer une fortune.[9]

Les transferts dont elle a bénéficié sont des dons interdits par l'article 1265, carrément nuls. Marie a été piégée par la modestie de ses origines et les manœuvres manifestement orchestrées par son mari. Un contrat de mariage plantureux, incluant des dons formulés sans ambiguïté, aurait pu en partie la protéger en cas de faillite. Des biens propres, d'une valeur substantielle, auraient eu le même effet. Le juge Lafontaine, dans son cas, n'est prêt à légitimer qu'un seul type de capital féminin, capital purement symbolique : l'abnégation attendue de vaillantes mères et ménagères.

Ce n'est pas le seul procès où un juge établit l'ignorance des affaires chez une épouse manipulée par un mari en difficulté. L'affaire Bouchard met en scène un représentant de la bourgeoisie régionale québécoise impliqué, comme bien d'autres, dans le commerce du bois[10]. À la différence de Marie Boivin, Mme Asselin n'a pas servi de couverture pour cacher des biens. Son époux a plutôt cherché à l'instrumentaliser pour frauder des partenaires d'affaires, par le biais de stratégies assez torves.

À l'automne 1913, M. Asselin fait faillite. Sa femme, avec laquelle il est marié en communauté de biens, demande alors une séparation de biens en justice. La requête est accordée en novembre de la même année, après qu'elle eut renoncé à ses droits sur leur patrimoine commun. Or, cette faillite a été précédée d'une série de transactions sur des terres à bois situées dans le district de Kamouraska. Ces immeubles ont d'abord servi de garanties auprès d'un notaire en l'échange de l'endossement de billets promissoires dus par Asselin pour un montant substantiel, soit près de 37 000 $. L'homme fit ensuite affaire, le 12 juillet 1912, avec un certain Weeks et d'autres individus et leur vendit 15 000 cordes de bois à prendre sur les mêmes terres ; il travaillera d'ailleurs avec eux à la coupe. Presque simultanément, soit en septembre de la même année, Asselin transféra une partie des terres en question à des tiers, Morin et Dostie, pour 3 400 $, dans le cadre d'une vente à réméré (vente avec droit de rachat). Cette vente dissimule en fait une dette antérieure du même ordre, dette maintenant garantie par les immeubles concernés.

Mme Asselin entre en scène après la faillite de son époux. Elle déploie alors une intense activité entrepreneuriale, du moins en apparence. Morin et Dostie lui rétrocèdent les terrains qu'ils ont achetés et par la suite, en 1914, ils lui cèdent au moyen d'un autre acte toutes les réclamations qu'ils pourraient exercer contre les personnes qui ont récolté du bois sur les lieux, en l'occurrence Weeks et ses partenaires. Mme Asselin achète aussi, par le même acte de rétrocession, une dette de 1 450 $ due par son mari à Morin et Dostie. Si on ne connaît pas le montant effectivement versé afin de devenir titulaire de cette créance, il n'en demeure pas moins que la transaction a pour effet de la transformer en créancière de son propre époux, pour le montant nominal. De surcroît, elle entame une action contre Weeks pour le bois coupé sur les terrains que Morin et Dostie lui ont rétrocédés, en vertu du droit de poursuite concomitant.

Le juge Dorion n'est pas dupe. Le témoignage rendu en cour par Mme Asselin n'a pas arrangé les choses : « dans tout cela, la demanderesse ne jouait qu'un rôle passif ; elle le dit bien franchement dans son témoignage. Elle n'avait aucun bien, elle n'entendait rien aux affaires et n'en connaissait rien[11] ». De son côté, « Asselin n'a rien négligé pour s'assurer le bénéfice de sa mauvaise foi dans ses tran[s]actions avec les défendeurs. C'est ainsi qu'après avoir dressé ses batteries qu'il prend la présente action pour revendiquer le bois qu'il avait vendu aux défendeurs[12] ». Quant à la transaction combinant la rétrocession des terrains et l'achat de la créance maritale, « elle est nulle ... suinte la fraude et la simulation[13] ».

Sans surprise, la poursuite apparemment mue par Mme Asselin est renvoyée. Elle n'était qu'un prête-nom. Les autres victimes de l'affaire, Weeks et ses partenaires, n'auront pas à rembourser le bois récolté de bonne foi. Toutes les barrières érigées par le code civil pour éviter la fraude des créanciers ont été franchies. Mais l'appareil judiciaire veille au grain. Transférer des biens de l'époux à l'épouse est illégal ; Morin et Dostie ont aussi agi comme prête-noms à ce titre. Le juge Dorion stipule que « dans les contrats dont le résultat est de faire passer les biens du mari à sa femme, toutes les présomptions sont que l'intention des parties était d'atteindre ce but par l'intermédiaire de ceux qui y prennent part[14] ». Qui plus est, en renonçant à ses droits dans la communauté Mme Asselin s'est trouvée à avantager indûment son époux, ce qui est également interdit. Une séparation de biens accordée en justice doit réellement servir à protéger l'épouse. Enfin, l'article 1301 précise que seule la femme mariée en communauté de biens peut s'obliger au profit de son mari. Or, toutes les manœuvres réalisées sous couvert de Mme Asselin sont ultérieures à l'octroi de la séparation de biens.

Remettre en douce de l'argent ou des bijoux à sa femme est une chose. La transformer subitement en entrepreneure rompue aux opérations forestières et aux roueries commerciales en est une autre. Asselin semble avoir fait preuve d'habileté, mais la discrétion n'était pas au rendez-vous. Les épouses d'hommes d'affaires placées dans cette situation seront bien sûr appelées à témoigner en cas de poursuite. Leur mise à l'écart du marché et, par conséquent, leur incapacité à répondre correctement aux questions qui leur sont posées en font de bien piètres partenaires – partenaires forcées – de fraude.

Les actes posés par Marie-Louise Lalonde engendrent un autre débat en justice[15]. Marie-Louise et Henri Arthur Depocas ont signé un contrat de mariage en séparation de biens en 1892. L'acte inclut une donation des meubles et de l'argenterie à l'épouse, de même qu'une rente annuelle de 500 $ en cas de veuvage. Henri, marchand de ferronnerie, fait cession de ses biens vingt ans plus tard, en 1912. Il doit près de 18 000 $ à ses créanciers. L'homme perd son fonds de commerce et se recycle en maître de poste. Or, Marie-Louise a acheté un lot à Vaudreuil en 1910, lot sur lequel a été construite une résidence d'été. Est-ce vraiment à elle ? Le curateur à la faillite estime qu'elle a servi de prête-nom et que l'immeuble appartient en fait à Henri Arthur, qui ne l'a pas inclus dans ses actifs au moment de sa faillite. Le terrain et la résidence, pris ensemble, valent 3 000 $.

Henri Arthur ne cache pas que la somme consacrée au départ à l'achat du terrain et à l'érection de la résidence, soit environ 1 000 $, a été reçue de la succession de sa mère à un moment où il éprouvait déjà des difficultés financières. Sa femme n'a pas versé un sou ; c'est bien lui qui a fourni l'acompte de 50 $ sur le lot et défrayé, pour partie, la construction. De nombreuses dettes sont encore associées à cet investissement au moment du procès : les 200 $ nécessaires pour compléter l'achat du terrain n'ont pas été payés, les taxes municipales sont en souffrance et l'entrepreneur en bâtiment attend toujours une partie de son dû.

Le rôle joué par Marie-Louise dans ce projet est bien mince. Les ouvriers appelés à la barre affirment qu'ils ont toujours transigé avec Henri Arthur. Certains savaient que la propriété était au nom de sa femme, d'autres non. Télesphore Paquette, chargé des travaux de peinture, est questionné sur l'implication réelle de l'épouse :

Q. Ce n'est pas elle qui vous a engagé ?
R. Non.
Q. Ce n'est pas elle qui vous commandait sur l'ouvrage ?
R. Non. Elle donnait ses goûts.
Q. Comme les femmes ont coutume de le faire, dans tous les cas, quand vous construisez une maison qui doit être habitée par le propriétaire ?
R. Presque toujours.[16]

Marie-Louise n'est pas allée au-delà de ses préférences en matière de décoration. Le curateur à la faillite l'emporte. Selon le juge Pouliot, c'est là un cas de simulation et de fraude caractérisé. Si les époux ne peuvent s'avantager durant le mariage, un mari ne peut défrayer un tel achat au profit de sa femme. Il n'y a qu'une exception, en l'occurrence l'assurance-vie qu'un chef de famille a le droit de contracter en faveur de son épouse et de ses enfants. Qui plus est, le rapport de jurisprudence établit que les créanciers peuvent se prévaloir d'un droit de regard assez étendu sur les transactions des ménages : « est recevable à l'exercice, non seulement le créancier dont la créance a date certaine, antérieure à l'acte prohibé, mais même le créancier postérieur s'il prétend que l'acte argué de fraude a été réalisé *en vue de l'avenir* et pour lui enlever des garanties sur lesquelles il devait compter. Si l'acte est onéreux il lui faudra sans doute prouver la fraude des deux parties contractantes, mais si l'acte est à titre gratuit et constitue une pure libéralité, il suffira au créancier de prouver la fraude du donateur[17] ». La transaction attaquée tombe dans la catégorie des pures libéralités : Henri Arthur a littéralement payé à la place de sa femme. Par conséquent, il est inutile de chercher à savoir si elle a concouru au stratagème. C'est ce qui lui évite, peut-on croire, d'être sévèrement réprimandée comme Marie Boivin l'a été.

Ce jugement est infirmé en Cour de révision[18]. L'instance d'appel estime que ce n'est pas l'immeuble, qui appartient légalement à Marie-Louise, qui doit être inclus parmi les actifs du failli, mais bien les sommes illégalement fournies à sa femme. La nuance est appréciable, puisque la propriété vaut maintenant 3 000 $ et qu'Henri Arthur n'a investi que 1 000 $. Est-ce là une véritable victoire ? Voilà maintenant Marie-Louise propriétaire en titre et... responsable des taxes, des dettes en souffrance et, en cas de nouvelle poursuite du curateur, du remboursement des fonds avancés par son époux. Or, elle n'a pas de biens à elle.

D'autres affaires concernent non pas des actifs transférés à l'épouse mais l'utilisation de ses biens, sans que sa probité ne soit remise en question. Les manœuvres du mari peuvent engendrer un procès compliqué et des pertes substantielles. La seconde épouse d'Étienne Cantin en fait l'expérience à l'époque de la Première Guerre mondiale[19].

Cantin se remarie en 1907 avec Élisa Roy. Outre l'habituelle séparation de biens, le contrat comprend deux donations. Premièrement, Cantin « fait donation entrevifs et irrévocable à la future épouse d'une somme de $2,000, à prendre sur les plus clairs et apparents biens[20] » de sa succession. Ce don n'aura d'effet que si elle lui survit. Deuxièmement, il lui donne l'usufruit d'une propriété du canton de

Warwick portant le no 212 du cadastre de ce canton. L'homme hypothèque de surcroît cette propriété afin de garantir le versement du don de 2 000 $.

En 1910, il vend pour 3 000 $ à un certain Viel le lot no 212, celui-là même désigné dans le contrat de mariage. Élisa signe l'acte. L'année suivante, elle renonce à son usufruit sur l'immeuble dans le but de donner pleinement effet à cette vente. En compensation, Étienne la gratifie de l'usufruit d'une autre propriété, l'immeuble no 71 du canton de Warwick. En février 1913, Cantin accorde une lettre de garantie à la Banque de Montréal pour couvrir 6 000 $ en prêts fournis par l'institution. Mars 1913 : Cantin transfère à son épouse la balance du prix de vente (2 600 $) encore due par Viel sur l'immeuble no 212. Comme le no 212 n'était pas seulement affecté par l'usufruit de sa femme mais également visé par une hypothèque pour garantir le don des 2 000 $, on pourrait croire que ce transfert compense pleinement Élisa aux yeux de notre homme.

En avril de la même année, les choses se gâtent. Comme la banque exige que la garantie offerte prenne appui sur des actifs tangibles, Cantin hypothèque en faveur de l'institution l'immeuble no 71, celui-là même donné en usufruit à sa femme pour la dédommager de la vente du no 212. Pour couronner le tout, il transfère également à la banque le reste du prix de vente dû par Viel sur le no 212 alors qu'il vient tout juste de faire de même en faveur d'Élisa. Les demandes exprimées par une des plus grosses institutions financières du pays sont certainement plus pressantes que la préservation des avantages matrimoniaux d'une épouse qui, au demeurant, ne doit en profiter qu'au décès de son mari, pour l'essentiel.

Cantin meurt peu de temps après, en juillet 1913. Tout en étant à la tête de la Warwick Clothing Company, il se débattait alors au milieu de « difficultés financières considérables[21] ». Maintenant veuve, Élisa contre-attaque à l'aide d'un avocat. Elle fait savoir au bureau d'enregistrement que le no 71 est grevé d'usufruit à son profit et que cet immeuble est affecté, selon elle, à son gain de survie de 2 000 $. Étienne maintenant porté en terre, elle a le droit de toucher la somme. Elle entame également une poursuite pour qu'on lui remette le no 212. Cet immeuble est vendu en justice pour satisfaire une partie de ses réclamations. Le protonotaire du district prépare un acte de distribution, soit la liste des créanciers qui ont des droits à faire valoir sur ce bien et des sommes qui doivent leur être versées. La vente a rapporté

1 350 $. Élisa est inscrite sur la liste des ayants droit pour 1 000 $, en vertu du transfert à son profit en mars 1913 du reste du prix de vente du même actif.

La Banque de Montréal entre alors en action et conteste la présence de la veuve parmi les créanciers. D'après la banque, le transfert de 1913 est nul à titre de transaction intraconjugale interdite durant le mariage. Élisa combat cette contestation. Par la suite, à sa demande, le protonotaire produit un nouvel acte de distribution où elle figure encore parmi les créanciers, cette fois en vertu de la donation de 2 000 $ prévue par son contrat de mariage. La banque proteste derechef : cette donation est une donation à cause de mort et ne devait prendre effet, par conséquent, qu'au décès d'Étienne. Mais en vendant l'immeuble, il aurait effacé la garantie offerte à son épouse. Au surplus, Élisa aurait validement renoncé à son usufruit.

La sempiternelle question du moment d'accomplissement des donations doit être tranchée par la cour. Est-ce une donation entre vifs ou à cause de mort ? Si Étienne s'est réellement dessaisi au moment du contrat du montant dont son épouse doit profiter, c'est bel et bien une donation entre vifs, même si le paiement ne devait être effectué qu'à son décès. Aussi, le cas de la donation de biens à venir pourrait s'appliquer, si la somme doit être prise sur les actifs délaissés lors de sa mort. C'est ce que semblent indiquer les termes du contrat de mariage. Néanmoins, le juge souligne qu'il faut examiner les autres clauses de l'acte pour y voir plus clair. Une hypothèque vient étayer la donation et le contrat dit que l'époux « fait donation entrevifs et irrévocable » des 2 000 $ à sa fiancée. Ainsi, c'est là une donation entre vifs de biens présents. Pour ce qui est de la validité de la renonciation d'Élisa à son usufruit, elle est contraire à l'article 1265 et donc nulle. La contestation de la banque est rejetée. Élisa, créancière légitime dans le cadre de la vente de l'immeuble, sauve donc une partie de ce qui lui revenait après une rude bataille.

D'OBSCURES RAISONS SOCIALES ET TRANSACTIONS CONJUGALES

Dans certains cas, la présence d'une société dans laquelle la femme semble impliquée complique les choses. Le tribunal doit démêler la participation réelle des deux époux aux actes touchant aux dettes et créances, tout en évaluant la légalité des mêmes démarches à l'aune des règles du code et du régime matrimonial des conjoints.

L'affaire Honan met en scène une femme mariée qui a servi d'échappatoire à un mari éprouvant de sérieuses difficultés financières[22]. Le patrimoine de femmes séparées de biens est certainement considéré avec convoitise par des époux en déroute et leurs créanciers. Jean Taché fait affaire dans une maison de courtage de Montréal. Accumulant les pertes, la société est dissoute et Taché en forme une autre. L'individu met cette seconde société au nom de sa femme afin de glisser entre les mains d'un créancier. La première société était endettée de 26 000 $ auprès de l'Imperial Bank of Canada. Les temps sont durs pour le couple : « durant toute cette période de temps, Taché et sa femme [vivent] très pauvrement avec quelque argent que le mari [a pu] se procurer par quelques transactions personnelles en dehors de ses affaires, par la vente d'un safe et par des emprunts de son frère, même par des emprunts faits par sa femme, de sa propre famille[23] ». Taché s'active alors au remboursement des sommes en souffrance, sous couvert de la nouvelle firme. Reste une dette de 1 700 $ due à M. Duckett, cousin et relation d'affaires de Taché. Selon le juge, « pendant ce temps, la demanderesse [ignore] complètement ce qui se [fait] ainsi sous le nom que son mari lui [a] fait prendre, elle ne [touche] pas un sou, et [est] dans un tel état de pénurie, qu'elle se [voit] quelquefois obligée de s'adresser à des amies pour payer sa pension à sa propriétaire[24] ». Résultat des opérations : la banque est presque entièrement remboursée, mais les 1 700 $, eux, sont devenus une dette de l'épouse.

Par quel artifice ? Duckett insistait pour se faire payer et lorgnait du côté des biens en tous genres de Mme Taché. Celle-ci détenait notamment un droit de réméré (droit de rachat) sur un immeuble qu'elle avait vendu au Séminaire de Québec pour 17 682 $. M. Taché témoigne : « [Duckett] m'[a] demandé d'abord si ma femme avait des bijoux que je pourrais lui passer ou du ménage que je pourrais passer, il m'a demandé à la fin de lui transmettre cette propriété. Je lui ai dit que je le ferais bien mais que l'acte ne vaudrait rien parce que ça [appartenait] à ma femme[25] ». L'homme n'a pas résisté longtemps. Lorsqu'un notaire s'est présenté le soir en compagnie de M. Duckett, il a fait pression sur son épouse qui n'était au courant de rien. Mme Taché ne s'est pas laissée faire : elle s'est objectée vigoureusement à plusieurs reprises à la combine élaborée par les deux hommes. Elle a fait valoir qu'elle ne devait absolument rien à Duckett. Elle finit néanmoins par céder, pour « plaire » à son mari. C'est du moins ce qu'il prétendra par la suite. Elle vendit donc son droit de réméré sur l'immeuble pour 1 $ à Duckett afin de garantir la dette de son époux. La transaction stipulait que Duckett devait être payé d'ici un an de ses 1 700 $ et la dette a été présentée comme étant celle de Mme Taché, la société dont elle était maintenant le prête-nom devant assumer le passif de l'ancienne société. Il était aussi prévu qu'en cas de paiement de Duckett, le droit de réméré lui serait rétrocédé.

L'ignorance des affaires par les femmes mariées est souvent difficile à cerner. Dans le cas de Mme Taché, cette ignorance avait des limites. Si cette dame n'a jamais été partie prenante des transactions commerciales de son mari, elle savait très bien quels biens lui appartenaient en propre et quelles dettes ne lui incombaient pas. Toutefois, un chantage émotionnel serait venu à bout de sa résistance.

Il n'y a que l'appareil judiciaire pour venir en aide à des dames entraînées malgré elles dans l'illégalité, à leur détriment. Mme Taché entame une poursuite pour se débarrasser de « sa » dette. La décision rendue est sans équivoque. Lorsqu'une épouse, qui enregistre à son nom une certaine raison sociale, contracte ensuite des obligations pour son mari, ces obligations contreviennent à l'article 1301 du code. Cet article, rappelons-le, ne permet qu'aux femmes en communauté de biens de s'obliger au profit de leur conjoint. Mme Taché a contracté mariage en séparation de biens. Cette règle doit protéger les femmes mariées, dit le juge Loranger. La transaction avec Duckett est annulée. Reste à savoir si l'état de pénurie du couple a duré longtemps.

La mauvaise foi n'est pas toujours attribuée uniquement au mari quand le tribunal doit composer avec une société écran au nom de l'épouse. Le juge en arrive parfois à la conclusion qu'elle embrouille les choses, sans que l'on sache exactement quelle part elle a prise aux manœuvres douteuses décriées par la poursuite. Le contrat de mariage de Mme Young, signé en 1915, inclut une donation à son profit de tous les meubles[26]. Il s'agit, pour être exact, d'une « donation cumulative de biens présents et à venir[27] » de la part de son futur époux, M. Foster. Foster est ensuite poursuivi pour dette par M. Côté qui, une fois un jugement favorable en main, fait saisir le mobilier. Comme Foster en a déjà vendu une partie pour 200 $ à un certain M. Benoît et que ce dernier ne l'a pas encore payé, Benoît est mis en cause à titre de tiers-saisi. Un créancier a évidemment le droit de tenter de récupérer les sommes dues par d'autres à son débiteur. Mais Foster a vendu ces meubles comme s'ils étaient les siens. Par conséquent, Mme Young saute dans la mêlée en faisant valoir que les items lui appartiennent en vertu de son contrat de mariage. De plus, elle en aurait acheté une partie avec son propre argent. Le couple semble en très mauvaise posture. Benoît n'a pas seulement acquis une partie de leur mobilier. Il s'apprête à occuper leur logement après avoir acheté le reste de leur réserve de charbon.

La Cour supérieure rejette les prétentions de Mme Young, décision confirmée par la Cour du banc du Roi, pour un motif bien simple : son contrat de mariage n'a pas été enregistré. Toutes les donations entre vifs, incluant celles prévues par les contrats de mariage, doivent obligatoirement être enregistrées en vertu des articles 806 et suivants du code civil. Ce don de meubles est nul. Mme Young s'est ainsi mariée, probablement sans le savoir, sous le régime de la communauté. Tous les avoirs du couple sont ainsi soumis à la saisie, même si la dette a été contractée personnellement par M. Foster. Le juge Bernier, siégeant en appel, en profite pour prendre position sur l'épineuse question des donations de biens présents et à venir. Selon lui, une telle donation ne peut se concrétiser qu'à la mort du mari. Cette interprétation fait également obstacle aux revendications de Mme Young.

Le défaut d'enregistrement du contrat ne constitue pas, en lui-même, une preuve de malhonnêteté, à plus forte raison en ce qui concerne cette épouse. Mme Young passe néanmoins un mauvais quart d'heure dans l'enceinte du tribunal, tout comme son mari. En ce qui a trait aux meubles qu'elle dit avoir achetés elle-même, le couple est carrément soupçonné de fraude. Elle n'a pas prouvé avoir employé alors des fonds personnels. Les explications fournies par M. Foster n'ont pas été d'un grand secours, pour dire le moins : il a prétendu successivement que ces effets appartenaient à sa femme, à son fils et à lui-même. Le juge Bernier demeure poli, mais ferme : les témoignages des deux époux ne « paraissent pas dignes de foi[28] ». Ils ont aussi soutenu, par-dessus le marché, que c'est en fait la compagnie T. W. Foster – entreprise au nom de Mme Young – qui a vendu une partie des meubles en litige. L'honorable juge n'en croit pas un mot. L'entreprise est en réalité mue par Foster et un nommé Davis ; les factures déposées en preuve sont suspectes. Comme si ce n'était pas assez, Foster a contredit sa femme en affirmant que certains meubles avaient été achetés par celle-ci lors d'une vente en justice, ce qu'elle a nié : « interrogé sur l'apparente et flagrante contradiction de ce fait avec les allégués de la présente intervention, le défendeur devient incohérent et ne sait comment répondre. Il m'est impossible d'ajouter foi aux prétentions de l'intervenante, ni à son témoignage, ni à celui de son époux, le défendeur[29] ». La vulnérabilité féminine a un coût, matériel et symbolique. Celui de pouvoir tout perdre, tout en passant pour une affabulatrice aux yeux de la justice.

Il n'en demeure pas moins que le code civil permet bel et bien aux juges, au moyen de l'article 1301, de protéger certaines femmes mariées victimes de pressions et d'intrigues masculines. L'affaire Cordasco en fait foi[30]. Jerome Internoscia, avocat, est poursuivi conjointement avec sa femme, Meva Garneau, pour le paiement de deux billets promissoires de 150 $ chacun. Il s'agit de prêts obtenus alors que le ménage en était réduit à la dernière extrémité. L'homme et la femme n'arrivaient même plus à vêtir convenablement leurs enfants. Le prêteur n'est pas un inconnu : il s'agit d'Antonio Cordasco, ancien entrepreneur impliqué dans l'embauche d'immigrants italiens et de briseurs de grève au profit de grandes compagnies comme le Canadien Pacifique[31]. Internoscia a travaillé pour lui durant plusieurs années, au moment où Cordasco était embourbé dans nombre de poursuites liées à ses activités d'agent de placement.

Le couple est séparé de biens. Meva a bel et bien signé les deux documents en compagnie de Jerome. Elle a de ce fait engagé sa responsabilité, en apparence. Si l'on se fie à son témoignage, les circonstances de la transaction ressemblent à s'y méprendre à ce qu'a vécu Mme Taché. On l'a tenue dans l'ignorance jusqu'à la dernière minute. Cordasco, désireux d'avoir des garanties, savait qu'elle possédait des biens en propre, dont une maison à Sainte-Agathe. Il a fait pression sur elle : pas de signature, pas de prêt. A-t-elle touché quelque chose une fois la transaction conclue ? Non dit-elle : « Mr Internoscia got the money. I did not see anything. I just signed my name. Cordasco would have his own way that I sign it though he knew I was not responsible for the debts[32] ». Toutefois, son rôle exact dans l'affaire demeure difficile à établir. La femme de Cordasco, qui était présente sur les lieux, soutient que Meva a sollicité ces prêts autant que son mari et qu'elle a même promis de remettre l'argent rapidement, en vendant sa propriété de Sainte-Agathe.

Le couple fait valoir deux arguments pour sa défense. Pour ce qui est de Meva, leur avocat signale qu'elle n'a aucunement bénéficié des billets. Jerome s'en est servi pour voir à ses propres dettes. Même si elle a signé les documents à la demande de ce dernier, elle ne peut être tenue responsable, en droit, des obligations de son époux. Dans le cas de Jerome, Cordasco lui doit encore des honoraires professionnels qui compensent largement les 300 $ réclamés.

Tant la Cour supérieure que la Cour de révision leur donnent raison. L'article 1301 est clair. Les femmes mariées en séparation de biens ne peuvent contracter des obligations avec leur mari ou au profit de celui-ci, point à la ligne. Cette règle présente un avantage : il est inutile de chercher à savoir si Meva s'est véritablement impliquée dans les transactions ou si, à l'inverse, on l'a forcée à y prendre part. L'incapacité des femmes mariées et leur déresponsabilisation juridique, aussi contraignantes soient-elles en d'autres occasions, les protègent parfois. D'ailleurs, l'illégalité de sa participation à l'obtention des prêts était connue de toutes les parties en cause : elle-même était au courant, son mari – un juriste – aussi, tout comme Cordasco. Ce dernier aurait mieux fait de suivre le conseil de son notaire. Lorsqu'il lui a demandé s'il pouvait prêter de l'argent à une femme mariée, la réponse fut sans équivoque : « c'est très dangereux[33] ».

Les litiges impliquant des femmes de condition bourgeoise réellement engagées dans le monde des affaires semblent fort rares. La Banque d'Hamilton poursuit conjointement les époux Rosenthal pour une dette de 5 000 $ de la Crown Cycle and Motor Company, affaire dirigée par Mme Rosenthal[34]. Le tribunal ne remet pas en question la réalité de sa participation à l'entreprise. En mars 1919, les époux ont tous deux signé un contrat de garantie en faveur de la banque pour couvrir cette dette. Le contrat stipule que leur obligation est « joint and several » : la banque peut exiger le paiement entier de l'obligation de la part de l'un ou l'autre. La firme dépose son bilan en 1920. Le couple fait front commun et soutient que le contrat de garantie est nul en ce qui concerne M. Rosenthal, car si des sommes sont dues à la banque, c'est de la part de Mme Rosenthal, qui est séparée de biens. L'argument est audacieux, car le contrat est clair. Le tribunal établira que rien n'empêche un mari de contracter des obligations conjointement avec sa femme séparée de biens. L'article 1301 est genré. Il prohibe seulement ces actes du point de vue de l'épouse. Le couple devra payer.

L'hostilité judiciaire envers les transactions intraconjugales ne souffre pas beaucoup d'exceptions. Les juges, qui ont toujours à l'esprit les droits des créanciers, n'entérinent qu'avec une extrême prudence, et dans des circonstances très particulières, des conventions du genre. Mariés en 1904 sous le régime de la séparation de biens, Dorimène Gagnon et Charles Raymond présentent conjointement une requête *ex parte* à la Cour supérieure[35]. Elle devait recevoir une pension mensuelle de 25 $ en vertu de leur contrat de mariage, avantage plus tangible qu'un gain de survie. Elle n'a rien reçu depuis près de dix ans. Se sont-ils entendus à cet égard ou s'est-elle fait imposer cette retenue ? Toujours est-il que Charles lui doit maintenant 3 050 $. Elle souhaite être payée, intérêts en sus. Son époux propose de lui donner une propriété valant 3 500 $ pour solder sa dette, ce avec quoi elle se dit d'accord. Le couple clôt sa requête en spécifiant que la démarche « est faite de bonne foi, et nullement dans le but d'éluder la loi[36] ».

Le juge Bruneau accède à la demande. L'homme n'est pas seulement solvable, mais très à l'aise, ce qui éloigne le spectre du transfert d'actifs aux dépens des créanciers. Il possède les neuf dixièmes des actions d'une compagnie de ciment dont le capital s'élève à 100 000 $, de même que plusieurs immeubles. Au plan strictement juridique, le juge indique que la dation en paiement, soit le fait de céder un bien en échange d'une dette, n'est pas interdite durant le mariage. Cela équivaut à mettre en œuvre les clauses du contrat et non à les enfreindre. Si tout semble pour le mieux, on ne sait pas pourquoi le couple a attendu ce moment précis pour balancer les comptes. Des maris en moyens remettent à plus tard la réalisation de leurs promesses, comme on l'a constaté à plusieurs reprises. Dorimène a-t-elle rappelé à Charles son engagement avec insistance ? Ont-ils patienté jusqu'à ce que ce dernier jouisse d'une large aisance ? Sa santé était-elle mauvaise, rendant plus pressant le fait d'assurer l'avenir de sa femme ? Le rapport de jurisprudence demeure muet à ce titre.

Nous n'avons relevé qu'une autre exception à l'hostilité des juges envers les transactions intraconjugales, cette fois à propos d'un couple naviguant en eaux troubles. À l'instar de quelques épouses, Virginie Déry semble avoir pris une part active à des affaires conduites dans les faits par son mari[37]. Elle s'est mariée en séparation de biens avec George Robitaille, en 1882. Elle n'avait rien, alors, d'une candidate au mariage richement dotée : elle n'a apporté que ses vêtements et quelques meubles. Elle n'héritera pas non plus, par la suite, de sommes d'argent ou de propriétés.

Robitaille s'implique dans plusieurs firmes commerciales après l'union. Il transige aussi sur le marché immobilier, conjointement avec Virginie, avant de sombrer. De 1888 à 1895, cette dernière acquiert dix lots et en vend cinq. Lorsque le curateur à la faillite de son mari la poursuit, en 1899, elle en possède encore cinq dans la ville de

Québec, pour une valeur totale de 13 500 $. D'où provenait l'argent employé pour acheter ces immeubles ? George lui a fait des prêts, elle a eu recours aux loyers qu'elle percevait et des tiers lui ont avancé des montants sur hypothèque. Les lots ne sont pas encore complètement soldés (il manque toujours 8 000 $), mais elle effectue elle-même les versements nécessaires. Le juge Wurtele accordera une attention particulière aux rôles respectifs des époux dans la création de ce patrimoine féminin tout droit sorti de terre : « in all these transactions George Robitaille acted on behalf of his wife and afterwards he administered the properties as her agent, but all the deeds of purchase and of sale were signed and executed by her[38] ». L'autonomie de Virginie n'était que formelle, juridique. Les opérations étaient mues et fort probablement imaginées par George.

Il y a de quoi être circonspect. Est-elle une véritable actrice du marché immobilier ou une couverture ? Le curateur chargé de voir aux intérêts des créanciers de Robitaille, un certain Paradis, ne fait ni une ni deux : les cinq lots possédés par Virginie ont été acquis avec l'argent de George et mis au nom de sa femme, en contravention du code civil et au détriment des personnes envers lesquelles il est endetté. Paradis exige que ces transactions soient déclarées frauduleuses, simulées, et que les propriétés soient liquidées.

Le couple – ou George – se défend : les lots ont été acquis régulièrement à l'époque et le failli n'a pas pigé dans les réserves de ses entreprises pour transférer de l'argent à sa femme. La Cour supérieure leur donne raison, mais la Cour de révision ne l'entend pas ainsi. Ils s'adressent par conséquent à la Cour du banc du Roi. Ces appels successifs et jugements contradictoires témoignent éloquemment des difficultés que présente ce cas d'espèce.

La Cour du banc du Roi tranche en leur faveur le 10 novembre 1900. Cette décision fait jurisprudence en ce qu'elle vient baliser, de manière assez stricte, les transactions qui peuvent réunir les époux. L'interdiction de s'avantager durant le mariage s'applique à l'enrichissement d'un conjoint aux dépens de l'autre. Il est néanmoins possible de se prêter de l'argent de bonne foi, si un remboursement s'engage et en l'absence d'indices de fraude à l'époque des faits. Un mari peut également agir en tant qu'agent de sa femme dans le cadre de la vente et de l'achat d'immeubles s'il ne diminue pas, ce faisant, son propre patrimoine ou s'il ne porte pas atteinte aux droits de ses créanciers d'alors. Selon le tribunal d'appel, il appert que les lots détenus par Virginie ont été réellement acquis à son bénéfice et non mis à son nom pour dissimuler des avoirs de George. Enfin, au dire du juge Wurtele, rien n'empêche un mari de consacrer du temps aux affaires de sa femme et de lui donner gratuitement de bons conseils... Le code permet déjà, par l'article 1425, à un homme d'administrer les actifs de son épouse séparée de biens[39].

Cette décision de la Cour du banc du Roi ne traduit en rien un gain de l'autonomie de « femmes d'affaires ». C'est la latitude masculine et maritale, au milieu des rigidités du code civil, qui est promue en l'absence d'escroquerie. Certes, on ne mentionne nulle part que Virginie était « ignorante » des rouages du marché, à la différence d'autres épouses. Il est simplement dit que son témoignage en cour n'a pas été contredit. Peut-on en conclure que ces transactions immobilières n'avaient aucun rapport, à l'époque des faits, avec la protection que George a pu vouloir se donner en cas de difficultés financières ? L'homme n'ignorait peut-être pas les avantages inhérents à la mise sur pied d'un patrimoine féminin. Virginie, rappelons-le, ne possédait à peu près rien lors de leur mariage. Le cas échéant, cette stratégie juridique et financière n'est pas pleinement effective. La décision de la Cour du banc du Roi constitue en fait une demi-victoire ; les créanciers de Robitaille devront changer de tactique. Comme les actes d'acquisition des immeubles ne sont pas frauduleux, Virginie demeurera leur propriétaire en titre. Ces actifs ne peuvent tomber dans la faillite en tant que tels. Or, c'est ce que réclamait la poursuite. En revanche, si un époux a avantagé l'autre illégalement, des tiers qui s'estiment lésés peuvent réclamer ce qui a été donné de cette manière. George n'a pas remis d'immeubles à Virginie. Il lui a prêté de l'argent. Ses créanciers n'ont donc plus qu'un seul recours, soit d'exiger de sa femme le retour des sommes avancées. Les immeubles n'étant pas encore complètement payés, le patrimoine de Virginie risque de pâtir lourdement d'une poursuite engagée de la bonne manière.

L'IMPOSTEUR DE VAUDREUIL

Soupçons de fraude, firmes qui servent de façades, patrimoine manipulé par un mari aux abois : les aléas du marché et les rapports de force matrimoniaux peuvent ébranler les fondations de la sécurité financière des femmes mariées. L'une d'entre elles aura le malheur de constater qu'elle a uni sa destinée à un individu qui, dès le départ, l'a flouée. Si ce cas est unique, il renvoie comme les causes abordées précédemment à la question, proprement cruciale, du savoir dont disposent ou non les jeunes femmes de la bourgeoisie au moment de faire face aux risques personnels et financiers inhérents au mariage.

Le décès d'un mari devrait concrétiser les gains de survie de plus d'une veuve. Mais qu'en est-il si le fiancé était déjà en déconfiture au moment du mariage et un dissimulateur ? En 1897, Mary T. Shannon a sans le savoir uni sa destinée à un notaire véreux de Vaudreuil, Eugène Bastien[40]. L'individu jouissait d'une bonne réputation et on le croyait en possession d'une fortune intéressante. Leur contrat de mariage faisait de cette union une bonne alliance en apparence, car Eugène lui donnait : les meubles garnissant leur domicile ; 3 000 $ payables par annuités sur dix ans, don mitigé par une précision voulant que s'il mourait sans avoir payé la somme en tout ou en partie, cette promesse s'éteindrait ; une rente à vie de 600 $ par an si elle lui survivait, cette rente prenant appui sur une hypothèque de 10 000 $ affectant les biens d'Eugène, hypothèque que ce dernier s'engageait à faire enregistrer. Le juge établira qu'il était insolvable au moment de signer ce contrat et que Mary n'en savait rien.

Aux alentours de son décès, en 1899, le scandale éclate : Eugène remettait de faux documents à des particuliers lui ayant confié des sommes à investir, montants qu'il gardait par devers lui. Afin de les confondre, il leur payait lui-même, de temps à autre, l'intérêt prétendument reçu d'emprunteurs fictifs. Mme Turgeon, qui fait partie des investisseurs floués, entame une poursuite pour récupérer 4 000 $ et faire déclarer nul le contrat de mariage. Les défendeurs sont Mary et le tuteur des deux enfants mineurs issus de son mariage, héritiers d'Eugène. Quel sort fait-on aux trois clauses favorisant Mary ? Comme Eugène est mort et que les paiements sur la somme de 3 000 $ n'ont jamais été faits, rien à espérer de ce côté. En ce qui concerne les deux autres donations, leur interprétation judiciaire doit tenir compte du contexte de fraude et d'insolvabilité initiale. Dès lors, la sûreté du contrat ne relève plus seulement du droit matrimonial *stricto sensu*.

Étaient-ce des donations à titre onéreux ou gratuit ? Une transaction à titre onéreux (qui n'est pas un pur cadeau) est nulle si l'une des parties connaît l'insolvabilité de l'autre. Mais une transaction à titre gratuit (donner quelque chose sans rien obtenir en retour, par pure libéralité) effectuée par un débiteur insolvable est réputée frauduleuse dans son intention même, peu importe si l'autre partie est au fait de cette insolvabilité. Mary, peut-être fraîchement sortie du couvent, était-elle préparée à faire enquête sur les actifs de son fiancé ?

Les meubles ayant été donnés à titre de « don gratuit », selon le phrasé du contrat de mariage, la veuve ne peut les sauver. La rente de 600 $ par an pour la durée du veuvage pourrait peut-être échapper à la débâcle. Pour le juge, ce n'est pas un don à titre gratuit. C'est une véritable dette, car le mari contracte en se mariant « l'obligation ... de pourvoir à la subsistance de sa veuve[41] ». Puisque Mary ignorait l'insolvabilité d'Eugène, la clause est valide. On l'a vu, les promesses maritales ont plus de chances de se matérialiser en étant doublées d'actifs bien en règle. Ce n'est peut-être pas un hasard, mais Eugène a omis de faire enregistrer de manière précise les biens affectés par l'hypothèque censée soutenir cette rente. Mary ne retirera donc rien de son contrat de mariage. Quant au tuteur des enfants mineurs, en charge du reste de la succession, il est en cette qualité condamné à payer les 4 000 $ réclamés par Mme Turgeon.

D'autres femmes sont en mesure de prendre les devants avant qu'un désastre financier ne survienne. Sont-elles mieux conseillées par leur entourage ? Un père toujours en vie, un frère avec qui elles sont en contact peut s'alarmer à temps et militer en faveur d'un recours en justice. Il ne faut pas négliger, au demeurant, le minimum de culture juridique et financière que possèdent les épouses. Si le code civil fait d'elles des incapables, si les arcanes du droit et des affaires leur sont en général inaccessibles, cette culture n'est pas nulle : à moins d'avoir été flouée de bout en bout comme Mlle Shannon, elles ont au moins une bonne idée, à tout prendre, de ce qui leur appartient en propre et de leurs intérêts personnels dans le cadre de l'économie domestique.

L'affaire Kavanagh implique une très riche héritière qui, mariée sous le régime de la communauté de biens, réussit à obtenir une séparation de biens en justice en faisant valoir que ses intérêts sont menacés par son mari, chef et administrateur du patrimoine commun[42]. Comme dans le dossier précédent, différentes catégories d'avoirs féminins sont en jeu. Ces avoirs ne se présentent pas tout d'un bloc en termes de capacité d'agir – et de nécessité de s'alarmer – du point de vue de l'épouse.

Mme Kavanagh a largement été favorisée dès avant son mariage avec M. McCrory : son père lui a légué des biens valant 50 000 $, une véritable fortune. Elle aurait fait une excellente candidate à la séparation de biens afin de conserver l'administration et la jouissance de ses actifs, pour disposer entre autres des revenus produits. Les biens paternels consistent probablement, pour l'essentiel, en des immeubles.

Ils ne sont donc pas tombés dans la communauté, en qualité de « propres ». Elle en est demeurée la seule propriétaire malgré son régime matrimonial. Le recours à la communauté les a toutefois soumis à de vastes pouvoirs maritaux. En vertu de l'article 1298 du code civil, McCrory a administré tous les biens personnels de sa femme. Ce n'est pas tout : il a pu disposer à sa guise des revenus engendrés, ces revenus faisant partie intégrante de la communauté dont il était le maître. Mais le mariage, aussi inégalitaire soit-il, demeure un contrat fait de contreparties genrées. Le même article limite les pouvoirs du mari, qui ne peut aliéner les biens de son épouse sans son consentement. Surtout, l'homme demeure « responsable de tout dépérissement des biens personnels de sa femme causé par le défaut d'actes conservatoires[43] ».

Le couple a un enfant. Mme Kavanagh dénonce ensuite l'administration de son époux à la Cour supérieure. Il gère ses « propres » et en retire les revenus, en conformité avec le code. Cependant, il ne lui rend compte de rien. Pire, il refuse « de lui donner les choses nécessaires à sa subsistance conformément à la position qu'elle a droit de tenir, vu son état de fortune[44] ». McCrory semble en fait avoir perdu tout contrôle sur ses affaires et celles de sa femme. Cet ancien brasseur, reconverti dans la fabrication de cigares, néglige depuis deux ans selon la poursuite de payer les taxes sur les propriétés de son épouse, propriétés qu'il a hypothéquées sans considération pour les échéances de paiement qui approchent. Il a également omis de payer les taxes sur des immeubles acquis récemment. Tout cela ne l'a pas empêché de se lancer dans d'autres entreprises. À une catastrophe financière annoncée s'est ajoutée, pour Mme Kavanagh, ce qui a tout l'air d'une rupture conjugale, sans que l'on puisse conclure à une véritable séparation de fait : « le défendeur s'éloigne de la demanderesse vivant sans lui parler, et ne lui donnant aucune information quelconque sur l'état de ses affaires, tant au point de vue de la communauté que de ses biens personnels[45] ». Ne plus adresser la parole à son épouse ou refuser de lui rendre des comptes ne constituent pas, à proprement parler, des causes légales de séparation de biens en justice. En vertu de l'article 1311, il faut que les intérêts féminins soient en « péril » et que « le désordre des affaires du mari donne lieu de craindre que les biens de celui-ci ne soient pas suffisants pour remplir les droits et reprises de la femme[46] ». Les avocats de la demanderesse, Mes Cressé et Descarries, vont plus loin : l'existence de la communauté implique un certain degré de communication et de collaboration entre conjoints.

Ils requièrent donc une séparation de biens pour qu'elle dispose dorénavant de la libre administration de ses actifs et pour les soustraire, de concert, au dérèglement des affaires de son époux et à l'autorité de celui-ci.

La très grande majorité des hommes poursuivis en séparation de biens n'opposent pas de défense. Ils ont tout intérêt, en principe, à ce que le tribunal réponde favorablement à la poursuite : une partie du patrimoine familial serait dès lors à l'abri des réclamations de tiers. McCrory, lui, n'en est pas encore là. Il n'entend pas renoncer aussi facilement à son statut de chef de la communauté, condition fort profitable. Les intérêts et les loyers produits par un capital de 50 000 $ autorisent à eux seuls un train de vie plus que confortable. Il demande tout simplement le renvoi de la requête car elle ne rencontrerait pas les exigences de l'article 1311. En somme, y a-t-il vraiment « péril » pour l'épouse et « désordre » de la part de l'époux ? Le juge Mathieu est de cet avis. Le capital de Mme Kavanagh n'est pas encore menacé, mais autant ne pas attendre que ce soit le cas. Le fait que McCrory n'arrive pas à entretenir adéquatement sa femme et son enfant à partir d'un patrimoine aussi considérable – et qui n'est pas le sien, de surcroît – montre qu'il y a lieu d'intervenir. Les revenus de l'épouse sont manifestement détournés de leur fin première, le défraiement des charges du ménage.

DES ÉPOUSES FORT UTILES, MÊME APRÈS LEUR MORT

Le summum de l'instrumentalisation des femmes mariées et de leurs avoirs – réels ou imaginés – est la variante post-mortem de ce phénomène. L'affaire Langlois n'a rien de commun : l'épouse est décédée au moment du procès, mais elle a auparavant servi de couverture à son conjoint qui s'est approprié une somme confiée par sa belle-mère[47]. Des maris rusent aux dépens de leurs épouses, mais les autres transactions entre apparentés ne sont pas toujours sans risques.

Arthur Labbé est courtier. Sa belle-mère, Marie-Louise Langlois, lui remet toutes ses économies au moyen de chèques signés de sa main, comme il lui a fait miroiter un rendement supérieur à celui offert par les banques. Elle a alors à son égard « une grande estime et elle [repose] en lui une confiance illimitée[48] ». Mme Langlois retire notamment 2 000 $ de la Banque de Montréal à cette fin, le 13 janvier 1904. Séparée de biens, épouse d'un notaire, elle gère sans contredit de manière autonome ses actifs, à la différence d'autres femmes tenues dans l'ignorance. Par un curieux hasard, Jeanne, épouse d'Arthur et fille de Marie-Louise, dépose 2 000 $ à la Banque de Montréal exactement le même jour. Le montant passe ensuite, en 1908, dans le compte de son mari avec la mention « en fiducie ». Jeanne meurt trois ans plus tard, en 1911. Arthur est son légataire universel.

Mme Langlois poursuit son gendre au printemps 1913. Il a pris les sommes qu'elle lui a confiées pour « spéculer à son bénéfice, ne lui en payant que l'intérêt à 5 %, excepté sur une somme de 2 000 $ sur laquelle il n'a même pas payé l'intérêt[49] ». Elle exige soit une reddition de comptes, soit le paiement d'un reliquat avoisinant les 5 500 $. Les pièces déposées en preuve contiennent une partie de la correspondance échangée entre Mme Langlois et Arthur, peu de temps avant le début de la poursuite. Le 22 janvier 1913, elle lui écrit :

> Montréal 22 janvier 1913
> Monsieur
>   Je viens
> vous demander, de vouloir bien
> me mettre en possession de
> mes argents, pour les $ 2 000
> qui sont déposés à la banque
> d'épargne, en votre nom.
> Je vous envoie [sic] le numé
> ro de mon livre (113 628)
> pour les faire mettre à mon crédit.
> Et pour mes parts, si je ne
> me trompe pas, j'ai quatre
> dévidentes [dividendes] de dues, depuis les
> premiers jours de ce mois ici.
> Veuillez les mettre à la banque
> avec les $ 2 000.
> Pour les autres $ 750 je ne
> sais pas ce qu'il [sic] ont rappor
> té. Ayez s'il vous plaît l'
> obligence [sic] de m'envoyer tous
> mes papiers.
>   Vous obligerez
> beaucoup votre toute dévouée
>   Mme Perrault.[50]

Son inquiétude est manifeste, tout comme la connaissance de ce qui lui revient. Son mari, le notaire Perrault, se joint aux échanges à la fin avril au moyen d'une lettre recommandée. Son intervention ajoute du muscle aux plaintes de sa femme. Labbé a refusé de rembourser. La mise en demeure est sans équivoque. Leur gendre joue sa réputation :

> J'ai toutes les preuves en main ...
> Vous avez jusqu'au premier de mai prochain, pour faire le règlement avec nous.
> Nous serons conciliants, soyez honnête homme vous y gagnerez ; c'est notre dernier mot.
> Consultez vos avocats.
> À vous d'y voir.[51]

Une fois poursuivi, Labbé admet devoir 2 855 $ mais estime ne pas avoir à rendre le dépôt de 2 000 $. Il n'existe pas de preuve écrite à ce sujet ; il s'agirait peut-être, dit-il, du montant épargné par Jeanne sur les sommes qu'il lui remettait pour voir aux dépenses de leur maisonnée. Le juge Lafontaine n'est pas tendre envers le courtier : « ayant hérité de sa femme comme légataire universel, il prétend maintenant qu'il n'avait pas à rechercher l'origine de cette somme, que sa femme était présumée en être la propriétaire, et que l'ayant recueillie dans sa succession il avait le droit de la garder sans plus d'examen[52] ». En outre, Labbé avance que sa belle-mère n'avait pas le droit de transiger avec lui sans autorisation maritale. L'incapacité des femmes mariées a le dos large : ce principe est évoqué tant par des demandeurs que des défendeurs, au gré des circonstances.

L'action est néanmoins accueillie. Si la somme a été déposée « en fiducie » dans le compte de l'homme, cela signifie qu'une autre personne avait des droits à faire valoir sur celle-ci. Il est en preuve que Jeanne ne possédait rien elle-même, hormis le contenu de sa tirelire. Cette absence d'avoirs en propre établit la fraude. Qui plus est, la prestation de Labbé à l'audience est tellement ratée que les faits qu'il dément sont jugés vraisemblables. Ses réponses à la barre « sont plus ou moins embarrassées ou artificieuses[53] ». Prétendre ne plus se souvenir de son propre régime matrimonial – communauté ou séparation de biens ? – a tout du suicide judiciaire. Au surplus, comment peut-il simultanément prétendre ne rien connaître de l'origine de ces 2 000 $ et ne rien avoir su des finances de son épouse, tout en étant bel et bien sûr d'une chose, soit que le dépôt n'appartient pas à sa belle-mère ? Pour le juge Lafontaine, l'homme considère ne pas avoir eu à « s'informer davantage, ce qui est bon à recevoir étant bon à garder[54] ».

Un quasi-contrat a donc réuni la belle-mère et le gendre. Malgré l'absence de convention écrite, le fait de lui confier cet argent pour le faire fructifier a entraîné des obligations, dont celle de le rendre. On ne peut s'enrichir aux dépens d'autrui. L'incapacité des épouses à contracter sans autorisation maritale, elle, ne peut être utilisée à toutes les sauces. L'argument ne tient pas la route dans le cadre d'une action visant à retrouver ce qui a été pris et, justement, à remettre « les parties dans l'état où elles étaient avant ces contrats[55] ». Porté en appel devant la Cour de révision, le litige s'éteint par un règlement hors cour en 1917.

UNE « CALAMITÉ PUBLIQUE » ? L'ARTICLE 1301 ET SES CRITIQUES

L'article 1265 du code civil, qui interdit toute modification aux conventions matrimoniales de même que les avantages intraconjugaux durant le mariage, est donc fréquemment appelé en renfort en cas de faillite frauduleuse ou de manœuvres douteuses des maris. Ce principe fondamental n'est pas remis en cause entre 1900 et 1930, à la différence de la possibilité de faire des donations de biens futurs par contrat de mariage, débat abordé au chapitre précédent. Des épouses manipulées par leur conjoint et des créanciers y trouvent manifestement leur compte, à condition d'agir à temps, tout comme les juges appelés à sanctionner les mauvais payeurs et prévaricateurs. Cette règle a pour vertu de ne pas souffrir d'ambiguïté.

Il n'en va pas de même en ce qui concerne l'autre article du code le plus souvent évoqué dans ce type de litiges, l'article 1301. Rappelons sa formulation exacte : « la femme ne peut s'obliger avec ou pour son mari, qu'en qualité de commune ; toute obligation qu'elle contracte ainsi en autre qualité est nulle et sans effet[56] ». Ce précepte est l'objet de critiques assez musclées dans les périodiques de jurisprudence au début du 20e siècle. Le type d'engagement ainsi proscrit est même toujours au centre de débats jurisprudentiels parfaitement abscons au début des années 30. Mais on pourrait traduire, grosso modo, cette interdiction ainsi : l'épouse ne peut se porter caution pour son époux[57]. Plus généralement, l'enjeu est le même que dans le cas des donations de biens futurs et de l'interdiction de modifier les conventions matrimoniales. Il s'agit, encore et toujours, de tenter de protéger du même souffle les épouses des abus de pouvoir de leur conjoint et les tiers avec lesquels les ménages font affaire.

Les risques posés par l'article 1301 aux intérêts des tiers sont en quelque sorte évidents : comment s'assurer, hors de tout doute, du régime matrimonial d'une épouse qui, par exemple, se porterait caution d'un billet promissoire – une promesse de paiement à échéance – signé par son mari ? Qu'arrive-t-il si, après avoir obtenu un prêt prétendument pour ses propres affaires, elle affirme ou démontre qu'elle a procédé au profit de son mari ? En parallèle, comment un prêteur peut-il s'assurer que la somme, une fois remise, soit effectivement employée par l'épouse, à son seul profit ? Lorsque de telles transactions sont déclarées nulles par la cour, une fois le couple ou l'épouse poursuivis pour défaut de paiement, il y a de fortes chances que le créancier ne voit jamais la couleur de son argent si le mari est insolvable. Par conséquent, l'article 1301 est amendé en 1904. On ajoute tout simplement à la fin de l'article les mots suivants : « sauf les droits des créanciers qui contractent de bonne foi ». Or, la bonne foi ne se prouve pas aisément, inutile de le mentionner.

En 1896, Jean-Joseph Beauchamp publie dans les pages de *La revue légale* une longue étude de l'article litigieux, source d'une jurisprudence foisonnante[58]. Le ton adopté est assez progressiste en ce qui a trait à la situation faite aux femmes mariées sous l'empire de cette règle. Le cas est rare, parmi les professionnels du droit. Pour Beauchamp, on restreint beaucoup trop l'autonomie financière des épouses au motif de les protéger. Le Québec, en outre, serait l'une des seules juridictions à contraindre de la sorte non seulement les femmes mariées mais les ménages eux-mêmes, en tant qu'acteurs économiques. L'article 1301 présente en fait une histoire assez particulière, que relate le juriste. Absente du code Napoléon, cette « vieille loi romaine » a été introduite dans le droit civil bas-canadien en 1841 à l'occasion de l'adoption de l'ordonnance d'enregistrement par le Conseil spécial, avant d'être incluse dans le *Code civil du Bas-Canada* de 1866[59]. Auparavant, une épouse autorisée par son mari pouvait se porter caution pour ce dernier.

Le Conseil spécial, de ce fait, a simultanément œuvré à affaiblir des protections féminines coutumières – en introduisant, par exemple, la possibilité pour les épouses de renoncer au douaire affectant des immeubles que leur époux souhaite vendre[60] – et réduit leur capacité à s'engager aux côtés de leur mari. Mais l'article 1301 n'a pas contribué à mieux garantir la sûreté des transactions conclues sur le marché. C'était pourtant l'un des objectifs poursuivis par le Conseil spécial dans son œuvre de « modernisation » du droit et de l'appareil étatique bas-canadien. Beauchamp dénonce les possibilités de fraude, déjà évoquées, ainsi que le faux sentiment de sécurité que procurerait la sanction de nullité absolue des actes contraires à l'article 1301 : « cette loi cache souvent les plus grandes injustices, et elle fournit à la femme l'occasion de commettre la fraude au bénéfice de son mari. Elle est dangereuse et préjudiciable à la femme même qu'elle a pour objet de protéger, car, elle rend suspects tous les contrats où elle assume une obligation, et elle crée un malaise et un danger réel dans toutes ces sortes de transactions avec la femme mariée[61] ».

Il faut donc se méfier des épouses ? Pas uniquement. D'après Beauchamp, leur protection ne passe pas par un surcroît de contraintes, mais bien par plus d'autonomie : « plus la femme aura de liberté civile, moins elle aura besoin de protection légale, pouvant alors, dans une certaine limite, se protéger elle-même. La protection outrée, comme celle de l'article 1301 de notre Code civil, est née d'une grande incapacité de la femme. L'une fut la compensation de l'autre[62] ». Il clôt son texte par un plaidoyer en faveur de l'abrogation de la règle ou, à défaut, d'un amendement au profit des tiers de bonne foi. Ce qui est fait en 1904. Pour un autre juriste, qui s'exprime sur le sujet avant cette année-là, l'article 1301 constitue une véritable « calamité publique » en ce qu'au lieu de protéger les épouses, il ruine leur crédit et leur capacité d'emprunter[63]. Au début des années 30, la suspicion entourant les transactions de femmes mariées qui ont des intérêts dans des entreprises est encore dénoncée, vu les précautions excessives dont doivent s'entourer les créanciers[64]. L'État québécois maintiendra néanmoins cette règle jusqu'en 1970[65].

* * *

L'avenue d'un surcroît de « liberté civile », suggéré par Beauchamp, n'est pas envisagée par les élites québécoises au début du 20ᵉ siècle. Le choc entre les droits des créanciers et la protection des épouses est violent. L'appareil judiciaire a fort à faire au moment de déconstruire et de sanctionner, le cas échéant, les multiples transactions conduites par des maris souvent malhonnêtes aux dépens ou sous couvert de leur épouse. Certains dossiers font état de situations proprement catastrophiques. Mary T. Shannon entame son veuvage sans aucune espèce de garantie normalement associée à une union avantageuse. Les juristes se méfient, à juste titre, des rapports de force et des sentiments dans la sphère privée. C'est ce qui justifie l'existence de la dyade juridique réunissant protection des épouses et incapacité féminine. Cette protection ne peut être mise en œuvre, en cas de recours en justice, que si les circonstances le permettent. La latitude et le savoir dont peuvent disposer les femmes mariées constituent aussi des ressources absolument cruciales au moment de prévenir ou de tempérer les fraudes qui portent préjudice à leurs droits et à ceux de créanciers. Marie-Louise Lalonde aurait été réduite à formuler ses préférences quant à la décoration de la maison mise à son nom par son mari en faillite; Mme Taché, elle, a résisté tant qu'elle a pu à la combine élaborée par son mari et une relation d'affaires de ce dernier. Les connaissances féminines et l'agentivité conséquente semblent donc extrêmement variables. On peut néanmoins postuler, à tout prendre, que les femmes mariées ont en général une bonne idée de ce qui leur revient et de leurs droits dans le cadre de l'économie domestique élitaire, sans qu'elles puissent nécessairement démêler les transactions, parfois très complexes, menées par leur époux dans l'espace public. On ne leur en tiendra pas rigueur: le droit civil en fait des incapables, pour l'essentiel. Mais cette barrière est franchie à l'occasion par des femmes qui transigent elles-mêmes avec des tiers sur le marché des biens et services. Ont-elles engagé leur responsabilité ou celle de leur époux? Des couples font-ils valoir la nullité de ces actes, au grand dam de leurs créanciers?

3

Est-elle responsable ?

La plupart des affaires examinées jusqu'à maintenant montrent des femmes qui tentent de faire valoir leurs droits à l'encontre des créanciers de leur époux, ainsi que des situations plutôt louches de patrimoines féminins manipulés ou frauduleusement construits par un conjoint dont les finances vacillent. La jurisprudence du début du 20e siècle se penche aussi sur la validité de transactions conduites, en tout ou en partie, par des femmes mariées. Leur rôle, dans ces procès, prend une autre tournure. De victimes collatérales des déboires de leur époux et des incertitudes du droit civil en matière de donations, elles passent au statut d'actrices économiques plus directement mises en cause.

Les épouses doivent bénéficier d'une autorisation maritale pour conclure une transaction importante, peu importe si elles se sont mariées sous le régime de la séparation de biens ou non. Cette supervision masculine, à laquelle peut suppléer l'autorité judiciaire en certains cas, est le principal frein à leur autonomie économique. Mais l'interprétation et la mise en œuvre de l'incapacité féminine, pilier du droit familial, ne vont pas toujours de soi. Il n'existe pas qu'une seule forme de propriété ou d'obligation, mais un large éventail d'actifs et d'engagements dont la nature exacte varie en fonction de la capacité des acteurs concernés, de l'origine des « valeurs » en cause – les biens ont leur propre histoire – et de leur statut juridique particulier. Cela force les juges, de temps à autre, à mener une enquête approfondie sur des transactions impliquant de près ou de loin des dames de la bourgeoisie québécoise.

« NATURALLY A WIFE WOULD CONSULT HER HUSBAND IN THOSE MATTERS »

Mme Heney s'est remariée en communauté de biens[1]. Le 20 avril 1916 elle signe, seule, une promesse de vente pour 9 000 $ d'un immeuble situé sur la rue Hutchinson à Montréal. Cette propriété est l'un de ses propres; elle en a hérité de son premier mari. Les propres ne tombent pas dans la communauté de biens. Par contre, les revenus qu'ils génèrent y sont sujets[2]. Son mari Frank Raimbault, un militaire, étant absent à la guerre, elle obtient le 25 avril suivant une autorisation du juge Bruneau lui permettant de parapher l'acte de vente en tant que tel. Acte qu'elle refuse subséquemment de signer, alors qu'elle s'est avancée de manière très importante selon les demanderesses : après la promesse du 20 avril, elle a quitté les lieux pour leur en donner possession et les a présentées à un locataire comme étant les nouvelles propriétaires. Les acheteuses éconduites – au sujet desquelles nous n'avons pas d'informations – poursuivent par conséquent Mme Heney pour forcer la conclusion de la vente.

Le juge Panneton les déboute. L'autorisation du juge Bruneau était illégale, car trop imprécise quant au prix de vente. Un juge agissant en lieu et place d'un mari ne peut donner d'autorisation trop générale à une épouse : les chefs de famille eux-mêmes ne peuvent le faire, en vertu de l'article 181 du code. Surtout, Mme Heney ne pouvait vendre l'usufruit de l'immeuble, usufruit appartenant à la communauté de biens. Elle ne disposait que de la nue propriété, du capital. Autorisée ou non, elle a entrepris de vendre pour partie ce qui ne lui appartenait pas. Le paternalisme judiciaire et les règles du patrimoine familial viennent donc au secours d'une femme qui a changé d'idée pour une raison qui demeure inconnue.

Mme Heney n'est pas la seule à avoir fait preuve d'inconstance. Ses avocats ont préparé la requête en vue d'obtenir l'autorisation à vendre accordée par le juge Bruneau. Une fois la poursuite entamée, ils plaident que l'acte antérieur, soit la promesse de vente, était d'une nullité absolue en l'absence d'autorisation maritale ou judiciaire et que, de ce fait, l'autorisation du juge – qu'ils ont réclamée – ne pouvait venir confirmer un acte nul de plein droit. L'incapacité des femmes mariées présente rarement des avantages, mais certaines épouses et les professionnels du droit qui les conseillent peuvent à l'occasion y trouver remède à leur propre impéritie.

En d'autres temps, il faut déterminer auquel des conjoints échoit une dette ou si les actes de l'épouse ont engagé l'époux. Les affaires domestiques suscitent bien entendu des transactions dans l'espace public. Elles ne sont pas toujours le fait d'un conjoint à l'exclusion de l'autre. Des couples en moyens, par exemple, magasinent ensemble. En vue de leur installation à Montréal, les époux Tiffin passent une commande de linges de maison faits sur mesure en Irlande pour près de 1 350 $[3]. Il s'agit, à n'en pas douter, d'agrémenter un intérieur très luxueux. La transaction donnera bien des maux de tête au vendeur, le marchand John V. Calcutt. L'homme dit servir les meilleures familles de Montréal. Les commandes passées chez lui sont à peu près toujours mises au nom de l'épouse. Le choix des nappes, serviettes et taies d'oreillers est du ressort des goûts féminins.

Une fois les items livrés à Montréal, Charles L. Tiffin refuse de payer. Le manque de fonds paraît exclu, comme il a hérité d'une fortune imposante. Y a-t-il conflit conjugal ? Son mariage avec Gabriela Matilde Kurczyn, en 1901, est très récent. Ils se sont parfois rendus ensemble au commerce de Calcutt ; leur résidence fait l'objet de travaux. Le marchand court littéralement après l'homme pour se faire payer. Il lui écrit notamment au Windsor Hotel. Tiffin habite-t-il à cet endroit seul ou avec sa femme, le temps que leur maison soit prête ?

Calcutt ayant fait appel aux tribunaux, Tiffin prétend que les articles ont été commandés par Gabriela et qu'ils sont séparés de biens. De fait, la facture est au nom de celle-ci. A-t-elle engagé le crédit de son mari ? Le juge Davidson examine les circonstances de l'achat. L'implication de Tiffin est manifeste. Il a placé la commande avec sa femme, donné ses armoiries familiales à faire broder sur les étoffes et promis de payer à leur arrivée. Gabriela n'a pas été inactive non plus. Elle a inspecté les items et s'en est dite satisfaite. Le magistrat ne cache pas son étonnement face à ce défaut de paiement et relève au passage que Tiffin porte « a well-known and responsible name » en plus d'être « an executor and heir of family estates[4] ». Peu importe, Davidson conclut que la vente a été faite au mari. Au surplus, le couple s'est marié dans l'État de New York ; les époux sont donc en communauté de biens. Par conséquent, Tiffin serait responsable même si sa femme avait conduit l'opération de bout en bout, car il y a consenti. L'article 1290 du code permet aux créanciers d'être remboursés par la communauté si les dettes encourues par l'épouse sont nées du consentement de l'époux. Le 13 janvier 1901, Tiffin est condamné à solder la somme en souffrance.

Le litige ne s'arrête pas là. Toujours impayé, le marchand obtient un bref de saisie des biens meubles du couple. La mère de Gabriela, qui habite avec sa fille et son gendre, fait opposition : certaines de ses affaires ont été mises sous séquestre dans la foulée, alors qu'elle n'a rien à voir avec le procès. Gabriela fait également opposition, démarche autorisée par son mari. Vu la décision du 13 janvier, les arguments qu'elle fait valoir – ou qu'on lui demande de faire valoir – ont de quoi surprendre : tous les meubles saisis, outre ceux de sa mère, lui appartiendraient en propre en tant que femme séparée de biens ; la cour devrait reconnaître que son statut matrimonial est celui-là ; c'est précisément elle qui aurait acheté les linges de maison chez Calcutt et qui devrait les payer. En somme, elle réitère la défense de son mari. Calcutt combat évidemment ces prétentions. Notamment, « the credit for the goods in question was given to the defendant [Tiffin] all of whose interests are in Montreal, and in the Province of Quebec, who is an heir to estates in this Province aggregating half a million dollars, of which estates he is one of the executors, while opposant [Gabriela] possesses nothing and never did possess or own anything in this Province except her wearing apparel and trinkets[5] ». Nous ne connaissons pas l'issue finale de l'affaire, mais il y a fort à parier que le marchand l'a emporté.

Autres époux en moyens, Charles Allan Smart et Ellen Maud McWood ont uni leurs destinées en 1893[6]. Leur contrat de mariage stipule qu'ils seront séparés de biens. Aussi, Charles fait don à sa future épouse de tous les meubles que contient ou que contiendra leur domicile. Il s'oblige à fournir du mobilier valant 2 000 $ à cette fin. Si Ellen meurt avant lui, tous les meubles lui reviendront, règle applicable à l'autre donation maritale, une somme de 5 000 $ en cas de veuvage. Le couple n'est alors pas très riche. Charles, un fils de cordonnier âgé d'environ 25 ans, est voyageur de commerce[7] ; Ellen est encore mineure. L'homme connaît toutefois une mobilité sociale prodigieuse par la suite. À l'époque de la Première Guerre mondiale, il dirige une grande entreprise et leur domicile consiste maintenant en une résidence somptueuse et très richement meublée.

Les contrats de mariage permettent aux couples de tenter de maîtriser le futur, tant bien que mal. Les principales éventualités auxquelles ces actes notariés sont censés parer sont l'indigence des veuves et la déconfiture financière des chefs de famille. Le code civil veille également à inscrire, à stabiliser les rapports financiers intraconjugaux dans la durée, en interdisant toute modification des contrats et en prohibant le transfert d'actifs d'un conjoint à l'autre. C'est que le droit familial tient également compte des intérêts d'une autre catégorie de justiciables : les tiers avec lesquels transigent les époux. Aussi, arrive parfois un moment où la prévoyance des fiancés, de leur entourage et les rigueurs du code entrent en collision avec la trajectoire réelle du ménage ou, dit autrement, avec le futur finalement advenu, cet avenir que les familles avait tenté de circonvenir le mieux possible. Les aléas de la mobilité sociale peuvent rendre caduques, financièrement, les conventions matrimoniales figées par le code. Certains maris, on l'a vu, ne sont finalement pas capables d'honorer des promesses qui étaient déjà hors de leur portée lors de leur passage chez le notaire. Il y a eu pari sur l'avenir, il y a eu des espérances. Elles ne se sont toutefois pas matérialisées.

D'autres hommes ont plus de chance ou de flair en affaires, tel Charles Allan Smart. Vingt ans après son union avec Ellen, la valeur des meubles de leur résidence n'a plus aucun rapport avec le montant de 2 000 $ mentionné dans leur contrat. De même, les 5 000 $ que devrait toucher Ellen en cas de veuvage ne représenteraient maintenant qu'une miette de son patrimoine. Un procès intenté à Charles pour un motif relativement trivial permettra à l'appareil judiciaire d'établir ce que veut exactement dire leur contrat, maintenant qu'il a fait fortune.

En 1916, Charles sert comme officier supérieur en Angleterre, dans des camps d'entraînement de l'armée canadienne. Il est prévu, cette année-là, qu'Ellen aille le rejoindre. Il l'autorise à préparer un encan de tout le contenu de leur maison, œuvres d'art incluses. On ne sait pas pourquoi le couple – la décision semble avoir été prise d'un commun accord – envisage de liquider une partie de ses biens, dont de précieuses collections, mais l'enlisement de la Grande Guerre peut avoir joué un rôle. Ellen signe elle-même un contrat avec Walter Kearns, encanteur de Montréal, en vue d'une vente publique prévue pour la fin avril 1916. Or, Charles change ensuite d'idée et annule le projet. Kearns le poursuit pour le travail déjà effectué et sa réclamation s'élève à 465 $. Leur maison sise sur la rue Sunnyside, à Westmount, est l'une des plus cossues du tout Montréal. Elle contient près de 20 000 $ en meubles, peintures et statues, d'après l'inventaire que Kearns a eu le temps de réaliser.

Qui, de Charles ou Ellen, doit répondre de la réclamation ? Le témoignage rendu par Charles en 1919, à son retour d'Europe, est assez ambigu. Il admet avoir dit à sa femme d'annuler l'encan, tout en insistant sur le fait qu'elle contrôlait le processus : il s'agit des biens d'Ellen, après tout, en vertu de leur contrat de mariage. Bref, l'homme s'en lave les mains. Mais comment départager, dans le cas d'un engagement contractuel, autorité « naturelle » du mari sur la gestion du patrimoine et propriété féminine des meubles du domicile ? L'avocat de Kearns le talonne :

> Q. You cabled her not to sell ?
> A. I cabled her advising her not to sell.
> Q. Of course you knew that Mrs Smart would follow out your wishes in the matter ?
> A. Naturally I expected she would.
> Q. I presume that Mrs Smart had full authority from you to make all the arrangements for the sale ?
> A. Well, it was her own affair really. I did not bother about it at all. I left it to her.
> ...
> Q. And she had a free hand in the matter ?
> A. Yes. Naturally a wife would consult her husband in those matters, but it was absolutely in her hands. The property belongs to her.[8]

Bref, Ellen devait spontanément se ranger à son avis… mais le projet d'encan ne le préoccupait pas tant que ça. Il y a de quoi être songeur. Reste qu'il s'agit d'un procès. Les arguments les plus efficaces, de part et d'autre, doivent relever du droit au sens strict. Charles s'en remet à la lettre de son contrat de mariage. Ce n'était, littéralement, pas de ses affaires.

Kearns est débouté par la Cour supérieure. D'après le juge McLennan, les biens visés par le projet d'encan appartiennent à Ellen, qui a agi pour elle-même ; Charles n'a pas engagé sa responsabilité. Kearns se tourne vers la Cour de révision. Son avocat soutient alors que le don de 2 000 $ en meubles constitue une clause fixe. Comme le contenu de la résidence vaut maintenant 20 000 $, Charles serait donc propriétaire des neuf dixièmes de ce qu'on y trouve et, ce faisant, le principal intéressé dans la transaction avortée. *A contrario*, si ce n'est pas une clause fixe, c'est-à-dire que si le contrat de mariage a permis à Ellen de devenir propriétaire des meubles au fur et à mesure de leur acquisition, le couple aurait dès lors contrevenu à l'article 1265 du code qui interdit aux époux de s'avantager entre vifs. En résumé, le statut financier d'Ellen n'aurait pas bougé depuis les choix effectués il y a près de 25 ans, du point de vue de la poursuite.

La décision de la Cour de révision, publiée dans les *Rapports judiciaires de Québec*, confirme le jugement de première instance. Mais les juges de l'instance d'appel ne sont pas unanimes. D'après le juge Archibald, deux questions doivent être considérées. Premièrement, la nature du don en litige. Est-il légal, puisqu'il ne stipule pas exactement de montant spécifique, ou n'est-il valide qu'à hauteur des 2 000 $ mentionnés ? Le demandeur ne peut poursuivre Charles si ces biens appartiennent à sa femme. Deuxièmement, Ellen était-elle la mandataire de son mari dans cette histoire, à l'égard des meubles dont elle est propriétaire ou de ceux de son époux ? Dans cette dernière éventualité, il devra répondre de la réclamation.

Pour ce qui est des meubles, le magistrat signale que le contrat contient également une clause voulant que le mari soit responsable des dépenses du ménage et de l'entretien des enfants à naître, en fonction de la condition sociale des parties. Le juge Archibald tient compte, de ce fait, de l'évolution du *standing* du couple. La valeur de 2 000 $ convenait peut-être à leur situation plus frugale d'antan, mais maintenant, dit-il, on ne remarquerait même pas 2 000 $ en meubles dans leur somptueuse demeure. Il écarte également un autre argument, évoqué par la poursuite, soit la thèse voulant que cette donation ne s'accomplisse qu'à la mort de ce grand bourgeois. Cela ne cadre pas avec la concrétude, la désignation de biens spécifiques que sont des meubles, items qui peuvent être acquis durant le mariage et donnés au fil du temps sans enfreindre la loi. Par conséquent, l'ensemble du mobilier actuel appartient à Ellen. Le second problème, à savoir qui agissait pour qui en cette affaire, est plus rapidement résolu. Elle agissait pour elle-même et non comme mandataire de son mari. Le demandeur ne peut rien contre ce dernier.

Autre exemple du *no man's land* juridique dans lequel des contrats de mariage se trouvent au début du 20e siècle, le juge Bruneau exprime sa dissidence au sujet de la nature du don[9]. Pour lui, c'est une donation à cause de mort. Il invoque le même argument soulevé et combattu en d'autres affaires. S'il y a une clause de retour au mari en cas de décès de l'épouse, cela veut dire que le don des meubles ne se réalisera qu'à la mort de Charles. Le droit de retour pourrait être illusoire, si elle disposait des biens avant cette échéance : « si la femme, en effet, aliénait les biens donnés et prédécédait insolvable, plus de droit de retour![10] ». Le magistrat va au-delà de la fonction habituellement conférée aux contrats de mariage, soit la protection simultanée – et de ce fait malaisée – des épouses et des créanciers. Il faudrait protéger les hommes mariés de conjointes qui dilapideraient leur donation. Cette façon de voir les choses ne domine pas le discours jurisprudentiel, qui se préoccupe essentiellement d'épouses flouées et de maris qui attentent aux droits de tiers, avec ou sans la complicité de leur femme. On peut croire que la plupart des juges imaginent assez mal des chefs de ménage qui, dotés d'autorité « naturelle » sans être des tyrans, à l'instar de Charles Allan Smart, assisteraient sans mot dire à la vente des meubles de leur domicile par leur douce moitié.

LES FEMMES POURSUIVIES

Certaines femmes mariées font directement les frais d'une saisie. Les rapports de jurisprudence relatent moins d'histoires de ce genre: la faible autonomie juridique et financière des épouses y est certainement pour beaucoup. Le cas échéant, le calendrier des donations conserve toute son importance. Mais les ménages en cause interprètent bien différemment le moment de leur prise d'effet que dans les cas, plus communs, où une femme mariée tente de sauver ce qui lui revient alors que son mari croule sous les dettes. Elle a alors tout à gagner à plaider la concrétude immédiate de ses avantages. Mais en cas de saisie la visant, cela équivaudrait à soumettre d'emblée les dons dont elle est censée profiter aux droits des créanciers. Sans surprise, ce ne sont alors plus les épouses qui font opposition à la saisie, mais bien les maris à l'origine de ces libéralités. La propriété des actifs promis ne serait pas sortie de leurs mains.

Le contrat de mariage de Mme Roy et de M. Haensel est paraphé en 1895[11]. Outre l'habituelle séparation de biens, il comporte une clause voulant que « tous les meubles de ménage et garnitures de maison qui seront apportés en aucun temps dans la demeure commune des futurs époux par l'un ou l'autre d'entre eux, appartiendront à la future épouse[12] ». Une pension mensuelle de 40 $ est aussi prévue. La légalité d'une telle donation progressive de meubles sera confirmée par des décisions ultérieures[13]. Mme Desrochers ayant obtenu jugement contre Mme Roy pour 125 $, elle fait saisir les meubles du ménage.

La dette découle d'un billet promissoire impayé, souscrit par Mme Roy lorsqu'elle était veuve. Nous n'avons pas affaire ici à un couple de la grande bourgeoisie, même si les meubles saisis, tout comme les pièces dans lesquelles ils se trouvent, révèlent un intérieur confortable où la musique semble à l'honneur. Le huissier a saisi : dans le boudoir, « six cadres et gravures, une lampe suspendue avec globe rouge, un rideau en pluche et un rideau en net [*sic*] ... un chiffonnier en frêne, une petite table de fantaisie » ; dans le salon, « trois paires de rideaux en chenille rouge ... une lampe en cuivre avec stand, une paire de rideaux en net [*sic*], une table de noyer noir avec dessus en marbre, un porte-musique avec un lot de morceaux de musique ... un violoncelle avec archet, un set de salon en noyer noir couvert de rept fleuri comprenant six morceaux, un tapis en tapestry [*sic*] d'environ vingt verges » ; dans la salle à dîner, divers items dont « un carosse d'enfant ... un bureau de toilette ... une chaise berçante[14] ». Un piano a également été mis sous séquestre.

M. Haensel, gérant de manufacture, fait opposition à la saisie. Ces biens lui appartiennent, dit-il, comme certains ont été achetés avec son argent alors que d'autres lui ont été donnés par sa belle-mère. Ce dernier don, notons-le, n'était pas une pure libéralité : en échange, l'homme et la femme se sont engagés à pensionner la dame chez eux. Surtout, Haensel soutient que la donation inscrite dans son contrat de mariage n'aura d'effet qu'à sa mort, ce qui contredit assez clairement le phrasé de l'acte. L'homme est questionné durant le procès. Son témoignage est certes intéressé, mais il traduit néanmoins la manière dont les couples tentent de faire face aux imprévus du futur au moyen de telles stipulations : « les meubles... c'était mon intention de lui assurer les meubles pour plus tard car c'était mentionné dans le contrat de mariage que je donnerais le ménage, je n'en avais pas dans ce temps-là, mais, c'était au cas où je mourrais [*sic*], pour que tout lui resterait [*sic*][15] ».

Les avocats de la poursuite font évidemment valoir le caractère tangible et immédiat du don marital, tout en chantant les louanges de cette protection... dont jouissent les femmes mariées. C'est là une sauvegarde contre les créanciers des maris – ce que la demanderesse n'est pas, notons-le – et « une disposition qui favorise l'ordre public, qui protège la famille et lui assure la tranquillité qu'une mauvaise administration ou des malheurs dans les affaires du mari pourrait compromettre[16] ». Le sens donné aux intérêts féminins bouge au gré du vent dans l'arène judiciaire. Les mêmes avocats auraient certainement plaidé la même chose s'ils avaient eu à défendre le couple des assauts de créanciers de M. Haensel.

La Cour supérieure renvoie l'opposition du second mari de Mme Roy. Selon le juge Archibald, les meubles appartiennent bel et bien à celle-ci ; la saisie est donc valide. Le magistrat estime, à son tour, que ce type de clause « is a necessary and useful stipulation for the comfort of the wife and her children[17] ». Ce bien-être ne va pas jusqu'à la délier de ses propres obligations.

En 1900, la Cour de révision infirme la décision de première instance et maintient l'opposition à la saisie. Elle ne donne pas exactement raison à M. Haensel, cependant. La clause est tout simplement nulle. Ce n'est ni une donation de biens présents, ni une donation de biens futurs à prendre au moment du décès. Il n'y aurait pas de juste milieu, c'est-à-dire de gratification de biens futurs qui se réaliserait au fur et à mesure durant le mariage. Cet engagement est contraire à l'article 1265 du code et pourrait ouvrir la porte à des fraudes aux dépens des personnes auxquelles un mari doit de l'argent. Le juge Tait mentionne que Mme Roy aurait très bien pu vendre les biens apportés dans leur domicile, encaisser l'argent et recommencer ce manège *ad infinitum*. Un tel risque de dilapidation féminine a été évoqué dans le cas d'Ellen Maud McWood. Heureusement pour d'autres épouses, cette interprétation formulée à l'orée du 20e siècle ne sera pas reconduite par la plupart des décisions ultérieures. Si cette jurisprudence l'avait systématiquement emporté, les femmes engluées dans les déboires financiers de leur époux auraient vécu bien des déconvenues.

M. Boucher, dont l'épouse est poursuivie pour dette, tentera lui aussi de faire valoir que le don de meubles dont elle est censée jouir ne s'appliquera qu'à son décès. Bien qu'il semble procéder aux dépens de son épouse en plaidant la suspension des droits de celle-ci, il s'agit en fait de repousser une saisie qui affectera l'unité économique que constitue le foyer. Mais la clause de la donation étant plus précise que celle inscrite dans le contrat de Mme Roy, ce transfert de biens sera déclaré valide entre vifs. La saisie trouvera donc des actifs auxquels s'appliquer.

Mme Boucher et M. Boucher se sont mariés en 1907[18]. Leur contrat de mariage, plus soigné que d'autres, gratifie l'épouse « de tous les meubles et effets de ménage qui garniront et orneront la demeure des futurs époux pendant ledit mariage ; s'obligeant le futur époux à toujours tenir dans le domicile conjugal des meubles et effets de ménage pour au moins le [*sic*] somme de trois cents dollars » ; les meubles qui en remplaceront d'autres appartiendront aussi à la femme, « sans qu'elle soit tenue de prouver d'aucune manière son droit de propriété, en devenant la dite future épouse, donataire irrévocable à compter du jour de la célébration du futur mariage[19] ». Si Mme Boucher meurt en premier, les effets seront rétrocédés au mari. Le juge précise que le couple était alors de condition modeste. La promise était sans ressources et le promis pas tellement mieux loti.

Mme Boucher perd un procès en 1926 et est condamnée au paiement des frais de justice. La partie adverse fait saisir le mobilier du couple, dont une bibliothèque en cerisier, un gramophone Columbia et des meubles en acajou. M. Boucher s'oppose à la saisie. Ces items sont les siens, dit-il, car il les a achetés avec ses propres fonds. La donation faite à sa femme, de surcroît, serait une donation à cause de mort. Il ne convainc pas le juge Trahan, pour qui il s'agit d'une donation entre vifs d'items que le mari ne possédait pas au moment du contrat. Mme Boucher en est devenue la propriétaire. Le magistrat réitère une réflexion déjà entendue : cette possibilité de donner des biens à venir relève de la considération et des largesses du droit civil envers l'institution du mariage. La donation est d'ailleurs plus précise que celle faite à Mme Roy quant au moment de sa réalisation, soit dès le jour du mariage. Surtout, la mention d'un droit de retour au mari en cas de prédécès de Mme Boucher est interprétée favorablement. Si les meubles peuvent retourner au mari, c'est bien parce qu'ils se sont trouvés en possession de sa femme. La position du mari est « illogique, contradictoire et inconséquente[20] ». Prétendre que cette donation ne prendra effet qu'à son décès équivaudrait à réécrire le contrat, « chose prohibée aux tribunaux[21] ».

« THERE IS NO DOUBT THE MALE DEFENDANT IS INSOLVENT AND EXECUTION PROOF »

Les transactions et dettes des épouses peuvent donc donner des maux de tête à la magistrature. Qu'en est-il des conventions et arrangements proprement domestiques, c'est-à-dire relatifs à la bonne marche du foyer ? Les dames de la bourgeoisie « règnent » en théorie sur la conduite de leur intérieur. Cette autorité est relative, notamment en ce qu'elle dépend d'une obligation et prestation masculine : les futurs maris s'engagent à peu près systématiquement à prendre en charge les dépenses du ménage. Cette prérogative féminine n'a pas non plus pour elle la force du droit. Peu de choses font obstacle aux hommes qui se transforment en tyrans dans le privé, hormis en cas de recours à la séparation de corps par leur épouse[22]. Il n'en demeure pas moins que la représentation de la « reine du foyer » a cours au Québec en ce début de 20e siècle. Si les femmes sont chargées de voir à ce que le logis soit un havre de paix, de repos, un espace imperméable aux tracas de la vie publique, elles ne se saliront pas les mains lors des corvées de nettoyage, de lavage et de préparation des repas. Des domestiques, plus ou moins nombreux, sont là pour ça.

L'affaire Johnson montre que l'implication de l'épouse dans l'embauche d'une servante peut, en certaines circonstances, avoir plus de poids aux yeux du tribunal que l'engagement du mari à défrayer les charges domestiques. En septembre 1912, Blanche Hudon engage Sarah Johnson, au salaire de 15 $ par mois, pour le service de la maison de Westmount où elle réside avec son époux Arthur Delisle, avocat et homme politique[23]. Le couple est séparé de biens, à l'instar de tous les ménages de l'élite à peu de choses près. Il est plus inhabituel que l'immeuble et son contenu appartiennent à l'épouse. Mme Hudon a hérité de ces biens en substitution, c'est-à-dire qu'elle en a seulement la jouissance, la propriété devant échoir à ses enfants.

Après avoir servi durant quatre années, Sarah est contrainte d'entamer une poursuite et de batailler jusqu'en Cour de révision contre son ancienne maîtresse : on lui doit 330 $ en gages impayés. Les affaires de M. Delisle vont mal, il faut le dire. Il affirme qu'en des jours meilleurs il consacrait de 2 500 à 3 000 $ au train de sa maison, à l'entretien de sa femme, de ses enfants et à l'éducation de ces derniers. Peu de temps après que Sarah ait quitté leur service, faute d'avoir été payée, il a été expulsé de son bureau de la rue Saint-Jacques pour défaut de paiement du loyer. Il est maintenant insolvable.

Des chèques – signés par Delisle – ont été remis à Sarah, mais ils n'ont pas été honorés faute de fonds. Elle poursuit donc Blanche. Façon commode d'épargner quelques dollars ? Sa défense est assurée par son époux. Cela sans gloire, serions-nous tenté d'affirmer. Delisle bataille ferme afin que leur servante ne reçoive pas son dû même si, en cours de procès, ses affaires prennent du mieux. Ses arguments, toutefois, ont le mérite d'être clairs. En vertu de leur contrat de mariage, les dépenses de la maison sont de son ressort. Sa femme ne peut en être tenue responsable. Il joue aussi de l'obscurité des transactions supposément menées par un époux en tant qu'agent de l'autre. Si Blanche a embauché Sarah, elle agissait alors comme son agent à lui. À l'inverse, si les chèques en litige sont signés de sa main – avec la mention « in trust », d'ailleurs – cela ne signifie pas qu'il agissait alors comme agent de son épouse.

Les juges sont la plupart du temps fort attentifs au respect des obligations conjugales en tous genres, à plus forte raison lorsque les clauses des contrats de mariage sont limpides. Néanmoins, il est de l'essence de la justice de tenir compte, à des degrés divers, de la réalité des rapports sociaux en jeu, dans les limites de l'interprétation du code civil et des conventions nouées par les parties. On ne peut pas totalement exclure que les juges impliqués se soient montrés sensibles au sort d'une servante impayée, qu'il serait inconvenant de laisser sans recours. Sarah, veuve d'un clerc de Leeds, en Angleterre, a été engagée par Blanche deux jours après sa descente de bateau par le truchement d'une agence de placement. Elle a ensuite travaillé durant trois mois à 2 $ par mois – autant dire gratuitement –, le reste de ses gages étant remis à la même agence afin de rembourser son passage au Canada. Elle était donc indigente en arrivant au pays. Questionnée en cour à savoir pourquoi elle est demeurée si longtemps avec les Hudon-Delisle sans être payée, Sarah répond qu'on la traitait bien... puisqu'elle ne réclamait pas ses gages avec insistance. Aussi, elle était bien seule à Montréal : « I had no friends out here[24] ». L'aisance des épouses de l'élite ne repose pas seulement sur leur contrat de mariage et la performance professionnelle de leur mari. L'exploitation du labeur d'autres femmes était partie prenante de l'économie domestique des beaux quartiers de Montréal et de bastions de la bourgeoisie comme Westmount.

L'avocat de Sarah, Henry Tucker, fait valoir que c'est Mme Hudon qui a conduit toute l'affaire : « plaintiff was hired by female defendant, received her daily orders from her, worked specially for female defendant, received her pay from female defendant, & gave credit to female defendant for the price of her labour & had nothing whatever to do with male defendant who is insolvent[25] ». Si les chèques ont été signés par Delisle avec la mention « in trust », c'est donc qu'il représentait Blanche. Sa cliente ne peut être laissée en plan malgré l'insolvabilité de Delisle, à la différence des créanciers directs de ce dernier qui n'ont pu faire exécuter les condamnations obtenues en leur faveur, en raison du fait que les meubles du domicile appartiennent à sa femme. Inutile de se tourner vers lui : « there is no doubt the male defendant is insolvent and execution proof[26] ».

La preuve montre que Blanche a bel et bien embauché Sarah et supervisé son travail. Rien d'étonnant de la part d'une maîtresse de maison. L'état précis des finances du couple est également débattu, comme il s'agit de savoir non seulement qui doit mais qui peut payer les gages en souffrance. Manifestement, Blanche n'a qu'une connaissance limitée des affaires de son mari. Il s'agit peut-être d'ignorance intentionnelle. Porter à l'attention de la justice des actifs cachés par Delisle serait du plus mauvais effet. Ce dernier possède d'ailleurs deux lots et une maison à Tétreaultville, actifs enregistrés au nom de Mlle Morin, la « clavigraphiste » de son bureau... Mais le propos tenu par Blanche ne diffère pas des autres manifestations d'ignorance féminine quant aux affaires du conjoint recensées jusqu'à présent. Questionnée en cour à savoir si son mari possède des immeubles, elle répond : « je ne connais pas ses affaires, je sais qu'il a eu de l'argent, je ne sais pas du tout comment il a placé cela[27] ». Certes, elle sait qu'un avis stipulant que les meubles de la maison lui appartiennent a été remis aux créanciers de son époux, afin de les soustraire aux saisies. Elle ne sait pas quand, cependant, et elle ajoute : « je ne me rappelle pas cela, parce que je donne toujours mes papiers à mon mari, c'est lui qui fait mes affaires[28] ».

Le tribunal tiendra compte, simultanément, de l'implication personnelle de Blanche dans l'embauche de la servante et de l'insolvabilité de Delisle au début de la poursuite. La décision de la Cour de révision, publiée dans les pages *La revue légale*, pose comme règle qu'une « femme séparée de biens qui engage une servante elle-même, est responsable du paiement de son salaire, le mari étant insolvable, quand même il y a une clause dans son contrat de mariage stipulant que le mari seul sera tenu des charges du mariage[29] ». Le droit contractuel prévaut donc, dans ce cas bien spécifique, sur le contrat de mariage *per se*. Tout comme une certaine équité. Sans amis au Canada, Sarah aura du moins de quoi survivre durant quelques mois.

Sarah n'est pas la seule créancière à voir sa réclamation se buter à un imbroglio juridique engendré par l'implication d'une dame dans les finances de la maisonnée. Il y a des maris malhonnêtes en affaires. Certains éprouvent tout simplement des difficultés. D'autres, bien moins nombreux, font partie d'un sous-groupe particulier de l'élite, celui des héritiers richement dotés qui dépensent sans compter. Ces fils prodigues de la bourgeoisie peuvent affecter le statut socioéconomique de leur lignée au grand complet, à moins que leur entourage ne réagisse avec fermeté[30]. Peu importe, les contrats de mariage et le code civil sont censés mettre les femmes mariées à l'abri des machinations, des malheurs et de l'incompétence des maris, tout en évitant que les droits des créanciers des ménages ne soient bafoués. Des embarras financiers, cependant, peuvent entraîner les épouses dans le maelström de l'impéritie de leur conjoint, sans qu'il soit toujours possible de prendre la mesure exacte de l'agentivité des femmes concernées. Les témoignages aussi francs, aussi crus que celui de Mme Hudon ne sont pas monnaie courante.

M. et Mme de Pedro mènent grand train[31]. Le jeune couple vit en fait bien au-delà de ses moyens. Le mari, venu de Cuba, est un véritable fils de famille. Il n'exerce aucune profession. Les seuls revenus du ménage sont gracieusement fournis par le père de M. de Pedro et par la mère de sa femme. Celle-ci a d'ailleurs prêté 23 000 $ à son futur gendre, avant le mariage ; la dame cohabite avec eux. Selon le juge Greenshields, « if this fact calls for any remark, it would indicate a more kindly spirit on the part of a future mother-in-law than is usually exhibited[32] ». Le magistrat ne cache pas son mépris pour la manière dont l'argent coule à flot dans ces familles. De Pedro « seems to be a young man who was fortunate in, or afflicted with, the possession of a rich father and a more or less rich mother-in-law[33] ». Dès l'acquisition d'une maison à Westmount, en 1911, il multiplie les dettes auprès d'une foule de commerçants : 7 000 $ en vêtements, 2 000 $ en bijoux, factures en tous genres allant de 500 $ à 1 000 $, etc. Greenshields précise que l'homme « ran an establishment with five or six servants, and at one period had horses and carriages, and lived, he says, at the rate of about $800 a month. Judging from the traces left by way of liabilities, I should say it was more like $800 a week[34] ». De Pedro n'a donc rien du *self-made man* industrieux, économe de son temps et âpre au gain. Vivre de rentes ou d'héritages n'est pas scandaleux en soi. Bien des rejetons de la bourgeoisie doivent leur statut social aux actifs transmis par des parents et ascendants et non à leur seul mérite. Mais jeter son argent par les fenêtres, sans honorer ses dettes, constitue une sérieuse infraction aux normes de la masculinité élitaire. Les proches de de Pedro en sont manifestement arrivés à la même conclusion que le juge Greenshields, avant ses démêlés en justice. Les vivres lui ont été coupés peu de temps après son installation à Westmount.

Un créancier, Sharpe, obtient jugement contre l'individu pour des travaux réalisés à sa résidence, travaux évalués à 1 600 $. Fait important, ce sont les deux hommes qui ont convenu des besognes à accomplir. Il s'agit dès lors, comme de coutume, de faire exécuter ce jugement en mettant la main sur des actifs du débiteur. Or, un rentier tel que de Pedro ne possède pas nécessairement grand-chose, une fois tarie la source de son aisance. Reste la maison de Westmount. Elle était enregistrée, il y a peu, au nom de Mme de Pedro. D'après Sharpe, la maison a récemment été vendue pour un montant bien inférieur à sa valeur réelle. Pire, la somme obtenue aurait été divertie de diverses manières. Par conséquent, Sharpe a fait arrêter de Pedro sur un *writ de capias* au motif que ce dernier, insolvable, cachait ses biens en fraude des droits de ses créanciers, tout en ayant pris l'initiative de rembourser quelques-uns d'entre eux de préférence aux autres.

Cette arrestation est évidemment contestée par de Pedro. Est-elle valable en droit? Le 25 juin 1912, la Cour supérieure répond par la négative, décision confirmée par la Cour de révision le 22 novembre suivant. Deux questions retiennent l'attention des tribunaux: la part prise par M. de Pedro et Mme de Pedro dans les transactions entourant leur résidence, de même que la manière dont certains créanciers ont pu toucher leur dû avant d'autres.

Comme la maison était enregistrée au nom de Mme de Pedro au moment des travaux dont Sharpe réclame le paiement, celui-ci aurait dû s'assurer de savoir à qui elle appartenait avant de faire conduire le mari en prison. Quant à la vente de l'immeuble, les juges en charge du dossier estiment qu'on ne peut présumer que cette transaction a permis de dissimuler des avoirs de de Pedro. Le juge Greenshields passe en revue les opérations menées par son épouse. Était-ce de son propre chef? Impossible à dire. Le rapport de jurisprudence se contente d'établir le rôle qu'elle a joué au plan formel, officiel. Dans tous les cas, de Pedro était dans l'obligation d'assister et d'autoriser sa femme à agir, puisqu'une femme mariée ne peut en aucun cas conduire seule une transaction immobilière.

Dès avril 1912, Mme de Pedro avait tenté de contracter un emprunt hypothécaire. Les comptes en souffrance submergeaient probablement déjà le jeune ménage. Ce fut un échec: la *Grand Trunk Benefit Association* détenait une hypothèque de 7 000 $ sur la maison. L'épouse l'a ensuite vendue pour 12 000 $ à un certain Tremblay. L'hypothèque précédente a été soldée et le reste, selon M. de Pedro lui-même, a servi à voir aux dettes domestiques qui s'accumulaient après la fin abrupte des largesses parentales. La vente à Tremblay constitue en fait un prêt contracté par Mme de Pedro: elle s'est réservé un droit de rachat, valable pour trois ans, et Tremblay lui a concédé un bail afin qu'elle puisse continuer à vivre au même endroit. C'est ce qui explique que le montant de la transaction soit moins élevé que la valeur réelle de la propriété. Il y avait là, on en conviendra, de quoi alimenter les soupçons d'un créancier impayé : cette vente-emprunt a fait disparaître, d'un coup de plume, une partie de la valeur du patrimoine du couple. Toujours est-il que, aux yeux de l'appareil judiciaire, Mme de Pedro transigeait sur son propre bien et ne dissimulait pas les avoirs de son époux. De ce fait, Sharpe n'a pas de droits à faire valoir sur l'immeuble, auquel il a pourtant travaillé de bonne foi et pour un montant substantiel.

En ce qui a trait au traitement préférentiel accordé à certains créanciers, le tour de Sharpe serait probablement venu, soutient le juge Greenshields, n'eut été la disparition soudaine des revenus du ménage. Les factures soldées étaient bien les plus pressantes. Certes, de Pedro a effectué certains remboursements au profit de sa belle-mère qui, rappelons-le, lui avait prêté 23 000 $. Sharpe s'en est plaint car la dame – décidément assez généreuse – a utilisé ces remises pour contenter d'autres créanciers, ce qui a permis au jeune ménage de poursuivre ses extravagances selon le juge. Mais ce dernier estime que, à tout prendre, les commerçants et entrepreneurs avec qui les de Pedro ont fait affaire n'ont qu'eux-mêmes à blâmer. Comment ont-ils pu consentir autant d'avances à un gai viveur qui s'endettait à un rythme prodigieux ? Ils ont peut-être vu une bonne affaire là où il n'y en avait pas : « if this young man could be called indiscreet in contracting these extravagant liabilities, there was not lacking ample encouragement and assistance in his indiscreet course[35] ». La prudence en affaires est de mise, pour tous. Aussi longtemps que des gens feront crédit sur la base de simples promesses de paiement de la part de personnes qui n'ont pas les moyens d'honorer leurs engagements, continue le jugement, les individus floués de la sorte ne pourront justifier une arrestation pour dette, à moins que la dissimulation frauduleuse d'actifs ne soit clairement avérée.

La réclamation de Sharpe est donc renvoyée et le bref de *capias* à l'origine de l'arrestation de de Pedro est cassé. L'absence de fraude caractérisée sauve pour un temps, peut-on croire, le jeune couple de Westmount. De Pedro a-t-il pu recouvrer certains de ses revenus, après amende honorable ? Sa belle-mère a-t-elle continué à les soutenir, lui et sa fille ? L'histoire ne le dit pas. Une chose est à peu près certaine, par contre. La large publicité faite à leurs états financiers dut certainement inciter leurs fournisseurs à faire preuve de plus de circonspection.

***

La magistrature sermonne rarement les créanciers des couples. Rares aussi sont les maris blâmés précisément pour leur mauvaise gestion des dépenses de la maisonnée. Ce que l'appareil judiciaire québécois dénonce et sanctionne, ce sont essentiellement les prévarications maritales affectant les épouses et surtout les tiers avec qui les chefs de ménage font affaire sur le marché des biens et services. Si la complicité – supposée ou avérée – de certaines femmes dans les tromperies de leur mari suscite parfois des remarques acerbes de la part des juges, elles ont bien plus de chances d'être directement accusées d'être incapables de mettre frein à leurs propres dépenses et de dilapider les ressources mises à leur disposition, dans la sphère privée. Cette déviance alléguée est pour partie construite et structurée par le droit civil, en amont des litiges : leur incapacité juridique, règle générale, ne leur permet pas de se transformer en femmes d'affaires véreuses. Aussi, à l'instar d'autres allégations de mauvaise conduite mêlant argent et moralité, ce discours accusatoire est genré et circonstanciel. Ce sont les maris visés par des demandes de pension alimentaire, à l'occasion de séparations de fait ou de procès en séparation de corps, qui formulent de tels propos, propos auxquels les juges du Québec ne sont pas totalement insensibles. C'est qu'un plaidoyer, en poursuite ou en défense, ne doit pas seulement être fondé en fait et en droit pour donner pleinement sa mesure. Les représentations sociales des rôles familiaux, comme la figure de l'épouse dévouée, économe et soucieuse de ses devoirs, constituent des armes juridiques fort efficaces.

Après les faillites et imbroglios financiers en tous genre, les conflits conjugaux constituent la deuxième grande catégorie de dérèglement familial susceptible de mettre en danger la condition financière et l'aisance des femmes mariées de l'élite. Cela de manière tout aussi sévère, sinon plus. Que leur arrive-t-il lorsque la vie à deux est devenue impossible ?

DEUXIÈME PARTIE

Les droits financiers des épouses à l'épreuve des conflits conjugaux

Les dettes ou manigances d'un mari aux abois fragilisent l'économie domestique élitaire. Aussi, comme dans tous les milieux, des tensions conjugales se soldent par des abandons ou des séparations. Ces conflits interpersonnels, dont les modalités varient beaucoup d'un cas à l'autre, chamboulent également les conditions d'existence de plusieurs femmes mariées de la bourgeoisie québécoise. La présence d'enfants à charge peut rendre la situation particulièrement critique. L'intervention des tribunaux revêt alors d'autant plus d'importance.

Certaines épouses entendent forcer leur mari à exécuter les obligations qu'il a contractées lors de leur union, d'autres tentent d'obtenir des aliments, ces prestations monétaires intrafamiliales que peuvent être contraintes de verser des personnes alliées ou apparentées, en vertu des règles du code civil. Connaissent-elles du succès ? Dans quelle mesure les décisions rendues par les juges dépendent-elles des aléas des conflits conjugaux et des arrangements financiers sur lesquels sont bâtis les ménages ? Est-ce que les contrats de mariage, en particulier, résistent au délitement du lien conjugal ? Enfin, quel rôle joue la morale familiale, telle qu'elle se présente au début du 20e siècle au Québec, dans la régulation judiciaire des ménages brisés ?

L'analyse de la trajectoire des femmes mariées qui ont connu une rupture permet à son tour de mieux comprendre l'apport de la justice à la construction du statut d'épouse. On l'a vu, la magistrature québécoise peine à interpréter l'effectivité des donations maritales, en cas de transactions douteuses ou de difficultés financières. Les abandons et séparations font courir autant de risques aux droits et à l'aisance des dames de l'élite. Ces femmes doivent en plus affronter un problème majeur, celui du scandale inhérent à la fin de la cohabitation. La malhonnêteté en affaires constitue une déviance masculine, pour l'essentiel. La honte de la séparation, elle, pèse autant sur les épouses vertueuses que sur les femmes oublieuses de leurs devoirs.

Les guérillas domestiques dont font état des causes rapportées et des dossiers judiciaires originaux ont beaucoup à nous apprendre quant à l'histoire de l'argent dans la sphère privée, en particulier en ce qui a trait à l'expérience de la « nécessité » en milieu aisé. Tout en tenant compte des obligations générales des époux stipulées par le code civil et des clauses des contrats de mariage – documents dont le contenu et le degré de précision varient – les magistrats doivent évaluer les besoins associés à un mode de vie bourgeois. Leur raisonnement s'avère très circonstanciel, puisque que chaque ménage en difficulté présente une histoire particulière et des assises financières spécifiques. Selon le juge Bruneau « la dette alimentaire ne met ... en jeu qu'une question de faits. Le juge doit apprécier chaque espèce à son mérite, d'après les circonstances dans lesquelles se trouvent respectivement les époux[1] ». Il va sans dire que ces faits sont l'objet d'une reconstruction de la part de la magistrature. Il ne s'agit pas seulement de soupeser les obligations des hommes, d'une part, et les besoins des femmes et des enfants, d'autre part, à la façon du début du 20e siècle. Le discours des juges et juristes révèle sans contredit que la rupture du lien conjugal est irréductible à une question d'argent ou à un problème strictement privé. C'est une profonde indignité qui menace les fondements mêmes de la société québécoise ou la « communauté imaginée » qu'ils appellent de leurs vœux. Ce n'est pas tout : la publicité concomitante à un recours en justice les choque parfois. Les remugles des disputes domestiques ne sont pas les bienvenus dans l'enceinte du tribunal. Ainsi, leur travail d'allocation de ressources, tâche que leur imposent des réclamations en bonne et due forme, est indissociable de leur désir de ne pas troubler l'ordre social, ordre d'abord et avant tout familial. Paradoxalement, du moins en apparence, cette volonté de parer aux menaces qui pèsent sur la famille les conduit parfois à prendre des décisions quelque peu avant-gardistes.

L'histoire des conflits conjugaux a retenu l'attention de nombre de chercheurs. La documentation d'associations vouées à la prise en charge des femmes et des enfants en difficulté a été exploitée[2], tout comme les archives judiciaires[3]. Il n'existait pas de cloison étanche entre les juridictions criminelle et civile en matière familiale au début du 20e siècle au Québec. Des violences[4] ou un refus de pourvoir, de la part du mari[5], pouvaient conduire au dépôt d'une plainte au criminel ou à un procès en séparation de corps devant la Cour supérieure[6]. Peu importe la voie envisagée, une épouse en détresse faisait face à de nombreux obstacles au moment de tirer des ressources d'un époux négligeant ses devoirs ou pour être protégée de ses coups.

Kathryn Harvey l'a bien montré, les Montréalaises de milieu populaire n'ont rencontré qu'un succès mitigé, durant la seconde moitié du 19e siècle, lorsqu'elles portaient plainte pour violence conjugale, sans parler du problème que constituait pour elles le débours de frais de justice. L'emprisonnement d'un mari faisait d'ailleurs planer une autre menace que celle des brutalités, l'indigence[7]. L'expérience de la violence conjugale était inséparable de l'économie familiale[8], économie qui différait de manière considérable selon les milieux. Certes, les épouses de la bourgeoisie jouissaient de conditions d'existence fort enviables lorsque les affaires allaient bien et que le ménage était en paix. Par contre, elles ne possédaient pas nécessairement les habiletés pratiques de leurs consœurs moins bien nanties, savoir-faire précieux en cas de rupture. Les ménagères des quartiers ouvriers devaient déjà recourir à toutes sortes d'expédients afin de pallier tant bien que mal l'insuffisance des salaires. Adolescents et adolescentes, de surcroît, étaient mis à contribution par leur travail. En milieu élitaire, cette stratégie était exclue, notamment en raison des études prolongées de fils et de filles qu'on n'allait pas envoyer, de toute façon, s'échiner dans une manufacture. Qui plus est, il aurait été inconvenant qu'une dame ou demoiselle de la bourgeoisie occupât un emploi salarié. Bref, si les épouses des classes possédantes ne connaissaient pas de privations avant que la dynamique conjugale ne s'envenime, une rupture pouvait se solder par une chute matérielle d'autant plus brutale, à plus forte raison si elles ne pouvaient pas compter sur un patrimoine en propre substantiel[9] ou sur l'aide de leurs parents. Certaines dames ontariennes, par exemple, ont été forcées de quitter un domicile confortable et les domestiques qui en assuraient la bonne marche[10]. Cela dit, l'argent n'était pas tout. Ne négligeons pas les sentiments – conjugaux, parentaux et filiaux – que les abandons, séparations et belligérances domestiques ébranlaient et exacerbaient.

Au Québec, lorsque la vie commune s'avérait insupportable, le seul recours civil possible était la séparation de corps, à peu de choses près. Marie-Aimée Cliche a examiné les dossiers de séparation de corps du district judiciaire de Montréal pour la période allant de la fin du 18e siècle à 1930[11]. Les procès de ce genre étaient relativement rares au 19e siècle[12]. Tant les rigueurs du droit civil – il fallait des motifs graves pour obtenir la séparation – que les difficultés concrètes et le scandale consubstantiels à une rupture expliquent certainement, en bonne partie, ce peu de procédures.

Toutefois, le nombre de recours en séparation augmente à un rythme impressionnant au début du 20e siècle: il se multiplie par 15 de 1900 à 1930[13]. Selon Cliche, cette croissance exponentielle résulte de certaines interprétations plus libérales des règles du code en matière de sévices et d'injures, deux des causes légales de séparation de corps[14]. Nous verrons aussi poindre, dans les chapitres qui suivent, une certaine modernité dans la gestion des dérèglements conjugaux. Mais l'ampleur de l'évolution des mentalités judiciaires ne doit pas être surévaluée. L'explication réside peut-être du côté des attentes changeantes des justiciables en matière de vie à deux – réalité plus difficile à documenter que l'évolution de la jurisprudence –, de la demande d'intervention judiciaire conséquente et de certaines transformations socioéconomiques, au premier chef l'intégration d'un plus grand nombre de femmes au marché du travail[15]. Un salaire, même très modeste, permettait d'envisager plus facilement une séparation en justice. Pour le reste, quelle que soit la période, ce sont massivement les femmes qui requerraient et obtenaient une séparation de corps, cela après avoir enduré des violences physiques et plus secondairement des « injures graves » aux mains de leur époux, de même que son alcoolisme[16].

Aussi patriarcaux et moralisateurs soient-ils, les juges constituent un dernier recours à l'orée du 20e siècle, du point de vue des femmes en difficulté. Ce patriarcat, il faut le souligner, ne concerne pas seulement la subordination féminine. Une construction genrée de l'ordre social ne peut reposer uniquement sur des attentes envers le sexe faible. Elle a alors aussi pour assise, en corollaire, une certaine idée du mari responsable, respectable et digne. On assiste d'ailleurs, à partir de la seconde moitié du 19e siècle, à un resserrement des attentes envers les comportements des maris en Occident. La législation et le système judiciaire britanniques, entre autres, se montrent plus sensibles au sort des femmes violentées[17]. À notre avis, si on trouve quelques traces de ce « progrès » et une régulation plus intensive de la vie conjugale au Québec au début du 20e siècle, c'est en raison du fait que ces mauvais maris sapent l'institution inégalitaire du mariage. Des épouses doivent être sauvées, par la justice, afin d'assurer la pérennité de cette même institution.

Les avanies subies par des épouses ne sont pas seules en lice. La garde des enfants constitue un enjeu émotionnel et financier considérable dans bien des procès en séparation de corps. Cynthia Fish a étudié l'évolution, entre 1866 et 1928, de la jurisprudence provinciale en matière de garde[18]. Selon elle, les choses changent au début du 20e siècle : les juges se mettent à accorder plus d'importance aux besoins d'enfants en bas âge et ce faisant à la nécessité, pour eux, de bénéficier de soins maternels, le tout au détriment de la conception traditionnelle de la puissance paternelle[19]. Peut-on pour autant parler de « changement de position légale et sociale » des mères[20] ? Cette thèse est risquée. On peut convenir que ces inflexions dans la mise en œuvre du droit familial – qui demeure à peu près le même au plan formel – traduisent un certain interventionnisme judiciaire et, oserait-on le dire, un certain bon sens. Toutefois, si la position des pères recule, c'est au profit du pouvoir que se donnent les magistrats. Ce sont bien eux qui prennent des décisions capitales quant à l'avenir de familles déstructurées, quant à l'avenir de femmes qui risquent gros : sécurité matérielle, réputation et présence des enfants.

L'historiographie des conflits familiaux a néanmoins laissé une question d'ordre pratique en suspens : celle des ressources sur lesquelles peuvent – ou ne peuvent pas – compter les femmes à l'issue d'un procès en séparation. Se voir attribuer la garde d'une ribambelle d'enfants est une victoire émotionnelle, affective, mais aussi une charge. Qu'en est-il des pensions accordées durant les procédures et au terme des procès ? Ces prestations intrafamiliales forcées sont-elles stables dans la durée, permettent-elles de prévoir un peu l'avenir ?

Bien que la possibilité de recourir aux tribunaux soit d'une importance capitale pour les femmes en difficulté, eu égard aux contraintes qui les enserrent, leur prise en charge n'est pas du seul ressort de la justice à l'époque considérée. Outre la charité dispensée par les communautés religieuses, l'État québécois intervient au début du 20ᵉ siècle en faveur des femmes mariées laissées sans ressources, du fait d'un abandon ou des frasques d'un mari dilapidateur ou ivrogne. En 1931, la *Loi modifiant le Code civil et le Code de procédure civile, relativement aux droits civils de la femme* permet dorénavant à une épouse abandonnée ou « forcée de pourvoir seule ou avec ses enfants aux besoins de la famille » de demander une séparation de biens[21]. Seuls les déboires financiers des maris justifiaient une telle séparation auparavant[22]. Surtout, sous le titre « Des biens réservés de la femme mariée », la même loi accorde aux épouses tous les pouvoirs sur le produit de leur « travail personnel » et les « économies » qui en découlent. Certes, un mari peut réclamer le retrait de cette libre disposition « en cas de dissipation, d'imprudence ou de mauvaise gestion[23] », mais il s'agit là d'une avancée substantielle. Cette réforme a été pensée précisément pour les femmes des classes laborieuses aux prises avec des conjoints alcooliques[24]. La France avait adopté une loi similaire en 1907[25]. Ces gains ne concernent pas les femmes mariées de l'élite, en principe. La très grande majorité d'entre elles se sont mariées sous le régime de la séparation de biens et elles ne travaillent pas, sauf de très rares exceptions. La loi de 1931 inclut cependant une nouveauté susceptible de profiter aux femmes de toutes conditions. Les épouses séparées de corps jouissent dorénavant d'une capacité juridique pleine et entière et on les libère des autorisations maritales ou judiciaires[26], atout dont peuvent se prévaloir les femmes françaises depuis 1894[27]. Autre intervention étatique à signaler, la *Loi instituant l'assistance aux mères nécessiteuses,* adoptée en 1937[28]. Les dames des beaux quartiers ne sont évidemment pas visées, une preuve de pauvreté étant requise afin de toucher les maigres secours prévus[29]. Les détentrices de biens valant plus de 1 000 $ voient d'ailleurs leur allocation amputée[30].

   Le Québec suit donc l'exemple offert par la France, avec un retard non négligeable. Dans la première partie de ce livre, nous avons insisté sur le fait qu'en matière de droits patrimoniaux *stricto sensu*, les épouses québécoises étaient mieux loties au début du 19ᵉ siècle que les femmes des colonies voisines, en raison de l'existence de la communauté de biens, du douaire et de la possibilité de conclure un mariage en séparation de biens. Cet avantage disparaît lorsque les provinces de *common law* adoptent des lois de plus en plus libérales. Les recours en cas de rupture présentent une histoire relativement similaire. Le droit civil du Bas-Canada était à l'origine plus avantageux et surtout plus systématique en tant qu'instrument de régulation des conflits conjugaux. Si bien qu'au milieu du 19e siècle, des législateurs ontariens affirment qu'ils auraient intérêt à s'inspirer des règles en vigueur au Québec, souhait qui ne sera plus exprimé durant les décennies suivantes[31].

Avant 1837, il n'existe pas de séparation judiciaire ni de possibilité d'octroyer des aliments au Haut-Canada, à la différence du Bas-Canada. Cette année-là, la Cour de Chancery est munie du pouvoir de condamner des maris au paiement d'aliments[32]. Les motifs autorisant une épouse à requérir des aliments sont clarifiés en 1859. Il s'agit de la cruauté, de la désertion et de l'adultère[33]. Lori Chambers signale néanmoins que, dans les faits, peu de femmes arrivent à se faire payer[34]. Ce n'est aussi qu'en 1855 qu'une loi autorise l'attribution de la garde des enfants à la mère, en cas de négligence ou de violence[35]. Au Bas-Canada, cette possibilité existait déjà : le conjoint au profit duquel la séparation de corps était prononcée se voyait confier la garde des enfants, en règle générale[36]. Enfin, l'Ontario adopte une première loi relative à l'entretien des femmes abandonnées en 1888. Elles peuvent dès lors solliciter un ordre de paiement de pension auprès d'un magistrat de police ou auprès de juges de paix, procédure plus rapide qu'un recours civil[37]. Il n'y a pas trace d'une telle législation au Québec.

Les épouses ontariennes n'ont plus à envier leurs consœurs québécoises et leur code civil à la fin du 19e siècle. Le fait de condamner un mari au paiement d'aliments constitue une reconnaissance judiciaire, *ipso facto*, de la séparation[38] ; elles ont droit à la garde de leurs enfants ; une loi adoptée en 1884 leur donne plein contrôle sur leurs biens alors que les Québécoises séparées de corps – et seulement celles-ci – ne jouiront de cet avantage qu'en 1931.

Un recours était cependant commun aux femmes mariées de toutes les provinces : le divorce[39]. Les dossiers de divorce des années 1900 à 1939 ont été examinés par James G. Snell[40]. L'adultère constitue alors, à peu de choses près, le seul motif légal de dissolution du mariage[41]. Or, l'infidélité n'est qu'une cause parmi tant d'autres des difficultés conjugales. Au demeurant, les hommes et femmes du Québec ne font que très rarement appel à cette mesure compliquée, onéreuse et scandaleuse, en comparaison avec les résidents de l'Ontario. Selon Snell, cette différence vient du fait que le code civil offre d'autres recours, en l'occurrence la séparation de biens et la séparation de corps[42]. Et l'ignominie du divorce, aux yeux de l'Église catholique, en tient certainement à l'écart bon nombre de ménages de la Belle province[43]. Notons qu'à l'instar des séparations de corps et des affaires de garde d'enfants, les enjeux financiers des divorces (partage des biens, pensions, etc.) sont assez mal connus, en raison des limites des sources disponibles[44].

Peu importe la voie choisie, les questions d'argent ne se posent pas seulement à l'issue des procès. La gestion des avoirs familiaux ou la prestation du mari en tant que pourvoyeur peuvent susciter les tensions conjugales. Du reste, la dépendance économique des femmes est précisément ce qui complique toute forme d'appel à la justice à l'encontre d'un mari violent, volage, dissipateur ou tout simplement insupportable. Le genre structure l'économie domestique tant en amont qu'en aval des conflits matrimoniaux.

L'ÉCONOMIE JURIDIQUE DE L'ENTRETIEN DES ÉPOUSES ET DES ENFANTS, 1900-30

Au début du 20e siècle, au Québec, quatre catégories de règles de droit structurent les procès dans lesquels l'entretien d'épouses et d'enfants est en jeu. Ce sont : les responsabilités générales des époux ; les modalités de l'attribution d'aliments ; les conséquences financières de la séparation de corps ; son impact sur l'autonomie juridique des femmes mariées. Les magistrats tiennent compte aussi, si nécessaire, des principes régissant les contrats de mariage. Rappelons, à ce titre, que la modification du contenu des contrats est prohibée, tout comme les transactions entre époux, et que l'autonomie de la femme mariée sous le régime de la séparation de biens – cas de la plupart des épouses de la bourgeoisie – se réduit durant la vie commune à la simple administration de ses avoirs.

Le code stipule que le mari doit « recevoir » sa femme et « lui fournir tout ce qui est nécessaire pour les besoins de la vie, selon ses facultés et son état[45] ». La condition sociale de l'homme détermine donc le niveau de cette prestation, en principe. Plus généralement, « les époux se doivent mutuellement fidélité, secours et assistance[46] » : l'ordre familial est à la fois moral et économique. L'entretien des enfants, quant à lui, relève de la responsabilité conjointe des époux[47]. Mais la contribution aux charges du ménage doit respecter les clauses du contrat de mariage, si les parties en ont signé un[48]. En milieu élitaire, les contrats de mariage imputent habituellement au mari l'entretien de l'épouse, celui des enfants, les frais de leur éducation ainsi que les dépenses nécessaires au maintien du domicile commun.

Rien ne permet de garantir, en pratique, que le chef de ménage respectera à la lettre les prescriptions générales du code et les clauses de son contrat de mariage. Si une femme mariée est contrainte de poursuivre son époux afin d'en tirer des aliments, le juge en charge de l'affaire devra tenir compte de deux variables : le besoin effectif des destinataires de ces prestations, enfants inclus, et les ressources du payeur, éléments dont les aléas font en sorte que les pensions sont sujettes à variation ou annulation[49]. L'obligation alimentaire a d'autres limites. Ce n'est qu'un certain nombre de parents et d'alliés qui y sont astreints, en dehors du mari. Les responsabilités de ce dernier sont déjà très claires. L'obligation alimentaire constitue en fait une socialisation bien spécifique de la nécessité. Elle lie les enfants aux parents et ascendants[50], de même que les gendres et belles-filles aux belles-mères et aux beaux-pères[51], le tout réciproquement[52].

Outre l'adultère, les « excès, sévices et injures graves » figurent aussi parmi les motifs légaux de séparation de corps. La gravité de ces violences et injures est soupesée par le tribunal, à la lumière de « l'état, condition et autres circonstances des époux[53] ». Ce qui peut motiver l'octroi d'une séparation à une « personne bien élevée » ne peut être qu'une « grossièreté » ou une « voie de fait » chez des gens de basse extraction, précise Pierre-Basile Mignault[54]. De plus, une épouse peut exiger la séparation si son mari néglige de l'entretenir « suivant son état, sa condition et ses moyens[55] ». Ainsi, l'appartenance de classe structure de manière importante le droit familial, aux côtés du genre. Reste à mettre ces distinctions en œuvre. Quel degré de violence physique ou verbale ne convient pas à des gens bien nés ? À quoi ressemble une épouse négligée, dans la haute société ?

Il faut certainement bien du courage, côté féminin, pour requérir la séparation de corps. La procédure comporte toutefois un avantage, soit la possibilité d'obtenir une pension pour la durée du procès. Les besoins de la demanderesse et les ressources de son mari sont à nouveau pris en considération au moment d'établir cette allocation temporaire[56]. Lorsque la séparation est accordée, ce qui n'est pas garanti, un conjoint désargenté peut voir son adversaire forcé de contribuer à son entretien. La somme octroyée dépend également des revenus et de la situation sociale des parties, en fonction de l'article 213 du code[57]. Le nombre et l'âge des enfants peuvent faire une différence importante, dans ce processus d'allocation forcée de ressources[58]. Le code prévoit que les dépenses reliées aux enfants doivent être défrayées par les ex-conjoints, suivant leurs revenus, peu importe à qui ils sont confiés[59].

La séparation de corps permet à l'épouse de jouir d'une plus grande latitude juridique et financière. Il importe, toutefois, de faire la distinction entre un patrimoine en propre et le pouvoir d'en disposer[60]. La séparation de corps entraîne la séparation de la communauté de biens[61]. Les épouses de l'élite, elles, ont dans leur immense majorité opté pour le régime de la séparation de biens. Dans leur cas, si elles obtiennent jugement en leur faveur, elle ont « le droit d'exiger les dons et avantages qui [leur] ont été faits par le contrat de mariage », à l'exception des gains de survie, soit les transferts prévus en cas de prédécès du mari, gains qui ne peuvent être réclamés avant cette échéance[62]. Leur patrimoine risque dès lors d'avoir plus de consistance, puisque les donations et promesses des maris que recèlent les contrats de mariage, on l'a vu, peuvent ne pas avoir encore été concrétisées durant la vie commune[63].
A *contrario*, le juge a la possibilité d'annuler ces dons et avantages si l'épouse perd le procès pour cause d'adultère[64]. Perd-elle tout ? Pas nécessairement. Certaines femmes disposent, parmi leurs avoirs en propre, d'actifs transmis par des membres de leur famille. Un fait demeure, cependant. Au caractère virtuel de certains dons et avantages maritaux répond la possibilité d'une pénalité financière on ne peut plus concrète en cas d'infidélité féminine.

Résumons. Trois situations peuvent expliquer l'obtention d'une pension au terme d'un procès en séparation de corps. Le ménage que forme l'épouse, seule ou avec ses enfants, ne peut être maintenu sur le même pied qu'auparavant ; son patrimoine ou les dons du mari – s'ils sont exigés – s'avèrent insuffisants ; leur contrat de mariage prévoit essentiellement des gains de survie, ces espèces d'assurance-veuvage qui ne peuvent être touchées tout de suite. Tout est affaire de calculs, du moins en apparence.

Quant au pouvoir de la femme séparée de corps sur son patrimoine, peu importe le régime matrimonial qui était le sien au départ, il est un peu plus étendu que celui dont peut se prévaloir une épouse séparée de biens durant la vie commune : cette dernière peut administrer ses biens et jouir librement de ses revenus[65]. Une fois la séparation de corps accordée, l'article 210 prévoit en effet que l'épouse pourra être partie dans un procès et « contracter seule pour tout ce qui regarde l'administration de ses biens[66] ». La voilà donc munie d'une autonomie juridique et économique assez substantielle[67]. Mais pour procéder en justice, si l'aliénation d'un immeuble est en jeu, ou pour poser un acte impliquant l'aliénation d'un immeuble, une autorisation maritale ou judiciaire demeure nécessaire[68].

Tout comme en matière de contrats de mariage, le code civil n'est pas amendé de manière significative entre 1900 et 1930 à l'égard des obligations financières des conjoints, des aliments et des conséquences de la séparation de corps[69]. Il faut attendre la loi de 1931, on l'a vu, pour que les rigueurs du code soient mitigées. Le gain principal, pour les femmes mariées des classes possédantes, consiste alors à pouvoir passer du statut d'incapable à celui de personne dotée d'une capacité civile pleine et entière après une séparation de corps.

Tout surcroît d'autonomie pouvait être le bienvenu. Par contre, notre examen du code et de la législation laisse une question sans réponse : s'il y a rupture, les clauses des contrats de mariage prévalent-elles sur les obligations générales des conjoints ? Puisque ces actes notariés servent en principe à mettre les épouses à l'abri en cas d'ennuis – fonction célébrée par les juristes – cette interrogation est centrale. Le code ne prévoit rien, d'ailleurs, en cas de séparation de fait. Les épouses concernées s'aventurent alors, en quelque sorte, dans un autre *no man's land* juridique. Quant à eux, les magistrats peuvent faire une lecture soit restrictive, soit libérale des règles formelles de droit. Certains sont plus avant-gardistes que d'autres. Il est d'ailleurs de la nature de la jurisprudence de créer de nouvelles normes, lorsque vient le temps d'éclairer l'application qui doit être faite du code civil. Cet exercice de régulation sociale est pour partie perméable aux changements que connaissent les rapports sociaux et les mentalités. Mais bien des causes rapportées servent aussi de sévères rappels à l'ordre. D'autres considérations, non explicitement juridiques, sont donc à l'œuvre. L'examen de la conduite des parties est la brèche par laquelle s'engouffrent parfois les jugements moraux qui font de la régulation judiciaire des ménages disloqués bien autre chose qu'un simple exercice comptable destiné à balancer besoins des épouses et revenus des maris.

4

Les annulations de mariage et leurs effets civils

De rares maris ont l'audace de prétendre, quelque temps après la célébration de leur mariage, que celui-ci était illégal. En vertu des articles 163 et 164 du code, si le mariage est annulé et que l'épouse était de bonne foi, l'union pourra quand même produire des effets civils, c'est-à-dire financiers[1]. Remettre en cause l'institution du mariage a tout d'un scandale. Eugène Berthiaume et Robert Neilson, deux individus qui empruntent cette voie, subissent les foudres de la magistrature. L'idéologie patriarcale des juges de la Cour supérieure et des juges siégeant en appel prend parfois une tournure proprement chevaleresque : ils n'hésiteront pas à censurer sévèrement ces faux maris, à plus forte raison lorsque les victimes de leur immoralité incarnent les idéaux de candeur et de pureté imposés au sexe féminin. Il ne s'agit pas de faire progresser le statut de la femme, mais bien de rappeler avec force l'indissolubilité du mariage, institution inégalitaire par essence et surtout socle de l'ordre social dans la province de Québec.

Ces affaires mettent aussi en lumière de manière assez crue les avanies auxquelles sont confrontées des épouses en difficulté, tant en amont des procédures que durant les débats judiciaires, débats qui s'étirent parfois dans la durée. Être une victime innocente ne suffit pas. Encore faut-il surmonter des épreuves, parvenir à préparer une poursuite ou une défense en bonne et due forme à l'aide d'avocats et opposer un solide argumentaire, tant juridique que moral, aux prétentions de la partie adverse.

ANNE-MARIE ET EUGÈNE

Un mariage conclu à la veille de la Première Guerre mondiale au sein de la haute bourgeoisie francophone tourne au vinaigre. Les hostilités dureront plus de 30 ans. Tout commence par la rencontre d'Anne-Marie Dastous et Eugène Berthiaume à Paris, en 1912[2]. La jeune femme de 18 ans, tout juste sortie des couvents Villa-Maria et du Sacré-Cœur, y a été emmenée par son père. Ce voyage est une récompense de fin d'études, indice non équivoque d'appartenance à l'élite. Après quelques mois d'une cour assidue de la part d'Eugène, de près de 13 ans son aîné, le mariage est décidé.

Le couple se marie le 24 décembre 1913 à l'église Notre-Dame d'Auteuil à Paris, sans contrat de mariage, ce qui n'est pas courant dans ce milieu. Il y aurait donc communauté de biens entre les époux. La préparation de l'union a fait l'objet d'une sorte de séparation des tâches : à elle les préparatifs religieux, à lui les exigences civiles. Si les formalités religieuses comme la publication des bans ont été remplies, il y a infraction aux règles de l'État français. Le mariage n'a pas été solennisé devant un officier de l'état civil, avant la célébration à l'église. Eugène s'est seulement rendu à l'ambassade britannique pour obtenir un certificat de publication des bans du mariage projeté. Il a ensuite présenté ce certificat – qui équivaut à une simple *annonce* de l'union – au prêtre qui a cru que tout était en ordre.

Le couple vit ensuite à Paris. Aucun enfant ne naît. Une séparation définitive survient en 1926. Eugène a trompé Anne-Marie dans leur propre domicile, notamment durant un séjour de sa femme dans le Midi. Les servantes à leur emploi en témoignent : il a alors reçu une certaine Mme Rouvière, une dame rousse (une artiste) et une femme blonde, à qui il a donné de l'argent. Les finances domestiques suscitaient aussi des disputes. Lors d'un témoignage rendu en 1928, Eugène rend compte de leurs arrangements à cet égard :

> Q. Pouvez-vous nous dire, approximativement ... combien ... vous pouviez donner à la demanderesse pour vivre, par année ?
> R. De l'argent de poche. C'est moi qui pourvoyais toujours aux frais généraux de la vie commune, elle n'avait que de l'argent de poche.[3]

Des épouses dépourvues de biens et de revenus en propre comme Anne-Marie doivent donc se contenter, tels des adolescents de bonne famille, d'« argent de poche ». Pour sa part, le chef de ménage prenait en charge les dépenses de la maisonnée. En agissant ainsi, Eugène répondait aux exigences de la loi et aux usages de sa classe sociale. Là où le bât blesse, c'est qu'il a fini par donner directement aux domestiques les fonds nécessaires pour voir à la bonne marche du logis, leur interdisant du même souffle d'en divertir quelque part que ce soit au profit de sa femme, sous peine de renvoi. Pour une reine du foyer, c'est un véritable camouflet, comme le souligneront les avocats d'Anne-Marie.

Un soir, Anne-Marie est incapable de pénétrer dans leur appartement et doit trouver refuge chez une cousine. Les serrures ont été changées sur ordre de son mari, qui ne lui adressait plus la parole depuis un moment. Une première série de poursuites commencent alors en France, de part et d'autre. Anne-Marie entame une procédure de divorce; Eugène présente une demande de nullité de mariage. La position d'Anne-Marie est intenable, du moins en France. On ne peut pas divorcer sans avoir été mariée. Or, son union est nulle aux yeux de la loi française. Par conséquent, Eugène n'a pas besoin de pousser plus loin sa demande d'annulation et s'en désiste. Anne-Marie tente alors un ultime recours auprès de la justice française : elle souhaite que son mariage soit déclaré putatif, c'est-à-dire qu'il soit suivi d'effets civils malgré sa nullité. Eugène réplique qu'ils sont tous deux domiciliés dans la province de Québec, juridiquement parlant. Le tribunal de la Seine lui donne raison et décline avoir juridiction en cette affaire. L'homme et la femme, en tant qu'étrangers résidant mais non domiciliés en France, sont soumis aux lois du Québec en ce qui a trait à leur statut personnel. Le litige se transporte donc de l'autre côté de l'Atlantique.

Anne-Marie reprend son parcours en justice à zéro à l'aide de Mes Geoffrion et Prud'homme. Les épouses en difficulté doivent d'abord surmonter leur incapacité judiciaire. Une requête pour être autorisée à ester en justice est présentée à Montréal le 19 mai 1927, requête doublée d'une demande de pension alimentaire pour la durée des procédures de 1 500 $ par mois. La requête est accordée et le juge Bond statue sur la demande de pension en juillet suivant. Le magistrat ne peut trancher quant au fond du litige. Cela est du ressort du jugement final qui suivra la présentation de la preuve et les débats contradictoires. Bond doit se contenter d'établir si la demanderesse a apparemment un bon droit d'action, ce qui l'amène quand même à dire ce qu'il pense de l'affaire à première vue. Il est évident, à ses yeux, que le mariage de 1913 a été contracté de bonne foi par Anne-Marie. Sa jeunesse et sa culture religieuse y sont pour beaucoup : « the thoughts of the Petitioner, a young French-Canadian just out of a convent would, when contemplating matrimony, naturally turn to its sacramental character as taught by her church. There is here a derogation from the general principle that ignorance of the law is no excuse, for the Code expressly provides that good faith is the sole test imposed[4] ». Les faits allégués montrent qu'il y a matière à poursuite, « to put it at its lowest[5] ». Pour les avocats d'Anne-Marie, c'est un bon début. La pension mensuelle provisoire de 1 500 $ est accordée. Le montant est imposant, concède le juge, mais les moyens d'Eugène le sont tout autant. En outre, on ne peut faire abstraction du train de vie des parties. Sur ce plan, « it appears from the evidence ... that the petitioner has been accustomed to live under the most confortable conditions in so far as money was a consideration[6] ».

Sur le fond, Anne-Marie souhaite que la justice québécoise valide son mariage et qu'une séparation de corps soit décrétée en sa faveur. Si l'union est annulée, elle voudrait néanmoins bénéficier de ses effets civils, vu sa bonne foi. Les enjeux sont énormes. Il y aurait alors dissolution et partage de la communauté de biens créée automatiquement en l'absence de contrat de mariage. Or, Eugène est prodigieusement riche. Ses revenus s'élèvent à près de 100 000 $ par an. Des dommages de 300 000 $ sont en sus réclamés.

L'argumentaire de la défense est assez simple. Les tribunaux français ont déjà établi qu'il n'y avait pas eu de mariage du tout. La Cour supérieure n'a donc qu'à entériner ce fait. De plus, Eugène plaide l'ignorance. Il n'aurait rien su des exigences de la loi française alors que le frère d'Anne-Marie, chez qui elle résidait avant leur mariage, aurait dû leur en faire part. L'argument est pour le moins audacieux. Eugène vit la plupart du temps en France depuis 1904. Quant à leurs disputes, ils auraient toujours vécu en bonne intelligence jusqu'au moment où il a voulu congédier une domestique contre l'avis de sa femme. C'est la raison pour laquelle il a fait changer les serrures de leur logis. Il n'a pas jugé bon, manifestement, d'en avertir Anne-Marie.

Le 30 mai 1928, la Cour supérieure se prononce après qu'une enquête ait eu lieu en France au début de la même année au moyen d'une commission rogatoire. Parler d'un outrage à la morale juridique et sociale du mariage est trop faible. Le juge Loranger ne disserte pas longtemps sur la demande de séparation de corps. Il y a eu adultère au domicile commun, duquel Anne-Marie a été mise à la porte. Le fait qu'Eugène ne lui donnait plus d'argent et qu'il ait interdit à leurs domestiques de lui en fournir équivaut à un refus de pourvoir, à la façon de la haute bourgeoisie. Anne-Marie, de son côté, n'a absolument rien à se reprocher. C'est une condition *sine qua non* pour qu'une épouse délaissée soit considérée sous un jour favorable par l'appareil judiciaire, comme nous aurons l'occasion de le constater en d'autres occasions.

La question fondamentale demeure bien entendu la validité du mariage célébré en 1913. Le procès ne pouvait manquer de faire l'objet d'un rapport de jurisprudence, rapport publié dans les *Rapports judiciaires de Québec*. Loranger offre un raisonnement par défaut : si le code civil, par son article 135, reconnaît les mariages célébrés à l'étranger de personnes soumises aux lois de la province, lorsque les règles de l'autre juridiction ont été respectées[7], le mariage célébré à l'étranger sans respecter ces mêmes règles mais répondant aux exigences québécoises est tout autant valide. Le mariage constitue d'abord et avant tout un acte religieux au Québec, en droit. Toutes les formalités religieuses et, par le fait même, celles du *Code civil du Bas-Canada* ont été accomplies en France : publication des bans, célébration par un prêtre, présence de témoins, signature du registre, etc. Le pape Pie IX est appelé en renfort. Le mariage célébré sans sacrement, seulement en vertu de lois civiles, n'est « autre chose qu'un honteux et funeste concubinage[8] ». On doit aussi, signale Loranger, à Luther, Henri VIII et à la Révolution française les revers subis par les pouvoirs de l'Église en matière matrimoniale. Sûr de lui, l'honorable juge se doutait-il que le Conseil privé de Londres allait finir par prendre connaissance de cette petite page d'histoire ? Toujours est-il que le code civil faisant du mariage un engagement religieux, le jugement rendu en première instance mêle parfaitement et légitimement – à première vue – foi et droit : « j'ai cité un peu longuement pour bien faire comprendre, avec quelle mentalité et avec quel respect, les catholiques et généralement les chrétiens, imprégnés des enseignements qu'ils ont reçus sur la sainteté et la dignité de l'union conjugale, se préparent à recevoir le sacrement de mariage. Tout comme pour la première Communion, la Confirmation, c'est un sacrement qu'ils reçoivent, et pour eux, les formalités civiles disparaissent devant la cérémonie religieuse[9] ».

L'article 156 offre aussi une certaine latitude lorsque la validité d'une union est contestée. Loranger y fait appel pour éviter de rendre une décision contraire à sa conscience. Ce pouvoir discrétionnaire n'est pas neutre. Il sert à « assurer ... au contrat de mariage qui est le plus important de tous les contrats ... la stabilité qu'il doit avoir. Il est à la base de la famille, partant de la société et devient ainsi la source de presque tous les contrats civils[10] ». Il ne s'agit donc pas de régler un litige opposant deux particuliers, mais bien de garantir le maintien de l'ordre social et politique dans la province. La bonne foi de l'épouse est également centrale. Elle se doit d'être exempte de toute complicité dans les procédés d'annulation afin de bénéficier des protections de la loi. La sincérité des parties est par conséquent soupesée. Loranger est du même avis que son confrère Bond : la bonne foi d'Anne-Marie ne fait aucun doute. Eugène, lui, « a sciemment trompé la demanderesse en lui laissant croire que tout était en règle » et « voudrait que la Cour déclare aujourd'hui que la demanderesse a volontairement … voulu devenir sa maîtresse et concubine, et que de fait, elle l'a été durant quinze ans. Allons donc![11] ». Ce n'est pas tout : « il savait très bien depuis toujours que la demanderesse se croyait son épouse, comment peut-il être assez vilain pour oser, dans ses plaidoiries, affirmer que la demanderesse n'était pas de bonne foi, et qu'elle savait bien dès le début, que son mariage n'était pas régulier ? Cela se passe de commentaire[12] ». Le mariage est validé et la séparation de corps accordée. La communauté de biens, elle, devra être dissoute. Qui plus est, Anne-Marie continuera à recevoir sa pension alimentaire mensuelle de 1 500 $.

Eugène combat vigoureusement les décisions des juges Bond et Loranger avec l'aide de son avocat, le célèbre Athanase David. Il avait porté en appel sa condamnation à verser une pension pour la durée du procès, cela sans succès : en janvier 1928, cette pension provisoire avait été maintenue par la Cour du banc du Roi. Anne-Marie ayant été en mesure de produire des faits de nature à lui donner raison, l'article 202 permettant au juge de fixer une pension temporaire trouvait certainement à s'appliquer, bien qu'il s'agisse là d'une exception à la règle générale voulant qu'un débiteur ne puisse être forcé de payer une dette avant qu'une décision de justice ne l'y contraigne. Eugène conteste aussi, à plus forte raison, la reconnaissance du mariage, la séparation de corps et la dissolution de la communauté de biens. Son imposante fortune est menacée.

Nouveau revers. La Cour du banc du Roi confirme la décision de première instance le 30 octobre 1928. Cependant, les cinq juges ayant entendu l'appel ne sont pas unanimes. On peut voir là un premier signe des difficultés que pose le cas d'Anne-Marie, véritable collision frontale entre morale, religion catholique et règles de droit. Les juges Greenshields, Guérin et Hall confirment le jugement tel quel. Le juge Létourneau a seulement des réserves quant au montant de la pension, sans que l'on sache dans quelle proportion. Les objections du juge Bernier sont de loin plus fondamentales : la latitude prévue à l'article 156 devrait s'effacer devant l'article 128 qui exige dans tous les cas une célébration « devant un fonctionnaire compétent reconnu par la loi[13] ». Le prêtre qui a célébré l'union n'était pas officier de l'état civil en France « et encore moins un fonctionnaire de l'état civil canadien[14] ». Comment pourrait-on voir en lui un délégué des autorités civiles et religieuses du Québec ? Le mariage allégué n'est pas seulement affecté d'un vice de forme, lequel entraînerait une nullité relative qui pourrait à son tour engendrer certains effets civils, mais tout simplement inexistant et d'une nullité absolue. De plus, le juge Bernier ne partage pas l'ultramontanisme du juge Loranger. Le mariage n'est pas uniquement affaire de principes religieux. Les règles de droit ont tout autant d'importance.

Eugène tente un ultime recours. Il porte en appel la décision de la Cour du banc du Roi auprès du Conseil privé. La magistrature québécoise s'est-elle laissée emporter par sa religiosité ou sa volonté de voler au secours d'une jeune femme innocente ? Coup de théâtre, le jugement précédent est mis à néant en juillet 1929. Un principe de droit international maintes fois reconnu doit prévaloir, disent les hautes autorités judiciaires britanniques. Le mariage célébré à l'étranger et qui respecte les formalités du lieu est valide, même s'il n'est pas valide au domicile des parties. À l'inverse, on doit conclure que s'il n'est pas valide au lieu de la célébration, il est invalide partout. Les règles du Québec en matière de mariage sont ce qu'elles sont : les règles à observer au Québec. La latitude prévue à l'article 156 du code ne fait pas des tribunaux provinciaux les arbitres de juridictions étrangères, ni ne leur permet de régulariser ce qui est illégal ailleurs. Le vicomte Dunedin cache mal son étonnement, bien que ce soit de manière polie : « naturally the good sense of the Quebec Judges would prevent them from doing any such thing; but when construction is in question the results of construction must be looked at. The truth is, that their Lordships can only look on this as a most preposterous suggestion and they agree with the view that Bernier J. took on this matter[15] ». Le mariage célébré à Paris en 1913 est donc nul.

Le Conseil privé tempère néanmoins la position du juge Bernier quant à la nature de cette nullité. C'est bien un mariage putatif qui a été contracté, c'est-à-dire une union annulable – non pas inexistante – et susceptible d'avoir engendré des effets civils. Ces effets dépendent de la notion de bonne foi. Heureusement pour Anne-Marie, le Conseil privé la considère tout aussi innocente que les juges du Québec. C'est de candeur et d'ingénuité dont il est question, et non seulement d'absence de culpabilité. Anne-Marie « was a very young girl, quite ignorant of law, and from her antecedents and religion probably quite incapable of considering marriage as anything but a religious ceremony[16] ». Par conséquent, l'obligation de l'entretenir ne s'éteindra pas. La question des conséquences financières de l'union avortée et de la dissolution de la communauté de biens est renvoyée à la Cour supérieure, mais le Conseil privé maintient la pension mensuelle – toujours à titre provisoire – de 1 500 $.

Le 30 décembre 1932, soit près de cinq ans et demi après le début des procédures en terre québécoise, le juge Surveyer reconduit purement et simplement la pension mensuelle, tout en confirmant l'existence d'une communauté de biens à liquider. Jamais en reste, Eugène fait appel. Les parties en viennent toutefois à une entente. En échange de l'abandon de cet appel, Anne-Marie et ses procureurs font des concessions très substantielles : ils renoncent à ses droits dans la communauté et laissent tomber la réclamation de dommages, toujours pendante. On pourrait croire l'affaire définitivement close.

Il est de l'essence même des recours en justice de suspendre pour un temps l'existence des parties impliquées. La plupart des litiges entendus par la justice civile mettent en scène des débiteurs menacés d'un remboursement forcé ou d'une saisie ; des créanciers, petits et grands, attendent leur dû[17]. Les affaires de nullité de mariage et de séparation de corps sont évidemment plus graves en ce que le statut juridique et l'identité sociale des hommes et femmes en cause sont plongés dans l'incertitude, sans parler du scandale à surmonter, de la culpabilité à établir ou des accusations dont il faut se défendre. On ne dispose pas de beaucoup d'indices quant à la manière dont des femmes comme Anne-Marie ont vécu cette période de leur vie. La complexité du procès, la multiplication des recours, l'attente de décisions fort longues à venir ont sûrement rendu cette expérience pénible.

Les stratégies adoptées par Eugène feront perdurer cette période de fragilité et d'incertitude bien au-delà de jugements et d'un arrangement qui auraient pu être définitifs. Les pensions alimentaires ne sont jamais payées avec cœur et l'homme a les moyens de mener de longues guérillas judiciaires contre celle qui n'a, pour finir, jamais été son épouse authentique. De surcroît, les règles du code relatives aux pensions font planer une menace constante au-dessus de la tête des femmes séparées en justice ou mal mariées comme Anne-Marie. À la différence d'une dette commerciale, dument prouvée, l'obligation alimentaire peut être réévaluée à n'importe quel moment après le jugement décrétant le montant à percevoir. Le débiteur a le droit de demander l'annulation de la pension ou la réduction de la somme, en fonction de sa capacité de payer et des besoins de la créancière, données susceptibles de varier au fil du temps. Ce ne sont pas seulement des faits comptables : ce que l'homme est en mesure de débourser et ce dont sa femme a besoin peuvent être l'objet de prétentions tout à fait contraires. Un recours en annulation ou réduction de pension entraîne également un examen serré, en justice, de la conduite financière des parties, examen mené en tenant compte de leur condition sociale. Les représentations morales du bon usage de l'argent, en milieu bourgeois, sont en cause. Nous examinerons en détail, au chapitre 6, les aléas des pensions alimentaires décrétées à la suite de séparations de corps, c'est-à-dire dans le cas de mariages dont la validité n'a jamais été attaquée. La suite du parcours d'Anne-Marie mérite tout de même que l'on s'y attarde.

Eugène a tout d'un plaideur quérulent en droit familial. Il tentera jusqu'à sa mort, survenue en 1946, d'effacer toute responsabilité de sa part envers celle qui, en 1913, a cru devenir son épouse. En octobre 1935, l'homme repart à l'assaut : il souhaite que la pension mensuelle de 1 500 $ soit annulée ou réduite à un maigre 100 $. Il affirme ne plus être en état de payer ; Anne-Marie, elle, n'aurait plus besoin de rien. À l'en croire, la jeune et innocente couventine rencontrée à Paris à la veille de la Première Guerre mondiale n'est plus qu'un lointain souvenir. C'est plutôt à une femme facile, prodigue et vautrée dans le luxe que l'on aurait maintenant affaire. Elle se servirait de sa pension pour des « dépenses frivoles ... des dons et ... des prêts d'argent considérables, qu'elle a faits à des escrocs, qui se sont vantés publiquement d'être ses amants[18] ». Elle aurait donné rendez-vous à ces individus louches dans des hôtels de la Côte d'Azur et de Monte-Carlo. Anne-Marie se serait notamment liée à un certain George Kelckouski, « lequel lui adressait des lettres sentimentales et des acrostiches[19] ». Les femmes séparées ne sont pas seulement sujettes à des réévaluations ponctuelles de leurs besoins. Rien, ou presque, n'empêche leur mari de les surveiller étroitement en dehors de toute procédure légale. Eugène a fait appel à des détectives privés pour ce faire.

Selon le même, Anne-Marie dépense intégralement sa pension de 18 000 $ par an depuis des années. Il soutient, simultanément, que les sommes versées ont été engrangées pour partie en vue de la réduction à laquelle il a droit. De son côté, le gouvernement lui réclame de forts impôts en souffrance et de nombreux procès ont épuisé ses ressources. Les revenus annuels extraordinaires de 100 000 $ pris en compte dans le calcul de la pension à la fin des années 20 ne tiennent plus. Ses rentrées d'argent auraient fondu à 35 000 $. L'avocat d'Eugène (Me Édouard Masson) juge bon d'étayer les prétentions de son client par une remise en cause des jugements rendus à propos de la validité du mariage et de ses effets civils. La décision prise par le Conseil privé en 1929, en vertu de laquelle un mariage putatif peut produire des effets civils comme une pension alimentaire, est qualifiée sous sa plume d'« hérésie légale[20] ».

Le cabinet Geoffrion, Prud'homme et Béique, auquel a fait appel Anne-Marie, oppose une inscription en droit à la demande. Celle-ci serait dénuée d'assises juridiques, même si tous les faits allégués étaient vrais. La pension maintenue à la suite de l'annulation du mariage équivaut à des dommages, qui ne peuvent être réduits. De plus, qu'est-ce qui autorise un homme à critiquer la conduite d'une femme s'ils n'ont jamais été mariés, comme l'a toujours prétendu Eugène ? L'allégation voulant qu'Anne-Marie ait des amants est toutefois niée avec force. Par ailleurs, si Eugène a des dettes – dont le montant est contesté – tant pis pour lui. L'obligation alimentaire passe avant ses autres engagements. Enfin, l'arrangement survenu à la suite du jugement de 1932 lie les parties. Anne-Marie a renoncé à ses droits dans la communauté en échange, très précisément, de l'engagement de ne pas contester la pension de 1 500 $. Cette pension constitue une charge morale. Il n'est pas seulement question d'actif et de passif, de capacité de payer du débiteur et des besoins de la créancière : « il ne faut pas oublier que l'intimée n'a pas seulement perdu une dizaine d'années de sa vie, toute sa jeunesse, ne se trouve pas seulement mariée religieusement mais non civilement, ne perd pas seulement un mari riche qui aurait eu à la faire vivre tant qu'ils auraient vécu tous deux mais perd en outre son droit à la communauté des biens[21] ».

Le 11 décembre 1936, le juge Surveyer se prononce sur l'inscription en droit au moyen d'un jugement interlocutoire. Il a déjà entendu l'affaire en 1932. L'inscription en droit est rejetée pour des motifs procéduraux, ce qui ne l'empêche pas de se pencher sur le fond du litige. Les rapports d'Anne-Marie avec des hommes sont passés en revue, afin de voir en quoi les faits reprochés pourraient se solder par une réduction ou annulation de pension. Si Surveyer se livre à un tel exercice, c'est donc que la conduite morale et sexuelle des femmes séparées peut être sanctionnée. Dans le cas présent, certains faits n'ont pas été prouvés du tout ; d'autres sont trop anciens. Pour ce qui est des billets doux du nommé Kelckouski, rien ne montre qu'Anne-Marie ait répondu à ses avances. Le juge ajoute avec une ironie à peine voilée qu'on « ne peut reprocher à une femme d'avoir des admirateurs et d'inspirer des poètes[22] ». En ce qui concerne ses besoins et la capacité de payer d'Eugène, la décision qu'il a rendue en 1932 a force de chose jugée. Au demeurant, comment prétendre de concert que la pension a été entièrement dilapidée et économisée en vue d'une diminution ? Pour finir, le droit de regard d'un « mari » comme Eugène a des limites, vu l'histoire du couple. Surveyer n'a pas été touché par ses plaintes, c'est le moins qu'on puisse dire : « on ne peut reprocher à l'intimée de se livrer à des dépenses frivoles pour se consoler de la perte d'un époux qu'elle ne peut remplacer en conscience puisque son mariage est valide aux yeux de l'Église ; que le requérant ne peut surveiller l'emploi qu'elle fait de sa pension, et que si des escrocs ont extorqué de l'argent à l'intimée, qui se vantent publiquement d'être ses amants, l'intimée est peut-être plus à plaindre qu'à blâmer[23] ».

Anne-Marie est doublement victime. Le juge lui est favorable, certes, mais elle pâtit à ses yeux de l'absence des conseils éclairés d'un mari qui lui aurait évité mauvaises fréquentations et extravagances. Une dysfonction est en cause, celle des hiérarchies familiales, auxquelles vient suppléer le paternalisme bienfaisant du système judiciaire. En ce qui a trait à la pension, on ne peut la réduire au strict nécessaire pour assurer la subsistance de cette femme, à la différence de ce qu'a affirmé Me Masson. La fortune de l'individu, même amoindrie, le met encore en état de payer des mensualités de 1 500 $. Les pensions allouées aux femmes séparées n'ont ainsi rien de simples calculs financiers. Ce sont des prestations sexuées, morales et légales tout à la fois, bien que la condition sociale des parties pèse lourd dans la balance.

La décision interlocutoire rendue par le juge Surveyer concerne seulement la validité des allégués d'Eugène, à titre d'arguments juridiques susceptibles de justifier ou non un débat sur le fond. Surveyer s'est d'emblée montré sensible au sort d'Anne-Marie et aux errements passés d'Eugène. Or, les femmes en difficulté doivent composer avec les idiosyncrasies des juges en charge de leur dossier. À n'en pas douter, une réclamation ou une défense parfaitement fondées en droit constituent leur meilleur atout. Mais lorsque leur situation présente des difficultés juridiques particulières et que la morale du mariage est directement concernée, les décisions rendues peuvent varier de manière assez étonnante. Certains juges veulent voler à leur secours, d'autres s'avèrent beaucoup plus réticents. L'idéologie conservatrice et patriarcale de la magistrature québécoise peut agir en deux sens, ce qui ajoute à la fragilité d'existences déjà affectées par le scandale d'une rupture, des procédures longues et compliquées et des soucis financiers. Les maris malhonnêtes qui sapent l'institution du mariage sont sévèrement admonestés. L'expérience douloureuse d'Anne-Marie a été l'occasion de réaffirmer haut et fort le caractère sacramentel du mariage, au mépris du droit international privé. Toutes les instances impliquées, incluant le Conseil privé, ont convenu qu'il fallait la secourir d'une manière ou d'une autre. Mais les dames dont le comportement jure avec les conventions sociales sont en danger : le courroux de la magistrature peut se retourner contre elles. Pour toutes ces raisons, la jurisprudence québécoise du début du 20e siècle n'est pas le lieu où chercher, çà et là, des indices de « progrès » de la condition féminine. Si des épouses sont tirées d'embarras par la justice, d'autres risquent la réprimande et la honte. La régulation judiciaire de la sphère privée profite à des institutions qui les dépassent, le mariage et la famille. Elles sont ni plus ni moins des rouages de ces institutions qui absorbent entièrement leur personne et leurs droits.

Le 3 avril 1939, le juge Cousineau se prononce sur le fond de la demande d'annulation de pension. Il ne partage pas la même opinion que son confrère Surveyer, c'est peu dire. Les interprétations légales et morales qui ont prévalu jusqu'alors quant à la conduite et à la personnalité d'Eugène et d'Anne-Marie sont mises sens dessus dessous. Les prétentions de l'individu sont à peu près toutes accueillies.

La conduite d'Anne-Marie n'est maintenant plus « impeccable ». Eugène, pour sa part, se montre « irréprochable » et mène maintenant une vie modeste et industrieuse. Son personnage est réhabilité. L'état de choses qui existait lorsque la pension de 1 500 $ a été fixée n'est plus. Il est lourdement endetté alors qu'Anne-Marie a reçu 205 500 $ en près de 11 ans. C'est plus que suffisant pour constituer un capital, ce qu'elle ne s'est pas donné la peine de faire. Si elle a tout dépensé, ce ne peut être qu'en raison de placements inconséquents, d'« inconduite » ou de « frivolités » qu'on ne pouvait lui reprocher auparavant[24]. Or, les aliments ne servent pas à se vautrer dans le luxe ou à procurer la fortune à leur destinataire. 350 $ par mois suffiraient amplement.

Cousineau va cependant plus loin et opte pour l'annulation pure et simple de la pension. C'est qu'à ses yeux les décisions rendues par le Conseil privé et le juge Surveyer, en 1929 et 1932, sont nulles. La nature exacte de l'union contractée en 1913, il y a de cela 26 ans, fait son retour dans l'arène judiciaire. Cousineau ressuscite l'opinion dissidente du juge Bernier en première instance. Ce mariage n'était pas simplement annulable, mais carrément non existant ; il ne pouvait pas, de ce fait, engendrer des effets civils comme des aliments. En outre, si les avocats d'Anne-Marie ont prétendu – un peu imprudemment ? – que les montants versés par Eugène constituaient des dommages, les 205 000 $ alloués jusqu'à maintenant sont plus que suffisants. Qui plus est, une condamnation à des dommages doit obligatoirement en fixer le quantum, ce qui n'a pas été fait.

Pour une femme séparée dépourvue de patrimoine en propre et accoutumée à vivre dans l'aisance, perdre sa pension signifie tout perdre. Anne-Marie ne pourrait que s'en remettre à la charité de ses proches. La seule issue possible, encore et toujours, demeure le système judiciaire. C'est un euphémisme : le juge Cousineau s'est montré peu respectueux de la hiérarchie judiciaire. Sa décision est renversée à l'unanimité par la Cour du banc du Roi le 28 février 1940. L'instance d'appel insiste sur le fait que la décision du Conseil privé est définitive quant à la nature et aux effets civils du mariage de 1913. La pension d'Anne-Marie est maintenue, sans réduction aucune, car Eugène n'a pas plus prouvé son incapacité de payer que l'absence de besoin chez son ex-femme.

L'homme ne lésine pas sur les frais de justice et les honoraires d'avocat. Cette autre décision de la Cour du banc du Roi est portée en appel au Conseil privé. Alors que cet appel est toujours en cours, Eugène revient à la charge le 3 avril 1946, année même de sa mort. Anne-Marie vit toujours à Paris ; lui est maintenant installé au Québec. Il s'agit en fait de sa troisième demande d'annulation de pension. Les règles du droit civil lui permettent parfaitement d'agir de la sorte, l'obligation alimentaire étant variable par nature. Le refrain n'a pas changé : il ne peut plus payer, elle n'en a plus besoin. Le 6 juin suivant, le juge Casgrain suspend les procédures : l'appel au Conseil privé n'a toujours pas connu de dénouement et une autre procédure d'annulation entamée en 1941 a elle-même été interrompue par la Cour du banc du Roi en attendant la décision des autorités londoniennes. Ce n'est que le décès d'Eugène, le 31 août 1946, qui met terme à son hyperactivité de plaideur et à la pension dont bénéficiait Anne-Marie, 20 ans après qu'elle se soit butée à des portes closes en rentrant un soir à leur domicile parisien. L'obligation alimentaire est personnelle et intransmissible ; les ayants droit du débiteur n'en héritent pas. Il est bien loin le temps où Anne-Marie était l'objet d'une cour assidue de la part de celui qui semblait être un très riche et excellent parti.

Elle est maintenant âgée de 52 ans. Le reste de son parcours, après une vie ponctuée de procès, ne nous est malheureusement pas connu.

L'AFFAIRE NEILSON

Robert Neilson tente également de faire annuler son mariage, qu'il considère comme une grave erreur[25]. La justice ne se montre pas plus tendre avec lui qu'avec Eugène. Les tribulations de son épouse témoignent éloquemment, de surcroît, des rapports de force non juridiques auxquels peuvent être confrontées des femmes en difficulté : négociations à armes inégales, accès malaisé aux tribunaux et tentatives de manipulation durant le procès lui-même. Les sentiments des parties sont aussi disséqués avec soin, au fil des débats, sous l'égide du concept de bonne foi. De ce fait, le raisonnement judiciaire mis en œuvre mêlera droit, morale et psychologie, à la façon du début du 20ᵉ siècle.

Alors qu'il est commis de la Banque Nationale à Gaspé, Robert a des relations sexuelles avec Alexina Beaudin, jeune femme de l'endroit. Une union est célébrée à Québec en mars 1910, cela sans contrat de mariage et à l'insu des parents du jeune homme. Ceux-ci ne verraient pas en Alexina un choix avantageux pour leur fils. Un mariage honorable, faut-il le rappeler, est le point d'orgue des stratégies de reproduction sociale en milieu possédant. La crainte du courroux parental rend compte, certainement, de la conduite suivie par Robert par la suite. Il tente de garder l'union secrète, tout en poursuivant ses ébats avec Alexina. Elle, de son côté, devra se battre pour faire valoir la légalité de son état matrimonial, après avoir été poursuivie en annulation de mariage.

L'affaire traîne durant plusieurs années, de 1911 à 1919. Alexina soutient avoir été flouée par son « époux » durant le procès lui-même : « il lui a toujours fait entendre que les procédures seraient abandonnées et que ce serait des frais inutiles que de produire une défense[26] ». Des négociations échouent. Les parents de Robert lui font des offres afin d'assurer son entretien et celui de la petite Annette, fruit de leur intimité. Prudente, elle refuse, jugeant ces propositions insuffisantes et dépourvues de garanties quant à ses droits. De fait, les Neilson auraient pu mettre fin à cet arrangement informel sans que les tribunaux puissent venir à son secours.

Ce sont apparemment les parents de Robert qui poursuivent autant Alexina que leur fils afin d'invalider l'union. Ce dernier s'est engagé sans leur consentement alors qu'il était mineur, chose bien sûr proscrite. Pire, le consentement de Robert aurait été vicié. Or, le consentement est au fondement de la validité des mariages. La poursuite prétend que l'union a été entachée de mauvaise foi, de fraude et de collusion. Les avocats des parents n'y vont pas de main morte : Alexina et son père auraient poursuivi Robert après son départ de la Gaspésie, obtenu en chemin une dispense de publication des bans de la part de l'évêque de Rimouski et rejoint le jeune homme à Québec, pour clore cette folle équipée en l'enivrant, en le menaçant de mort et en le forçant à se marier le soir en secret, tout en sachant qu'il était mineur... L'avocat de la jeune femme, Me Lemieux, plaide *a contrario* qu'elle croyait que Robert était majeur, donnée d'ailleurs inscrite dans le registre paroissial du lieu de la célébration. Il invoque de plus la protection de l'article 164. La bonne foi d'Alexina devrait lui permettre de bénéficier des effets civils – et donc financiers – de l'union en cas d'annulation. Cette bonne foi étant plaidée, les agissements et sentiments des parties doivent donc être scrutés à la loupe.

Le 12 janvier 1918, le juge Dorion rend un jugement *ex parte* accueillant l'action en nullité. Alexina dit avoir appris cette décision par les journaux et avoir été hors d'état de se défendre : les parents de Robert, demandeurs, auraient été de connivence avec leur fils, défendeur comme elle en théorie. Son avocat fait opposition à ce jugement et l'affaire se transporte en Cour supérieure. Le 11 octobre 1919, le juge Belleau déboute la poursuite. Le magistrat estime que la preuve révèle que Robert s'était engagé à marier la jeune femme par amour et par préférence pour les filles de la campagne. Le récit concocté par la poursuite est mis en pièce : c'est bien lui qui a organisé le mariage et il a déclaré être majeur au curé. Ce n'est pas tout : après la cérémonie, il a loué une chambre, endroit « où ils se rencontraient et vivaient comme mari et femme[27] », avant de s'en retourner dormir sous le toit paternel. Il lui a demandé de garder leur union secrète, de peur d'être exhérédé. Ces fréquentations auraient même perduré après le premier jugement accueillant l'action.

Les lettres du jeune homme, déposées en preuve, sont accablantes. Le juge Belleau les déconstruit avec férocité : « les fausses représentations ne lui coûtent pas. Il va même jusqu'à lui envoyer, pour être signé, un projet de lettre, dans lequel elle lui annonce qu'elle va aller expier sa faute dans un couvent, et demander pardon pour elle et pour lui, et dans lequel elle admet qu'il s'est marié en état d'ivresse, et qu'elle savait qu'il était mineur. C'était, dit-il, pour montrer à [son] père au cas où il apprendrait le mariage ... Cette perfidie ... indique que bien peu de temps après son mariage, il songeait à briser les liens qui le rattachaient à la défenderesse[28] ». La naissance de la petite Annette, en août 1910, lui donne manifestement des sueurs froides. La liaison est désormais plus difficile à cacher. Après avoir appris cette naissance par une lettre, il répond à Alexina et « l'accable de reproches, et invente toute une scène dramatique, dans laquelle son père, ayant tout appris, l'aurait maudit, lui-même serait tombé à ses genoux sans connaissance, et n'aurait recouvré ses sens que le lendemain pour implorer son pardon ... Puis ... il lui dit de se tenir tranquille jusqu'à ce qu'il ait fini ses études médicales[29] ».

On est bien loin du mariage forcé. Restent des questions plus étroitement juridiques à trancher. Les parents ont-ils consenti à l'union ? Non, la chose est claire. Mais l'ont-ils approuvée par la suite ? L'article 151 du code entre ici en scène. Lorsque le consentement des parents est requis, ils ne peuvent se porter partie en annulation si six mois se sont écoulés depuis qu'ils ont appris l'existence du mariage ou s'ils l'ont approuvé explicitement ou tacitement. Le père de Robert n'a rien su jusqu'à la veille des procédures, en 1911. Les beaux-parents d'Alexina ont donc agi dans les délais requis. Mais y a-t-il eu, en sus, consentement explicite ou tacite de leur part ?

On ne croirait pas, au premier abord, que les sourires et le babil d'une jeune enfant puissent influencer le cours de la justice. Alexina et la petite Annette ont littéralement fait fondre les parents de Robert, ce qui les sauve toutes deux, judiciairement et socialement. Quel aurait été leur sort si ces doux liens n'avaient pas vu le jour ? Annette aurait dû vivre pour toujours avec le statut infâme d'enfant illégitime. Les filles-mères et leurs rejetons connaissent un destin tragique au Québec au début du 20e siècle : déshonneur et institutionnalisation temporaire pour les mères célibataires, risque d'infanticide ou de mort prématurée pour les poupons, habituellement confiés aux bons soins des communautés religieuses[30]. Or, lors d'une visite à Québec en 1914, l'homme et la femme se sont immédiatement pris « d'une grande affection pour elles[31] ». Ils appelaient Alexina « Mme Neilson » et se désignaient eux-mêmes comme « grand-papa » et « grand-maman », ce qui a toutes les apparences d'une intégration symbolique au groupe familial et à la lignée. Ils ont fourni de l'argent à la jeune mère et leur souci quant à l'avenir d'Annette est sans équivoque. Ils « paient sa pension au couvent, l'habillent pour sa première communion, et lui envoient des cadeaux, en exprimant le regret que les circonstances ne leur permettent pas d'y assister[32] ».

L'approbation autant tacite qu'expresse du mariage est prouvée, plus qu'il ne faut. Le juge Belleau est en colère contre ce fils de famille frivole qui outrage, par sa conduite, l'institution du mariage. Ses parents sont également pris à partie, eu égard à la durée incompréhensible des procédures : « que signifie alors cette persistance à poursuivre une action qu'on a laissé dormir pendant sept ans ? ... Assistons-nous à une comédie ?[33] ». Le véritable moteur de la poursuite est Robert, malgré son statut – fictif – de défendeur. Ses parents se sont désintéressés de l'affaire après avoir appris qu'une annulation religieuse ne serait pas accordée. Ils étaient littéralement écartelés entre leur alarme pour le sort de la jeune mère et l'avenir de leur fils, englués dans une véritable impasse morale et sociale où s'entrechoquaient sentiments, charité chrétienne et souci d'une reproduction sociale avantageuse. Toujours est-il qu'ils « se sont persuadés de continuer les procédures pour son bénéfice. Ça peut être excusable au point de vue sentimental, mais ça n'est pas acceptable au point de vue légal[34] ». Alexina l'emporte et son union est validée. Le juge ajoute que si le mariage avait été annulé, il l'aurait néanmoins fait bénéficier des effets civils aux termes de l'article 164.

« SHE IS A GOOD FELLOW, BUT COULD NOT BE A WIFE »

Si des jeunes femmes innocentes et mal mariées méritent d'être protégées, ce n'est pas le cas d'une demi-mondaine à l'affût d'une bonne affaire comme Ethel Glassford [35]. Son union avec un entrepreneur d'envergure passe pour une mésalliance aux yeux du tribunal. Le fait de l'avoir choisie pour épouse est même interprété comme un symptôme de maladie mentale.

Harris Michalson et Ethel se marient le 25 octobre 1914 à Montréal sans contrat de mariage, après avoir vécu en concubinage. Harris n'a pas averti sa famille. L'homme est âgé de 41 ans et réside à Westmount. De confession juive, il dirige une compagnie brassant « des affaires ... considérables et [il possède] une excellente réputation[36] », du moins jusqu'alors. Selon toute vraisemblance, Ethel est une jeune femme entretenue, de mœurs assez libres. Si Harris paie une partie de son loyer, elle fréquente simultanément un autre homme. Lors de leur rencontre, un ami de Harris aurait dit d'elle : « she [is] a good fellow, but could not be a wife[37] ».

Le mariage, une fois connu, provoque une réaction rapide de l'entourage de Harris. Son frère Israel le fait interner à l'asile de Verdun le 3 novembre 1914. Deux jours plus tard, Harris est interdit pour folie sur l'avis d'un conseil de famille réunissant exclusivement des membres de son clan. Israel est nommé curateur et prend en charge, de ce fait, sa personne et ses biens. Dès le lendemain, il entame une poursuite contre Ethel aux fins d'annuler le mariage. Harris était déjà aliéné, soutient-il, et ne pouvait donner un consentement valable. Qui plus est, il aurait été victime des manœuvres d'Ethel et de sa cupidité. L'action en justice ne relève pas seulement d'un souci de préservation du patrimoine. La réputation des Michalson est littéralement salie. Ce mariage, selon la poursuite, est une conspiration « which has only been foiled by the strenuous efforts and heavy pecuniary sacrifices that [this] family put forth in order that they may wash away the stigma bespattered upon it as a result of this unfortunate association with this adventuress[38] ».

Le 27 juin 1916, le juge Pouliot souligne d'un même trait l'importance du consentement et le caractère fondamental de l'institution du mariage : « l'inhabileté à contracter mariage dérive de la maladie mentale qui peut exister ... l'acte par lequel deux personnes s'unissent par le lien du mariage est un contrat, de tous le plus important ... qui affecte la personne, les biens des époux eux-mêmes et a les plus graves conséquences pour le maintien de la sécurité des familles[39] ». L'article 986 du code stipule que les aliénés ou les faibles d'esprit ne peuvent contracter. Cette incapacité s'étend bien sûr au lien conjugal.

Si Harris est une « véritable ruine[40] » lorsque le jugement tombe, les médecins et aliénistes convoqués par le demandeur certifient que, dès l'automne 1914, il montrait des symptômes de paralysie générale résultant d'une infection syphilitique, maladie incurable. De toute évidence, son bon équilibre aurait pu être remis en question plusieurs mois avant le mariage. Durant l'été, il lapait sa nourriture et avait développé des tics faciaux prononcés. Très peu de temps avant la cérémonie, il s'est emparé de diamants à la pointe d'un pistolet au cours d'une transaction, acte assez étonnant de la part du dirigeant d'une grande entreprise. L'épisode lui a valu une convocation devant un magistrat de police.

Le juge Pouliot relève ces bizarreries et prend acte des avis médicaux sollicités par la poursuite. À ses yeux, cependant, la folie de l'individu est essentiellement morale. Harris était sous l'emprise d'une « manie érotique[41] » et faisait fi des convenances. En se mariant avec Ethel, il a compromis l'avenir de sa propre sœur, comme celle-ci devait convoler en justes noces sous peu. À l'aube du 20ᵉ siècle, l'honneur embrasse encore la famille dans sa totalité. Ce ne sont pas seulement deux êtres qui s'unissent par le mariage, mais bien deux réputations, deux conditions sociales et même deux communautés. Ethel n'avait rien pour plaire selon la famille de son époux : « she was of different religion, of different race; she belonged to a totally different social class[42] ». Au demeurant, signale le juge, le mariage contesté s'est accompagné de comportements inexplicables. Harris a toléré qu'un autre homme montre de l'empressement auprès d'Ethel la veille; il a eu honte de paraître à son bras le jour de la célébration; dès le lendemain, il l'a délaissée.

Il n'y a aucun doute pour Pouliot. C'est de la folie caractérisée, une « perte de tout sens éthique[43] ». Le mariage est la pierre d'assise de la société, l'engagement par lequel hommes et femmes, au-delà du choix qu'ils font l'un de l'autre, témoignent de leur vertu et de leur appartenance à une collectivité symbolique particulière, celle des gens convenables : « le mariage contracté avec irrévérence et scandale est la plus forte de toutes les marques de démence[44] ». Harris ne savait pas ce qu'il faisait... en raison même de ce qu'il a fait. Le mariage est déclaré nul à toutes fins que de droit. L'union ne produira aucun effet civil qui plus est.

Ethel n'a pas été en mesure d'émouvoir ni les proches de son époux, ni la magistrature, à la différence d'Alexina. Les problèmes mentaux de Harris ont aussi largement compromis ses chances. Mais c'est bel et bien le fait du mariage, pour l'essentiel, qui a entraîné l'internement et l'interdiction de l'individu. Un mariage d'amour avec une maîtresse peut-il constituer une preuve de folie ? La chose est débattue durant le procès. D'après la poursuite, une telle union devrait au moins ressembler à peu près à un choix décent : « this is quite true where the « liaison » has been of long duration and exclusive and especially when the woman has given herself through love; but in the present case [Michalson] was but one the large number who shared the favours of the Glassford woman[45] ». De son côté, l'avocat d'Ethel fait preuve d'une ouverture d'esprit étonnante. Il s'agit, bien entendu, de défendre les intérêts de sa cliente. D'après lui, si la jeune femme est une prostituée comme le clame le demandeur, la prostitution implique deux parties. Harris devrait encaisser sa part de blâme vu sa turpitude morale : « the fact is unfortunately true that gentlemen or so-called gentlemen may be entitled to ruin and destroy the first and best part of a woman's life but when passions have cooled may also be entitled to take the same woman, throw her as debris by the roadside in order to continue to travel themselves unhampered as respectable men[46] ». Cette dénonciation du double standard sexuel avait peu de chance de trouver écho auprès de l'appareil judiciaire.

La justice a pour mission d'établir les droits et obligations des justiciables et de soupeser la validité de leurs actes. Ce pouvoir, proprement immense, ne s'arrête pas là. En cas de fraude alléguée ou d'intrigues condamnables, les acteurs concernés sont étiquetés, catalogués et construits en tant qu'idéal type de déviance. Pour la poursuite, Ethel était une « adventuress ... picked up on the streets[47] ». Elle porte néanmoins sa cause en appel devant la Cour de révision. Sans succès : on réitère qu'Harris ne pouvait consentir valablement au mariage. Mince consolation, les trois juges qui entendent le recours corrigent légèrement la décision du juge Pouliot. Ce dernier ne pouvait pas affirmer qu'Ethel était au courant de la folie de son amant et qu'elle l'a trompé pour l'amener à se marier[48]. Malheureusement pour elle, cette seconde décision ne sera pas publiée dans un périodique de jurisprudence et demeurera enfouie dans les archives judiciaires du district de Montréal. La décision de première instance, elle, a été imprimée et mise en circulation dans la communauté des praticiens du droit. Éthel est demeurée, pour ces derniers et la postérité, « la fille Glassford[49] » qui s'est livrée à des « manœuvres insidieuses[50] ».

* * *

À la différence des individus qui remettent en cause le lien conjugal lui-même, la magistrature québécoise se montre un peu moins sévère, généralement, avec les hommes et les femmes séparés de fait. Les juges savent très bien que des ménages se délitent pour toutes sortes de raisons, y compris du côté des meilleures familles de la province. Les conjoints qui dérogent à l'obligation de cohabitation posent quand même problème quant au maintien de l'ordre public. Leur état soulève également des questions de droit fort épineuses. Entre autres, comment mettre en œuvre les obligations inhérentes au mariage en vertu du code civil et les engagements pris par contrat de mariage dans le cas de femmes abandonnées ou – situations plus rares – de femmes en fuite ? La résolution juridique de ces affaires, *stricto sensu*, paraît souvent malaisée. Mais les juges trouvent dans la morale de leur temps et la rhétorique de la faute de puissantes alliées au moment de justifier leur décision.

5
Les séparations de fait et la moralité du mariage

Les époux séparés de fait naviguent en eaux troubles, à mi-chemin entre une union maintenue à la face du public, malgré des conflits internes plus ou moins graves, et une séparation de corps, sanction judiciaire de l'échec du mariage. S'ils ne sont pas très nombreux, globalement, les conjoints qui ne cohabitent plus contribuent de manière significative à la présence de familles monoparentales à Montréal à la fin du 19e siècle[1]. Il doit en être de même durant les décennies suivantes. À la différence d'une séparation de corps en bonne et due forme, quitter le foyer ou être abandonnée bien malgré soi ne donne pas droit à un partage de la communauté de biens. Les épouses séparées de biens comme les femmes de l'élite, pour leur part, ne jouissent pas d'une plus grande autonomie dans la gestion de leur patrimoine personnel. Une femme séparée de fait peut certes poursuivre son mari pour le forcer à lui verser une pension, mais elle n'obtiendra rien avant un jugement à cet effet, même si l'individu s'est engagé par contrat de mariage à assurer son entretien et celui de leur progéniture. Les pensions allouées pour la durée des procédures sont l'un des « privilèges » des actions en séparation de corps. Une question se pose alors, celle des ressources permettant aux femmes délaissées ou en fuite d'attendre un jugement favorable sans trop d'embarras.

Les poursuites consécutives aux séparations de fait présentent beaucoup d'intérêt quant aux rapports entre famille, justice et société au début du 20e siècle. Quelques dossiers portent la marque d'arrangements informels de prise en charge de l'épouse. Ces mesures négociées et adoptées par les parties sont éminemment fragiles. Si la femme mariée entame malgré tout une poursuite, le juge en charge de l'affaire soupèsera la légalité de ces arrangements, de manière quelque peu soupçonneuse. C'est que l'attitude de la magistrature envers les séparations de fait est ambigüe. Pour qu'un couple en arrive là, l'un des conjoints a dû manquer à ses obligations au mépris de la morale et de la loi : les juges sont outrés par la rupture des ménages. Mais ils ne souhaitent pas nécessairement officialiser ces échecs en octroyant la séparation de corps. C'est bel et bien ce qui permet au système judiciaire québécois de jouer le rôle qui est le sien, celui d'arbitre des mésententes conjugales et, plus globalement, celui d'instance de régulation de l'institution du mariage. Cet enjeu de société dépasse, et de loin, l'intérêt immédiat des hommes et des femmes concernés.

Selon le juge Carroll, les séparations de corps ou pis, les divorces, sont des procédures à la fois « rigoureuse[s] et scandaleuse[s][2] ». Ces recours ne doivent pas être favorisés ou accueillis à la légère, ce à quoi, il faut le dire, plusieurs articles du code veillent déjà dans le cas des séparations de corps[3]. Ce sentiment d'infamie est partagé par les familles de l'élite. C'est bien la crainte du scandale, de concert avec la nécessité d'assurer l'entretien de l'épouse, qui motive le recours à des mesures alimentaires informelles[4]. D'après le même juge, « il arrive souvent ... chez les gens de bonne éducation ... [que] l'on tient à cacher les difficultés qui surgissent dans la famille et qui sont de nature à compromettre son honneur. Dans ce but, l'on fait des arrangements qui n'ont pas de force légale, mais auxquels les parties se soumettent[5] ».

À n'en pas douter, les couples de condition modeste n'avaient pas plus envie que leurs homologues de la bourgeoisie d'étaler leurs difficultés et disputes au grand jour. Notre étude se limite cependant aux milieux possédants. De quelle manière sont accueillies les réclamations soumises par des femmes de l'élite séparées de fait ? Certains articles du code, tout comme les clauses des contrats de mariage, sont pris en considération au moment de déterminer la validité juridique des sommes exigées. Mais il n'est pas seulement question de règles de droit, de rubriques de contrats de mariage ou de calculs relatifs à la capacité de payer du mari et aux besoins de l'épouse. La moralité et les sentiments des parties sont souvent scrutés, évalués et reconstruits avec soin. Ces affaires ne sont d'ailleurs pas exemptes d'allégations de maladie mentale chez l'épouse, que ce soit de la part de la défense, en cours de procès, ou de la part des juges, dans les décisions rendues. Ces soupçons traduisent éloquemment la profonde anormalité des ruptures du lien conjugal en ce début de 20e siècle, tout comme le fait que le maintien de la cellule familiale relève d'abord et avant tout des responsabilités féminines. C'est la sphère où elles sont censées exercer leur influence apaisante. Quitter son conjoint ou ne pas faire preuve de toute l'abnégation attendue est – assez littéralement – de la folie. Il n'en demeure pas moins que la magistrature peut sanctionner sévèrement les maris dont le comportement a entraîné le délitement du ménage.

SÉPARATIONS DE FAIT ET PENSIONS ALIMENTAIRES

Le 6 octobre 1910, Vida Florence Alberta Roberts unit sa destinée à Paul McKay Stroud[6]. Elle est âgée de 21 ans environ. Leur contrat de mariage en séparation de biens, signé trois jours avant la cérémonie, stipule que la future épouse jouira de ses biens comme si elle demeurait célibataire, son mari lui cédant toute autorité à cet égard. Cette formule notariée ne doit pas nous leurrer : il est bel et bien question de jouissance de son patrimoine, du droit d'usage de ses biens et de la libre disposition des revenus produits par ces derniers, et non de la capacité de les aliéner de son propre chef, ce que seule une véritable célibataire pourrait faire. Le phrasé de l'acte, cependant, ne souffre pas d'ambiguïté quant à l'intention des parties en ce qui a trait à la capacité juridique et financière de Vida. Il s'agit du maximum permis à une épouse par le code civil. Quant à Stroud, ses engagements ne diffèrent pas de ceux pris par ses homologues de bonne famille. Il assumera toutes les dépenses du ménage, entretiendra femme et enfants à naître et paiera l'éducation de ces derniers. Les revenus de Vida ne pourront en aucune manière être sollicités à ce titre. Le couple n'aura qu'une fille, Margaret. L'enfant voit le jour en 1911.

Le couple se sépare en janvier 1924. C'est Stroud qui quitte le foyer. Vida ne présente pas de demande de séparation de corps, bien que le départ de son conjoint la placerait dans une position juridique favorable. Elle ne semble pas non plus souhaiter qu'ils se réconcilient. Elle finit par contre par le poursuivre pour en tirer une pension alimentaire au début de l'année 1927. L'aide financière fournie par Stroud, de manière informelle, s'avère totalement inadéquate pour voir à ses besoins et à ceux de leur fille maintenant adolescente. À l'instar des autres épouses abandonnées ou en difficulté, Vida dut d'abord surmonter son incapacité juridique en faisant appel à l'autorité du tribunal, afin qu'il supplée au défaut d'autorisation maritale nécessaire pour qu'une femme mariée puisse procéder en justice. Inutile de le mentionner, les hommes mariés ne s'empressent pas d'accorder une telle autorisation lorsque la poursuite les vise personnellement. Dans le cas présent, la requête pour être autorisée à poursuivre précise que le défendeur « has refused to have anything to do with your petitioner and it is therefore necessary that she be authorized by the Court to bring action against her husband for maintenance and support[7] ».

Une fois cette autorisation en poche, le procès peut véritablement commencer. Selon la déclaration du 18 février 1927, Stroud a complètement failli à son obligation de fournir à sa femme et à sa fille les choses nécessaires à la vie. Il n'aurait versé que 183 $ depuis trois ans à cet effet. Le dernier montant reçu par Vida, un maigre 20 $, remonte à juin 1925. Une pension mensuelle de 125 $ (1 500 $ par an) est donc exigée afin de leur permettre à toutes deux « to live according to the station in life to which they are entitled by the financial and social position of Defendant[8] ». La somme n'a absolument rien d'excessif pour vivre convenablement dans le Montréal des années 1920. C'est même assez mince, mais une demande raisonnable a plus de chances d'obtenir l'aval des juges. Ces derniers n'apprécient pas du tout les dépenses apparemment inconsidérées et frivoles. Toujours est-il que, en vertu du droit, le statut social du mari détermine pour une bonne part l'étendue de ses obligations envers ceux qui dépendent de lui, femme et enfants. Cette dépendance n'est pas qu'une figure de style. Outre la mise à l'écart des épouses bourgeoises des activités rémunérées et du marché capitaliste, relégation qui fait en sorte de soumettre leur sort à la réussite et à la capacité du mari pourvoyeur, cette dépendance revêt une forme symbolique appuyée : c'est la condition de l'homme qui « déteint » sur celle de sa femme durant le mariage, et non l'inverse[9]. Cette dépendance matérielle et symbolique, en retour, fonde en droit les réclamations des femmes en difficulté. Le mariage, malgré son caractère profondément inégalitaire, demeure un contrat social et sexué. Sans parler du fait que de véritables contrats sont signés devant notaire. L'avocat de Vida ne manque pas de faire valoir le phrasé on ne peut plus clair de celui de sa cliente.

Mais les procès pour pension alimentaire ne portent pas seulement sur le rang social du défendeur et sur les engagements pris à la veille de l'union. Si les juges estiment que la poursuite est valable, ils ne peuvent rendre une décision approximative quant au montant à fournir. La capacité de payer de l'homme doit être établie au moyen de débats contradictoires. Il en va de même quant aux besoins de la demanderesse et du ménage qu'elle dirige maintenant seule, le cas échéant. C'est précisément en cela que les dossiers de pension alimentaire s'avèrent d'une richesse inestimable pour l'histoire de l'économie domestique des ménages de l'élite, ménages moins bien étudiés, sous cet angle, que ceux des milieux populaires. La morale n'est pas absente de ces jeux comptables. Le rigorisme des juges, qui sont attentifs à l'identité du responsable de la séparation de fait mais peu enclins à faire vivre richement les épouses délaissées – que ce soit par leur faute ou non –, influence l'issue du procès et l'importance du montant éventuellement accordé.

Qu'en est-il de la situation financière de Paul Stroud ? Les années 20 ont été difficiles pour lui. Son entreprise a périclité et il a été acculé à la faillite en janvier 1924, moment précis de la séparation. Les deux événements ne sont peut-être pas étrangers l'un à l'autre, bien qu'on ne puisse le prouver. Après un passage à vide, l'homme a déniché un travail salarié à titre de gérant des ventes à Montréal de la Willys-Overland Automobile Company. Il gagne maintenant 4 000 $ par an, ce qui explique probablement le délai séparant la rupture du moment où Vida a décidé de faire appel aux tribunaux. D'après la poursuite, Stroud est amplement en état de payer 1 500 $ par an au profit de Vida et Margaret. La première demande de pension est suivie dix jours plus tard d'une autre requête, à caractère provisoire cette fois. Vida souhaite que son époux lui verse une pension du même ordre – 125 $ par mois – pour la durée du procès, en attendant le jugement sur sa réclamation initiale.

Tant que la cohabitation dure, les conditions d'existence des femmes de la bourgeoisie dépendent essentiellement du patrimoine et des rentrées d'argent de leur époux, bien que des actifs et revenus en propre puissent certainement contribuer à leur aisance et à un train de vie plus ou moins somptueux. Il arrive même que certaines épouses assument une partie des charges domestiques à partir de leurs ressources personnelles, malgré le fait que leur mari se soit engagé à y voir seul. Il faut que la famille maintienne son rang. Mais lorsque la vie en commun prend fin, l'inégalité des femmes de l'élite les unes par rapport aux autres éclate au grand jour. Certaines disposent de véritables patrimoines séparés, patrimoine dont ni l'existence, ni la consistance ne peuvent être présumées à partir du seul recours à la séparation de biens dans les contrats de mariage. Le cas échéant, elles abordent cette phase difficile de leur existence bien mieux armées que leurs consœurs qui, plus riches qu'elles du temps d'un mariage apparemment harmonieux, se trouvent subitement à court de ressources à moins que leur entourage ne leur vienne en aide. En revanche, les ressources féminines constituent une arme à deux tranchants : il n'est pas un avocat de la défense qui ne manquera l'occasion, si belle, de faire valoir qu'une épouse délaissée relativement nantie n'a besoin de rien, ou de si peu, alors que son pauvre client se débat au milieu d'ennuis financiers en tous genres.

Vida Stroud a la chance de compter sur un revenu personnel de 1 000 $ par an, revenu produit par des maisons que lui a transmises son père au moyen de deux donations, l'une paraphée à la toute veille de son mariage (le jour précédent), l'autre près de quatre ans et demi plus tard, en 1915. La somme n'est pas extraordinaire, mais une telle rente suppose un capital non négligeable. Ces maisons valent au bas mot 15 000 $, peut-être plus. Elles rapporteraient donc, au maximum, 6,7 % par année. Ce n'est par contre pas suffisant, soutient Vida, pour voir à ses besoins et à ceux de sa fille, vu leur condition sociale.

La générosité et la prévoyance des parents jouent un rôle crucial dans la protection des femmes mariées. Des immeubles ou une rente bien à soi présentent certainement plus de garanties que les promesses de dons des époux. La première partie de ce livre a fait état du caractère parfois bancal de ces promesses, pour certaines confuses ou jamais remplies. D'un autre côté, comme l'a amplement démontré Bettina Bradbury, la sécurité financière des veuves repose en bonne partie sur les stratégies successorales des maris, stratégies qui ne présentent pas de garanties absolues du fait des aléas de leurs affaires[10]. Cette forme spécifique de prévoyance masculine peut s'exprimer dans le contrat de mariage lui-même – au moyen d'un legs de biens au conjoint survivant par exemple – ou dans des dispositions testamentaires proprement dites. Dans le premier cas, une faillite n'est pas à exclure, ce qui peut réduire à néant le patrimoine disponible au moment du décès. Les dernières volontés de l'homme, pour leur part, peuvent dépendre de l'histoire du couple et de sa considération envers celle qui a partagé sa vie. Si les maris ne peuvent changer les termes de leurs contrats de mariage, les individus dont l'union a tourné au vinaigre ne seront pas enclins, c'est peu dire, à profiter de la part de liberté testamentaire qui leur reste pour offrir un surcroît de sécurité financière à leur femme. En somme, de toutes les transmissions pouvant engendrer des patrimoines et revenus féminins, ce sont les avoirs transférés par des ascendants, en conjonction avec le régime de la séparation de biens, qui présentent le plus de garanties à défaut d'être toujours plantureux.

Les parents et les proches peuvent aussi intervenir en cas d'urgence, de manière informelle, en offrant qui un toit, qui de l'argent. Vida doit déjà à son père son petit patrimoine. Edward M. Roberts, contracteur et marchand de bois à la retraite, a d'abord offert de l'aide à Paul Stroud lorsque ses affaires allaient mal. Il lui a prêté 6 000 $, somme perdue dans la faillite de son gendre ; Roberts a eu la générosité de ne pas la réclamer aux côtés des autres créanciers. Surtout, il donne près de 1 200 $ par an à sa fille depuis qu'elle vit seule, afin de lui permettre de couvrir l'excédent de dépenses qu'elle n'arrive pas à défrayer à partir des loyers tirés de ses immeubles. Ce ne sont pas toutes les femmes séparées qui bénéficient de telles largesses parentales. Cette assistance n'est pas assurée : il faut des parents encore en vie, en moyens et bien disposés. Aussi généreuses et bienvenues soient-elles, ces libéralités trahissent à leur manière la profonde dépendance des femmes de l'élite envers leur entourage, dépendance qui se surajoute à celle qui les lie, juridiquement et économiquement, à leur époux. Preuve d'attachement et de souci pour le sort d'une fille, l'aide apportée n'en demeure pas moins de la charité intrafamiliale.

La défense opposée à la demande de pension ne manque pas de couleur. Stroud attribue la brisure du ménage à Vida. Ce n'est pas là faire preuve d'originalité : la culpabilité féminine est un lieu commun de la rhétorique des avocats des maris poursuivis. Ces professionnels du droit savent très bien que les juges se montrent fort vigilants au moment de distinguer les bonnes épouses des mauvaises. Mais Vida se distinguerait par des comportements dignes d'une folle. Ainsi, la défense soutient « that immediately after their marriage, Plaintiff complained to Defendant that she was sorry they had married, and from that time on did not conduct herself as a dutiful wife to Defendant, displaying an uncontrollable temper and during exhibition of which would throw herself on the floor in a fit of anger, and tear her hair[11] ». D'un égoïsme et d'une irritabilité extrêmes, Vida se serait constamment montrée querelleuse. Par conséquent, la vie commune serait devenue proprement insupportable. En outre, Stroud aurait découvert en 1919 qu'elle faisait usage de drogues. De ce fait, « she would at times become unconscious or completely lose control of her senses and behave like a mad creature[12] ». En bon mari, il aurait tout fait pour l'aider à vaincre cette dépendance, mais rien n'y fit. À la fin de leur cohabitation, elle ne partageait plus la même chambre que lui. Un soir de décembre 1923, à son retour du travail, il aurait trouvé quelqu'un d'autre dans la chambre à part qu'occupait Vida. Le sexe et l'identité de ce logeur impromptu ne sont pas spécifiés, mais c'est la goutte qui aurait fait déborder le vase. Paul a alors quitté le domicile familial pour ne plus jamais revenir. Toutes ces brimades, tous ces affronts auraient été calculés pour le faire partir.

Toujours selon Stroud, ses ennuis financiers et ses problèmes conjugaux l'ont amené au bord de la rupture de nerfs. Sur avis de ses amis et de ses médecins, dit-il, il a quitté Montréal en juin 1925 pour se rendre à Toledo, en Ohio, avec l'intention de s'établir là-bas et de devenir citoyen américain. Il s'agit précisément du moment, notons-le, auquel Vida fait remonter le dernier montant reçu de son époux. Stroud a ensuite entamé une procédure de divorce devant les tribunaux de l'Ohio, divorce accordé le 13 septembre 1926 au motif que sa femme avait grossièrement négligé ses devoirs d'épouse. Comment aurait-elle pu opposer une défense efficace à cette action ? Peu importe, Mes Duff et Merrill soutiennent que ce divorce a anéanti toute obligation de leur client envers son ex-femme, notamment en ce qui a trait au devoir de l'entretenir. Qui plus est, Vida ne serait pas dans le besoin. Elle possède des propriétés, ce qui est exact. Elle vivrait, de surcroît, « in a luxurious and extravagant manner », en plus d'avoir la santé nécessaire pour travailler[13]. Mais si Stroud cherche à devenir citoyen américain, comment se fait-il qu'il se trouve présentement à Montréal ? Les pièces du dossier le prouvent, il gère ici les ventes de la Willys-Overland, compagnie basée de fait en Ohio. Or, d'après ses procureurs, sa présence à Montréal ne relèverait que d'une « coïncidence ».

Il est des argumentaires plus efficaces que d'autres. Les avocats embauchés par les défendeurs font ce qu'ils peuvent avec la conduite passée de leur client. Dans le cas d'un individu en mauvaise posture juridique comme Stroud, la meilleure défense demeure l'attaque. Des clichés sexués de déviance – irritabilité, crises d'hystérie et goûts de luxe – sont donc appelés en renfort. Mais l'avocat qui représente Stroud lors des débats à l'audience, Me Chisholm, ne s'aventure pas à tenter de prouver ces divers désordres de la personnalité, pas plus que les allégations d'adultère ou de consommation de drogue. Comment établir ces faits hors de tout doute ? Pire, Stroud a avoué que c'est bel et bien lui qui a déserté le toit conjugal. Il s'avère que les juges, on l'a dit, sont extrêmement attentifs à l'identité du conjoint qui rompt la cohabitation, peu importe les disputes qui ont précédé, à moins qu'une épouse violentée ne soit contrainte de fuir des sévices répétés. Reste la possibilité d'attendrir le tribunal. Stroud dit avoir craint pour sa propre santé mentale, d'où son départ pour les États-Unis. C'est le seul mari, parmi toutes les poursuites examinées dans ce livre, à mettre de l'avant sa vulnérabilité. Que ce soit vrai ou non importe assez peu. Ce chef de ménage s'aventure en zone rhétorique interdite. Fragilité et délicatesse sont des représentations de soi et du corps que seules les femmes ont la « chance » de pouvoir faire valoir avec quelque espoir de succès, en tant que manifestations du dimorphisme sexuel profondément ancré dans les mentalités bourgeoises du long 19e siècle[14].

Il est assez inconvenant, au demeurant, de prétendre qu'une dame de la bourgeoisie devrait travailler pour assurer sa subsistance. Ce n'est prévu ni par les contrats de mariage, ni par les us et coutumes des milieux possédants. Pour couronner le tout, le divorce obtenu aux États-Unis a de quoi aggraver le cas de Stroud. Les élites canadiennes n'ont que du mépris pour les « moulins à divorces » du sud de la frontière et la législation très libérale de certains États américains en la matière[15]. Les tribunaux tendent aussi, au début du 20e siècle, à ne pas reconnaître la validité de divorces prononcés à l'étranger en cas de poursuite subséquente intentée ici[16]. On peut croire, sans se tromper, que les juges de la province de Québec se montrent encore plus intransigeants. En vertu de l'article 185 du code civil, le mariage n'est dissout que par la mort de l'un des époux[17].

Une fois en action dans l'enceinte du tribunal, Me Chisholm insiste sur les éléments du dossier qui lui offrent une chance raisonnable de sortir vainqueur, en tout ou en partie. Le professionnel du droit s'évertue donc, en l'interrogeant directement, à faire valoir que Vida possède ce qu'il faut pour vivre afin de réduire d'autant le montant de la pension que Stroud pourrait être condamné à verser. Les échanges, sur ce plan, sont assez musclés. Le juge Bruneau, qui préside les débats, n'entend pas à rire avec les obligations financières maritales.

Les témoignages détaillés de femmes abandonnées constituent des sources extrêmement précieuses. Ils permettent de circonscrire ce qu'elles connaissent de leurs propres ressources, des finances domestiques, de leurs droits ainsi que des affaires en général. Ces quatre types de savoirs n'ont pas la même étendue et peuvent varier d'un cas à l'autre. Ils sont déterminés par plusieurs facteurs dont, au premier chef, l'éducation prodiguée aux filles avant le mariage, les règles du droit civil – qui font d'emblée des femmes mariées des incapables – ainsi que l'expérience concrète acquise au fil des ans et des difficultés de l'existence.

Épouse séparée de biens et dotée d'un patrimoine en propre, Vida sait exactement en quoi consiste ce dernier. Me Chisholm lui demande de rendre compte de tout ce qu'elle possède. Ses biens consistent en quatre maisons situées sur la rue du Souvenir, dit-elle, et il s'agit là des immeubles que lui a transmis son père au moyen de donations. Combien rapportent-ils ? Elle fait état du revenu net : 900 $ par an. Il y a tout lieu de croire qu'elle perçoit elle-même les loyers, comme l'y autorisait déjà son contrat de mariage. Elle ajoute qu'elle possède une autre maison sur la rue Elm dont la location rapporte 90 $ par année. Ce sont là tous ses actifs, insuffisants à ses yeux pour les faire vivre, elle et sa fille. Pour ce qui est des dépenses, la pension de Margaret au Stanstead Wesleyan College lui coûte 450 $ par an. Vida demande 150 $ en sus pour vêtir l'adolescente, payer ses frais médicaux et d'autres dépenses. Quant à elle, elle a opté pour un appartement plus petit après le départ de Stroud. Le loyer est de 75 $ par mois.

Vida n'est pas seulement bien au fait de ce qu'elle possède et de ce qui lui manque : elle se présente en cour avec une idée bien précise des obligations masculines. Il n'y a aucun doute, dans son esprit, que c'est à Stroud de payer pour son entretien et celui de Margaret. Sans être versées dans l'étude du droit et du fonctionnement du marché capitaliste, les femmes de l'élite disposent néanmoins d'une culture juridique informelle et genrée. Les charges imposées aux maris sont notoires, évidentes. La forme commune des contrats de mariage, qui confient à l'époux l'entretien de la maisonnée et des personnes qui dépendent de lui, est un standard juridique de classe qui ne pouvait leur échapper. Elles ne vivent pas non plus en vase clos et sont certainement au fait des bases de l'économie domestique des ménages de leur entourage et de leur cercle de sociabilité. Cette culture juridique est certes imparfaite. Les maris eux-mêmes ne maîtrisent pas les débats juridiques les plus obscurs. Reste que les dames de la bourgeoisie, peut-on croire, voient réellement le mariage comme un contrat qui, malgré son iniquité, implique des prestations de part et d'autre.

Ce principe général est partagé par le système judiciaire. Mais cela n'empêche pas Me Chisholm de faire ce pourquoi on le paie en remettant en cause les choix effectués par Vida, ce qui n'a pas l'heur de plaire au juge Bruneau. Le témoignage de la demanderesse vire au débat entre hommes de loi. La défense commence par la talonner :

Q. Do you find it rather a difficulty to make ends meet?
A. Yes, it is all I can do, and my husband is drawing a good salary and he ought to pay his share.
...
Q. Why do you send your daughter to a boarding school?

> A. That is not expensive and I want to give her a good education.
> By the Court: it would be the same in Montreal ... it would cost her the same amount.
> By defendant's counsel: the child would be at home; the principal amount paid at these schools is for the maintenance, and if she was living at home the cost of tuition would be cut two-thirds; she is paying three or four times as much as she would have to pay if she was being educated in Montreal.[18]

Autre cible de la défense : M. Roberts, qui aide sa fille depuis sa séparation en lui versant 1 200 $ par an. N'est-ce pas là une preuve de dépenses extravagantes ? Pas pour le juge. L'appartenance de classe a ses exigences. Me Chisholm, lui, a des soupçons :

> Q. Did you give Mrs Stroud carte blanche to go ahead and pay anything she wanted for anything she wanted to buy and to send her daughter to the most expensive school you could find and that you would pay the difference?
> A. No.
> By the Court: you must understand this plaintiff has not been brought up in a workingman's house; she is well educated and comes from a good family.[19]

La culture juridique et financière de Vida s'arrête précisément à son patrimoine, à son budget de mère monoparentale et aux obligations de son mari en fuite. Elle ne s'étend pas aux transactions qui pourraient être conclues sur le marché immobilier montréalais. Me Chisholm lui fait avouer qu'elle a présenté une requête pour être autorisée à vendre les maisons de la rue du Souvenir pour 14 000 ou 15 000 $. Le fait d'en être ainsi réduite à entamer son capital traduit l'urgence de la situation. La vente, par contre, n'a pas eu lieu. Le juge intervient : pourquoi a-t-elle présenté cette requête ? Elle a reçu une offre pour ses maisons, dit-elle, mais Stroud ne voulait pas consentir à la transaction, d'où la nécessité d'être autorisée en justice. C'est en fait son père qui a piloté ce projet. Vida avoue ne pas connaître le nom des acheteurs qui se sont montrés intéressés : « my father looks after my affairs[20] ». Cette courte phrase ne signale pas seulement un manque de formation aux opérations du marché, handicap avec lequel toutes les épouses de l'élite doivent composer. Elle montre de quelle manière, dans l'expérience d'une femme, ont pris forme les barrières très strictes érigées par le code civil. Les épouses séparées de biens ne peuvent aliéner un immeuble sans autorisation maritale ou sans autorisation judiciaire. En outre, si on avait procédé à la vente, il aurait été plus sûr pour Vida – même munie de l'autorisation nécessaire – que cette capacité d'agir se double d'une supervision informelle de la part d'un homme de confiance, son père.

Bien qu'en mauvaise posture, la défense n'en continue pas moins d'être conduite avec vigueur. Chisholm rappelle le divorce obtenu aux États-Unis. Le juge Bruneau fait sans tarder un sort à cet argument : « a person cannot leave this province and go to the United States for the purpose of being divorced[21] ». Le magistrat n'est pas plus tendre envers la drôle de coïncidence voulant que Stroud, en passe de devenir citoyen américain, se trouve à Montréal par hasard, sans même daigner assister au procès :

By the Court : is the defendant here in Court ?
By defendant's counsel : no.
By the Court : he ought to be ashamed of himself.[22]

Lorsque l'avocat revient à la charge pour soutenir que la demanderesse, propriétaire d'immeubles, n'a besoin de rien, la réponse ne se fait pas plus attendre : « you have no case, Mr. Chisholm[23] ». Pour finir, le juge intervient pour établir lui-même le bilan financier de Vida. Il est en preuve qu'elle dispose de 1 000 $ par an, que son loyer lui coûte 900 $ et sa fille 600 $. Stroud gagne 4 000 $ annuellement. Résultat : « these people ... are in very good circumstances and her husband has to pay[24] ».

Le jour même du témoignage de Vida, le 4 mars 1927, le juge Bruneau lui accorde une pension alimentaire de 100 $ par mois pour la durée du procès, soit un peu moins que les 125 $ requis. Le tout est payable d'avance, le premier de chaque mois, à son domicile du 51 avenue Vendôme à Montréal. Le jugement sur le fond, lui, est prononcé le 16 mai suivant. La décision du juge Weir tient en très peu de mots. La poursuite a prouvé ses allégués, à la différence de la défense. La pension est reconduite, cette fois au niveau exigé dès le départ (125 $ mensuels). Vida disposera donc, en conjonction avec ses propres revenus, de 2 500 $ par an pour son entretien et celui de Margaret. Ce n'est pas du luxe ; les deux magistrats ont dû se montrer sensibles au caractère raisonnable de la somme demandée. Fait à noter, les deux décisions ne tiennent aucunement compte des accusations de maladie mentale, de consommation de drogue et d'adultère. Vida a dû faire bonne impression en cour. Ce n'est pas l'épave physique et mentale décrite dans le plaidoyer de son époux qui a témoigné avec autant d'aplomb.

Stroud a porté en appel, dans l'intervalle, sa condamnation à verser une pension pour la durée du procès. Le 28 juin 1927, soit après le jugement sur le fond, la Cour du banc du Roi renverse la décision du juge Bruneau à l'unanimité. Le jugement final de Weir, lui, n'est pas infirmé. Seuls les mois durant lesquels la pension provisoire aurait pu être exigée, soit de février à mai 1927, sont concernés. La cour d'appel tient en fait à rappeler un principe. Une épouse qui poursuit son mari pour l'obliger à respecter les engagements pris dans leur contrat de mariage ou pour l'obliger à l'entretenir en vertu du code civil ne peut recourir à un jugement interlocutoire afin de bénéficier d'une pension en cours d'instance. C'est l'apanage des procès en séparation de corps, en vertu de l'article 202 du code. Cette disposition d'exception ne peut être étendue par analogie à d'autres situations conjugales. De plus, selon le juge Tellier, accorder une pension temporaire alors que le procès porte précisément sur le versement d'une pension équivaut à préjuger le fond du litige. Ce n'est pas du ressort d'un jugement interlocutoire. Le raisonnement semble implacable. Assimiler la requête de Vida à la poursuite de n'importe quel créancier – épicier, tailleur ? – est plus étonnant : « c'est en vain que la demanderesse fait valoir que son mari est obligé envers elle, tant en vertu de son contrat de mariage qu'en vertu de la loi. Sa position est celle de tout créancier qui a un bon titre à faire valoir et qui poursuit pour avoir son dû : il lui faut attendre le jugement final, avant d'être payé[25] ».

Ainsi, le système judiciaire n'a pas l'intention d'officialiser des arrangements provisoires au profit des femmes séparées et de leurs enfants. Des épouses se retrouvent donc, pour un temps, devant un vide juridique et financier. Celles qui ne peuvent compter sur un patrimoine en propre ou des parents susceptibles de les aider – ressources fort précieuses pour Vida – devront s'en remettre à la diligence de leurs avocats et de la Cour supérieure.

SÉPARATIONS DE FAIT ET OBLIGATIONS GÉNÉRALES DES CONJOINTS

Outre cet obstacle juridique, une séparation de fait n'oblige pas un mari à solder les factures accumulées par une épouse qui mène grand train, même si la condition sociale du couple détermine en principe la richesse de son entretien. En janvier 1899, Olive M. Slayton unit sa destinée à James Shanks Evans à Manchester au New Hampshire[26]. L'homme est un véritable rentier : héritier de son père et, par la suite, de son oncle, il n'a jamais travaillé. En 1909, le patrimoine dont il profite est considérable et ce, malgré son endettement : ses biens valent plus de 355 000 $.

Le contrat de mariage des époux est relativement simple. Ils optent pour la séparation de biens et James, à l'instar des hommes de son milieu, s'engage à voir à tous les frais du ménage et à l'entretien des enfants qui pourraient naître de l'union ; toute forme de douaire est exclue ; Olive, si elle survit à James, devra recevoir 10 000 $. Les seuls biens que l'on déclare appartenir exclusivement à Olive sont ses vêtements, bijoux et autres parures (*trinkets*). Elle est représentée, dans l'acte, par un avocat.

L'union dure peu de temps. Olive quitte leur domicile montréalais en 1900 pour retourner aux États-Unis chez son père. Ce marchand prospère la fait vivre dès lors selon son rang. Elle ne retournera plus chez James par la suite. Mais les relations ne sont pas si mauvaises durant la période qui suit immédiatement la séparation. James passe plusieurs mois chez ses beaux-parents, en 1902. Par contre, il les quitte assez abruptement en octobre de la même année, à la veille du mariage de la sœur de sa femme.

M. Slayton va ensuite exiger le remboursement de près de 7 700 $ en « pension, soins médicaux [et] voyages[27] », dont des périples en Sicile et en Jamaïque. Son compte couvre les années 1902 à 1906. L'affaire est compliquée par l'aliénation mentale de James. En 1906, alors qu'il est interné à l'asile de Verdun, il est interdit et placé sous la gouverne d'un curateur, M. Gladston. Ce dernier, responsable de sa personne et de l'administration de sa fortune, doit donc répondre de la poursuite. Olive, de son côté, n'est pas demeurée inactive. Peu de temps avant l'interdiction de James, elle en aurait tiré 3 000 $ lors d'une visite à Montréal pour ensuite investir la somme en actions de chemins de fer. La jeune femme paraît bien au fait de ses intérêts. En outre, elle semble plus habile au plan financier que sa propre mère. Celle-ci, lors de son passage à la cour, répètera plusieurs fois ne rien entendre aux questions d'argent.

Le père d'Olive insiste sur la richesse de James et sur ses obligations envers sa fille. Elle a le droit de vivre comme une dame de la haute société. De plus, son gendre aurait causé lui-même la rupture du ménage par « son caractère violent et emporté » et sa « jalousie[28] ». Le curateur réplique que le demandeur a assumé toutes ces dépenses de plein gré, sans autorisation maritale expresse. Olive, au surplus, ne pouvait tout bonnement quitter James sans enfreindre la loi.

M. Slayton et son épouse, qui se sont déplacés à Montréal pour le procès, sont soumis à des interrogatoires très serrés de la part de la défense. Les 93 pages de la déposition de M. Slayton en rendent compte. L'avocat du curateur le questionne inlassablement à propos de chaque rubrique du compte dont il requiert le paiement. L'achat d'une paire de corsets est même abordé.

La poursuite est accueillie par la Cour supérieure le 10 mars 1911, pour l'entièreté de la somme réclamée. James a remboursé près de 1 900 $ à son beau-père après la séparation, en 1902. Selon le juge Weir, il a ainsi tacitement accepté cette forme *ad hoc* de soutien de son épouse en dehors de son domicile. Le magistrat estime aussi qu'il ne peut échapper à son engagement d'entretenir Olive selon son rang. On ne sait pas à quel degré le juge Weir se montre plus libéral que ses confrères. De son point de vue, rien ne prouve qu'Olive ait dû quitter James en raison de mauvais traitements; on ne sait pas plus si James a protesté contre le départ de sa femme. Le magistrat conclut qu'il ne reste que deux éléments à établir, en l'occurrence la validité des sommes réclamées et la responsabilité de l'époux à cet égard. Il répond par l'affirmative dans les deux cas. Entre autres, certaines dépenses effectuées au profit d'Olive sont justifiées « in view of the delicate health of Mrs. Evans[29] ». Bref, le jugement de première instance fait primer les obligations proprement contractuelles du mariage sur les obligations à caractère personnel, dont l'impératif de la cohabitation.

La décision est cependant renversée par la Cour du banc du Roi, instance qui réaffirme avec force, et même hargne, les sacro-saints devoirs conjugaux et l'abnégation attendue des femmes mariées. Deux juges expriment tout de même leur dissidence. Aux yeux du juge Cross, l'arrangement informel des parties n'offensait ni la morale publique, ni l'autorité maritale. Evans devait voir aux dépenses de sa femme, même si elle est une « neurotic hypochondriac[30] ». Par contre, la majorité estime qu'Olive n'a pas fourni de prétexte légitime pour laisser son mari seul à Montréal. L'affaire se conclut par une réprimande de l'épouse en fuite alors qu'Olive n'était même pas directement partie au litige.

Les conjoints sont tenus de cohabiter. Ce devoir fondamental prime sur le solde de factures. Pour le juge Carroll, Olive a été oublieuse de son devoir de gardienne du foyer à l'influence purificatrice: « il y a présomption violente [que] ... le mari requérait les soins de sa femme, et si ces soins eussent été donnés, il y a raison de croire que son esprit n'eût pas sombré, ou que, tout au moins, la *débâcle* eût été retardée. Si des motifs comme ceux prouvés pouvaient justifier la séparation, il est à craindre qu'un plus grand nombre encore se soustrairaient à leurs obligations[31] ». L'ordre public est en jeu. Seul un refus clair de recevoir sa femme chez lui pourrait transformer les quelques factures que James a soldées durant la séparation en preuves d'engagement à soutenir Olive *extra muros*. Le jugement de la Cour du banc du Roi vient baliser la zone grise des séparations de fait, de manière restrictive. Il stipule qu'une femme qui n'habite plus avec son mari sans bénéficier d'une séparation de corps n'a pas droit à une pension, à moins de prouver que le mari est le conjoint coupable et que sa conduite justifierait l'octroi d'une telle séparation[32]. Dit autrement, il faut satisfaire aux conditions d'une séparation de corps sans même y avoir recours. Le patrimoine de James ne devra rien payer[33].

Les juges de l'instance d'appel n'ont pas non plus été impressionnés, pour la plupart, par les explications avancées par le père d'Olive en ce qui a trait aux comportements de James et à la délicatesse de sa fille, idiosyncrasies à l'origine de la séparation. Très peu de temps après l'installation du couple à Montréal, selon la poursuite, James « developed signs of a violent and ungovernable temper and unreasoned and groundless jealousy, his conduct towards his wife gradually becoming as such as to make it impossible for her to continue living with him, more particularly as she ... was not of a strong constitution but delicate and unaccustomed to harsh treatment, but notwithstanding, the said Olive M. Slayton bore the conduct of the said Evans as long as it lay in her power to do so, but ... she was finally forced to leave him and take refuge at the house of her father[34] ».

Si les deux jugements rendus dans cette affaire ne formulent pas directement de reproches à l'endroit de M. Slayton, ses bontés pour Olive sont loin de satisfaire aux normes du droit familial québécois de l'aube du 20ᵉ siècle. Des parents qui recueillent chez eux leur fille, après que celle-ci ait abandonné son époux sans motif grave, peuvent se voir ordonner de la lui rendre sous peine de dommages[35]. M. Slayton n'a jamais enjoint à Olive de retourner vivre avec James. Questionné par l'avocat de la défense à ce sujet, il a répondu: « well, she preferred to stay with me and I knew he was capable of paying the bills, as far as I know[36] ».

Une femme de la bourgeoisie se doit d'être délicate. Cette délicatesse, qui évoque autant le raffinement que la fragilité, ne peut néanmoins justifier une séparation de fait en l'absence de déviances maritales graves et répétées, tels des coups et blessures ou des adultères notoires. Le seul concept juridique qui s'en approche un tant soit peu est l'obligation du mari de voir aux besoins de sa femme selon « ses facultés et son état[37] ». Cette obligation n'est pas comportementale, mais matérielle. Raffinement et délicatesse, pour avoir du poids en justice, doivent trouver à s'exprimer dans une histoire conjugale encore plus problématique, comme nous le verrons au chapitre suivant.

SÉPARATIONS DE FAIT ET CONTRATS DE MARIAGE

Une donation inscrite dans un contrat de mariage a-t-elle plus de poids que les obligations générales des conjoints, s'il n'y a plus cohabitation ? On détermine en 1908 qu'une épouse ayant quitté le domicile conjugal que louait son époux ne peut réclamer les meubles qui le garnissent lorsque le logis a été sous-loué à un tiers par son mari en son absence, même si ces meubles lui appartiennent de manière absolue en vertu de leur contrat de mariage[38]. Le locataire ne sera pas forcé de les lui remettre. La concrétisation des droits financiers de la femme mariée ne souffre pas de demi-mesure : il faut soit faire vie commune, soit être séparée de corps. Le couple concerné par cette décision – Mme Von Eberts et M. Jameison – n'appartient pas à la haute bourgeoisie. Le raisonnement du juge de Lorimier mérite toutefois d'être cité, comme il en dit long sur la manière dont la magistrature aborde les séparations de fait : « il est évident que la demanderesse n'a reçu la libéralité et la gratification mentionnée au contrat de mariage sus-citée qu'en vue d'une vie conjugale commune, pour l'usage, l'embellissement ou l'ornementation du domicile conjugal ... Dans ces circonstances, permettre à la demanderesse de s'emparer des dits biens et effets, serait sanctionner sa séparation de fait, ce serait lui reconnaître des droits qui ne sauraient être légalement établis et définis que par un jugement sur une demande en séparation de corps[39] ». Le vocabulaire est parlant. On ne dira pas, habituellement, qu'un propriétaire s'empare de ce qui lui appartient. La qualité d'épouse donataire est particulière. Les meubles donnés l'ont été en considération du mariage et, intrinsèquement, de sa pérennité.

À l'instar de l'affaire Slayton, le rapport de jurisprudence ne mentionne aucun motif sérieux de désertion du domicile par

Mme Von Eberts. Seules des « difficultés » sont évoquées. Elle est partie, après dix ans de vie commune, pour aller résider aux États-Unis. Elle a manifestement eu vent, ensuite, de la sous-location de son ancien lieu de résidence et de ses meubles. Elle a par conséquent requis et obtenu un bref de saisie. Le sous-locataire, il faut le dire, ne s'opposait pas à sa démarche. C'est Jameison qui a pris la peine d'intervenir au dossier pour empêcher la remise des meubles à son épouse. En vertu des principes qu'il a énoncés, le juge de Lorimier annule donc la saisie et déboute la demanderesse. En l'absence de motifs légaux de séparation de corps – les seuls pourraient donner ouverture à ses droits – Mme Von Eberts peut manifestement dire adieu aux meubles en litige.

La collaboration des conjoints est au fondement du mariage, peu importe les aléas de la vie à deux. Un avocat réclame à sa femme 500 $ pour services professionnels après une rupture qu'il fait remonter à 1908, soit deux ans après leur union[40]. En fait, c'est sa femme qui l'entretenait. Elle réplique donc par un compte détaillé de près de 7 000 $, somme offerte en compensation de la réclamation. L'homme soutient que « vu qu'il était pauvre et qu'elle était riche ... toutes ces dépenses [ont] été faites par elle par pure libéralité et sans espoir ni droit de retour[41] ». L'argument est téméraire, face à une magistrature attentive aux rôles genrés des époux. Après avoir écarté cette défense du revers de la main, le juge examine de plus près les rapports entre les parties. Le mari ment en ce qui a trait au moment de la rupture. Mieux, des lettres faisant état de nuits passées dans les bras l'un de l'autre le contredisent. Une saute d'humeur toute récente l'a poussé à présenter cette poursuite, poursuite non seulement rejetée mais qualifiée d'indécente. Le rapport de jurisprudence met en exergue le principe devant guider les rapports économiques entre époux, tout en l'appliquant à ce cas particulier : « il est de l'essence même du mariage que les époux s'aident mutuellement dans les luttes de la vie ... quelles que soient les conventions matrimoniales. À plus forte raison ce principe de morale et d'ordre public doit-il s'appliquer lorsque, par leur contrat de mariage, chacun des époux s'est engagé à contribuer pour moitié aux charges et aux dépenses du mariage[42] ».

Les hommes entretenus par leur femme sont rarissimes. Il s'agit d'une situation, du reste, qu'il vaudrait mieux taire : c'est une entorse majeure à l'honorabilité masculine. Le seul autre cas rencontré est celui de M. Barry, dont la poursuite se rend en Cour de révision[43]. Homme âgé et malade, George Barry réclame à l'un de ses quatre fils le paiement d'une pension alimentaire prévue par un acte notarié paraphé en 1905. Par cette convention, chacun d'entre eux s'est engagé à lui verser 10 $ par mois pour son entretien. Le défendeur a rapidement cessé de payer.

À sa face même, la poursuite paraît mal fondée. Le défendeur, Joseph Arthur Barry, démontre qu'il doit voir aux besoins de sa femme et de ses deux enfants avec 2 200 $ par an. Le demandeur, lui, a repris la vie commune avec son épouse peu de temps après la signature de la convention de 1905. Malgré ses problèmes de santé, il vit très confortablement, dans le désœuvrement, grâce à l'entretien prodigué par sa femme. En effet, il « passe quatre ou cinq mois de l'année, en villégiature, au Lac Charlebois, dans une superbe maison d'été apartenant [*sic*] à sa femme, à canoter, faire la pêche et à se procurer tous les plaisirs d'un sportsman[44] ». Les poursuites financières intrafamiliales impliquent d'interpréter les droits et obligations qui lient conjoints et apparentés. Les prestations alimentaires exigent en plus de soupeser les besoins des uns et la capacité de payer des autres. Lorsqu'il n'est pas question du strict minimum nécessaire, mais bien de ce qu'il convient de se permettre en milieu bourgeois, la légitimation des usages de l'argent entre également en ligne de compte. À ce titre, Joseph Arthur Barry critique vertement les dépenses de son père sans s'en prendre directement à la générosité de sa mère, avec laquelle il n'est peut-être pas en conflit : « if he were to devote to such ends a small proportion of the money he is wasting on mahogany antiques and Chinese bric à brac he would be making proof of greater wisdom than by plunging into litigation[45] ».

Alors qu'elle n'était même pas partie au procès, qu'elle a repris la vie commune avec un homme considéré malcommode et qu'elle voit à tous ses besoins, la poursuite se retourne contre la femme de George Barry. La cour choisit un autre coupable que le vieil homme. Mme Barry a mal géré sa prise en charge trop luxueuse. Pire, elle n'a pas empêché cette dispute scandaleuse de se transporter sur la place publique. Le juge Bruneau lui tombe dessus :

> en sacrifiant le luxe, s'il le faut, aux choses nécessaires et essentielles à la vie, en payant pour le vêtement et le rapiècetage [*sic*] du linge de son mari au lieu de lui permettre de se procurer des objets d'un goût artistique plus que douteux ... en fermant au besoin la maison du lac Charlebois ... La femme du demandeur fera cesser le malentendu regrettable qui semble exister au sein de la famille ; elle empêchera, à l'avenir, son mari de venir étaler, aux yeux des tribunaux, ses misères domestiques, elle évitera à

ses enfants, le déshonneur qui s'attache nécessairement à des actions de la présente nature, et à elle-même le reproche de ne pas faire ou de ne pas vouloir faire tout son devoir à l'égard de son mari, vieillard de soixante-treize ans.[46]

Olive Slayton l'a appris à ses dépens : le rôle de gardienne du havre de paix familial n'est pas qu'une figure de style. Mme Barry, de son côté, a fait preuve d'une rare générosité. Elle en avait les moyens, car elle dispose de plusieurs milliers de dollars de revenus en propre par année. Mais la régulation de la sphère privée par l'appareil judiciaire québécois est dominée par la recherche de coupables. Au plan strictement juridique, on détermine que l'obligation générale des conjoints de se prodiguer mutuellement secours et assistance prime sur l'obligation alimentaire liant les enfants à leurs parents dans le besoin[47].

Les choses se compliquent lorsqu'une implication commune dans une entreprise se superpose aux exigences fondamentales de cohabitation et de collaboration. Delphine Guertin et David Brunet ont opté pour la séparation de biens et leur contrat de mariage inclut une donation de 8 000 $ au bénéfice de Delphine[48]. La somme « sera due et exigible à première demande » et ce transfert, à venir, est garanti par une hypothèque sur les immeubles que possède ou possèdera David[49]. Le parcours ultérieur du duo est compliqué : le fonds de commerce de David, marchand de chaussures, est saisi très peu de temps après leur mariage célébré en 1894 ; ils rachètent néanmoins les marchandises et l'entreprise est enregistrée au nom de Delphine ; ils collaborent dans l'affaire ; le couple se sépare en janvier 1911. L'année suivante, Delphine réclame ses 8 000 $.

Les donations, on le sait, ne se traduisent pas nécessairement par un transfert immédiat de la somme. Dans le cas présent, aucune échéance n'a été précisée. David plaide en défense qu'en « faisant donation de la dite somme de 8 000 $ par son contrat de mariage, [il] se trouvait à donner ce qu'il n'avait pas ; et il n'avait alors aucun moyen pouvant lui permettre de faire et accomplir une donation semblable[50] ». C'est ce que soutiennent, habituellement, des créanciers qui cherchent à empêcher une femme mariée de retirer quelque chose de la faillite de son époux. L'argument étaye bien mal un plaidoyer, cependant, lorsqu'il est formulé par celui-là même qui a contracté l'obligation.

David soutient également que le travail qu'il a effectué au profit de l'entreprise compense largement sa promesse. Il a tout abandonné à

Delphine, sans protester, lors de leur séparation. Elle admet d'ailleurs avoir tout gardé. Les actifs concernés sont leur fonds de commerce de 6 500 $, un dépôt bancaire de 5 000 $ (somme générée par leurs activités) ainsi que 900 $ en argent. De surcroît, les profits de l'entreprise ont été utilisés pour permettre à Delphine d'acheter en 1897 les parts de ses frères et sœurs dans un immeuble légué en indivision par leur mère, un déboursé de 1 450 $.

La condition sociale du couple n'a pas grand-chose à voir avec celle des Slayton-Evans. Lorsque Delphine prenait du repos l'été à la campagne avec leurs enfants, ce qui n'était pas coutume, elle se rendait à Saint-François-de-Sales dans le comté de Terrebonne, non en Jamaïque. Leur collaboration au sein d'un commerce marque leur appartenance à la petite bourgeoisie urbaine. Si leurs débuts en affaires ont été on ne peut plus modestes, ils ont connu par la suite une ascension sociale non négligeable à l'aune de leur milieu d'origine. Delphine ne possédait à peu près rien lors de leur mariage, hormis une somme de 100 $ fournie par sa mère afin qu'elle s'achète une toilette. La somme a plutôt été investie dans le magasin que tenait déjà David. Après la saisie de 1894, ils ont racheté à deux son stock pour seulement 180 $ au moyen d'emprunts contractés auprès de membres de leurs familles respectives. Au moment du procès, le portrait est tout autre. Delphine dispose de plusieurs milliers de dollars en actifs. Elle est la seule propriétaire de l'immeuble légué par sa mère, immeuble libre de dettes et valant 4 000 $. Elle en perçoit les loyers. Elle a même réussi à envoyer leurs deux fils au collège, signe non négligeable d'une mobilité sociale ascendante.

Moins riche que bien des dames, Delphine a cependant accumulé une forme de capital fort utile en cas de conflit conjugal et dont sont dépourvues plusieurs reines du foyer de la haute société : une expérience concrète des affaires qui l'a rendue plus aguerrie. Questionnée en cour au sujet de l'achat des parts de ses cohéritiers dans l'immeuble de sa mère, elle montre qu'elle sait très bien quand et comment elle les a payées. Elle précise : « je peux vous apporter le contrat, je l'ai le contrat chez moi[51] ». Après leur séparation, elle a déménagé le fonds de commerce sur l'avenue Mont-Royal et ouvert une autre boutique à cet endroit. Son mari, de son côté, a repris tout à zéro à l'emplacement délaissé à l'aide du crédit de son frère. Il a fini par reconstituer un fonds de commerce de quelques milliers de dollars bien à lui. Autre atout précieux : David ne lui a pas mené une guerre sans merci pour mettre la main sur leurs actifs communs. Le dossier ne relate aucun geste de violence non plus. Lorsqu'on lui demande pourquoi il n'a pas réclamé les 5 000 $ du compte en banque, l'homme répond : « je les lui ai [laissés] complètement, pour être de bon accord afin qu'elle ne me demande plus rien d'autre chose [sic][52] ».

Leur collaboration ne fut pas seulement économique, mais également juridique. Plusieurs des dispositions prises par le couple constituent des recours non équivoques à la personne de Delphine pour obvier à des saisies. Cela dès la préparation du contrat de mariage. Le don de 8 000 $, alors impossible, pouvait être exigé n'importe quand et, ce faisant, pouvait servir à protéger au moment voulu le capital qu'ils espéraient accumuler. Cette clause n'était pas exclusivement une assurance-veuvage, fonction habituelle des donations maritales. La personnalité juridique de Delphine a aussi été systématiquement utilisée après la saisie de 1894. Le commerce, une fois relancé, a été enregistré à son nom ; les dépôts bancaires ont été faits dans un compte dont elle était titulaire ; elle est devenue propriétaire en titre de l'immeuble acquis de la succession maternelle grâce aux profits de leurs ventes. La séparation de fait, si elle vient chambouler une longue histoire de collaboration sur le plancher d'un magasin et de constitution d'un patrimoine protégé, laisse Delphine en position de force.

Toujours est-il qu'elle exige le paiement de ses 8 000 $. Le contrat est sans ambiguïté : la donation est exigible sur demande. Son avocat ajoute, du reste, qu'il est normal qu'un mari collabore avec sa femme. L'habileté en affaires de David est écorchée au passage : « c'est le travail, le dévouement et l'esprit d'économie de la demanderesse qui ont fait prospérer le magasin et non pas les actes du défendeur qui, auparavant, n'avait su que faire faillite[53] ». David, comme on le sait, plaide que le don a été largement compensé. Il l'emporte en Cour supérieure en 1916. Vu la valeur des actifs qu'il a abandonnés à Delphine, le juge McLennan estime que la somme a été payée *de facto*. Mais ce jugement est infirmé par la Cour du banc du Roi le 29 octobre 1917, plus de cinq ans après le début des procédures. Légalement, le commerce appartenait à Delphine. Les juges se penchent aussi sur la valeur exacte du patrimoine constitué en commun au fil des années. Il s'élève à 12 950 $. Ce qui a été mis sur pied, disent-ils, est une vraie société. Comme l'homme a tout laissé à sa femme, il s'agit d'être équitable. Mais la donation – fictive ou non – constitue un engagement ferme. Une fois la somme séparée en deux parts de 6 475 $ et le don de 8 000 $ pris en compte, David lui doit encore 1 525 $.

Le propos du juge Pelletier mérite d'être cité au long, comme il traduit bien la manière dont la judiciarisation d'un conflit matrimonial pose de manière abrupte la question de la portée des arrangements informels auxquels recourent certains couples, de même que celle de l'allocation d'actifs issus d'une collaboration conjugale : « cet homme, alors a travaillé pour rien pendant seize ans ! ... ce ménage industrieux et économe ne prévoyait pas de difficulté ... et ... on n'y a pas pourvu. Le mari a considéré qu'il travaillait pour sa femme et pour lui-même, la femme a pensé la même chose et les deux travaillaient ensemble pour laisser quelque chose à leurs enfants ... sans prononcer de mots ni écrire de formules, le mari et la femme ont vécu en calculant tacitement qu'ils bénéficieraient également tous les deux du prix de leur travail commun. Bref, il se trouve à avoir existé là ... une véritable société et il n'est pas juste que le mari n'ait rien dans tout cela[54] ».

Pour le même, il n'est pas douteux que si David avait été poursuivi par des créanciers, il aurait plaidé que tous les actifs appartenaient bel et bien à son épouse. L'instrumentalisation circonstancielle des contrats de mariage et de la personnalité juridique des femmes mariées est de notoriété publique. La séparation de fait, pour sa part, ne paraît pas troubler les juges de la Cour du banc du Roi. Aucune désertion de domicile n'est mentionnée, alors qu'en d'autres affaires les juges n'hésitent pas à faire état de la névrose des unes et du courrier érotique des autres. Qu'est-ce qui distingue la présente cause ? Des entreprises étaient en jeu et l'appareil judiciaire devait intervenir pour « liquider entre les deux époux une situation financière et difficile et qui ne pouvait évidemment se régler qu'en justice[55] ».

**

Les poursuites consécutives à des séparations de fait ne se réduisent pas à des jeux comptables où seraient jaugées, l'une par rapport à l'autre, la capacité de payer de l'époux pourvoyeur et l'indigence relative des femmes délaissées ou vivant seules. Bien sûr, ce sont les principaux paramètres déterminant l'étendue de l'obligation alimentaire en vertu du *Code civil du Bas-Canada*, aux côtés de la condition sociale des parties. Mais le type particulier de valeur qu'est l'argent intrafamilial a des assises morales. Il ne peut être l'objet de prestations ou de remboursements forcés à moins que l'épouse ne soit pas responsable de la fin de la cohabitation, cohabitation qui donne vie au mariage et légitime les obligations et engagements conjugaux. C'est ce qui conduit parfois les parties à se livrer une guerre de rhétorique morale, en sus d'une guerre de chiffres. Les femmes en cause et leurs avocats marchent sur des œufs. Il ne faut pas donner prise aux accusations de folie que peut susciter *ipso facto* une rupture, situation intrinsèquement déviante. Vida Roberts y parvient. De surcroît, il faut avoir fait preuve jusqu'au bout de toute l'abnégation attendue des femmes mariées. Le sacrifice de soi, au profit de l'époux et de la paix des familles, est un pilier sociojuridique de la vie à deux. Olive Slayton a failli à la tâche alors que la femme de George Barry voit se retourner contre elle, pour cette raison, un procès qui ne la concernait même pas au départ. Bref, l'issue des recours découlant de séparations de fait semble bien incertaine, tout comme sont fragiles les arrangements informels que certains conjoints ont pu adopter avant de se retrouver au tribunal. Les juges ne considèrent pas d'un bon œil ces stratégies infrajudiciaires. Ce sont les femmes mariées, au demeurant, qui ont le plus à y perdre, comme ces arrangements n'ont pas la force d'une décision de justice. L'appareil judiciaire favorise – à son corps défendant pourrait-on dire – le scandale de la séparation de corps afin d'arbitrer, dans les règles de l'art, les conflits conjugaux. Il est symptomatique que les critères légaux de la séparation de corps déterminent la validité du versement d'une pension en cas de séparation de fait. Est-ce bel et bien le bon recours, du point de vue des épouses, pour mettre fin à une impossible vie à deux sans trop d'embarras financiers ?

6

Les séparations de corps, les biens des époux et les pensions alimentaires

Les séparations de fait suscitent moins de rapports de jurisprudence que les séparations de corps. Le recours à la séparation de corps présente des avantages, du point de vue des femmes en difficulté : possibilité de recevoir une pension pour la durée du procès ; entretien que le mari pourrait être formellement contraint de fournir en vertu du jugement final, en lieu et place d'un fragile arrangement *ad hoc*; fin de l'obligation de cohabiter avec un homme violent, alcoolique ou infidèle en cas de décision favorable. Les protections de la loi ont cependant un prix, celui de devoir dévoiler au grand jour la vie privée du ménage. L'enjeu en vaut-il la peine ? Les pensions octroyées permettent-elles aux épouses de maintenir un train de vie conforme à leur rang ? Seule une étude systématique du patrimoine et des revenus des couples séparés en justice permettrait de répondre adéquatement à ces interrogations. Une chose est sûre, néanmoins. Comme on l'a vu, un patrimoine féminin en propre, composé d'actifs réels et non seulement de promesses de dons, constitue un atout considérable quand un conflit s'envenime. Ce ne sont pas toutes les épouses de la bourgeoisie qui se prévalent d'un tel avantage.

Les dossiers judiciaires originaux des procès en séparation de corps sont parmi les plus riches de notre corpus. On y trouve quantité de détails sur les enjeux fondamentaux des ruptures portées à l'attention de la justice : comportements des époux l'un envers l'autre, rapports intimes entre les parties, organisation de l'économie domestique et prise en charge des enfants. Les maris, les épouses et leurs avocats font aussi appel aux normes sociales genrées qui ont cours à leur époque, afin de convaincre les juges de la culpabilité de la partie adverse. Les débats, bien entendu, sont d'abord et avant tout juridiques et judiciaires : il s'agit, de part et d'autre, de faire correspondre tant bien que mal des reproches nés dans la sphère privée aux catégories formelles du droit familial comme les « excès, sévices et injures graves », tout en répondant aux exigences de la preuve.

LES « BIENFAITS » DE LA COMMUNAUTÉ DE BIENS

Les rares femmes de l'élite mariées en communauté de biens se trouvent peut-être en meilleure posture que leurs consœurs ayant opté pour la séparation de biens. Certes, elles sont complètement soumises, au plan financier, aux décisions prises par le chef de la communauté durant la cohabitation. Si leur mari fait faillite, il n'y aura pas, la plupart du temps, de dons à faire valoir à l'encontre des réclamations des créanciers et, de ce fait, de possibilité de sauver une partie des actifs du ménage. Les donations des futurs époux aux futures épouses servent entre autres choses à éviter une déconfiture complète de l'économie domestique bourgeoise.

Mais la séparation de corps entraîne automatiquement le partage de la communauté. Une communauté opulente pourrait dès lors faire de la femme séparée une femme riche, à défaut d'avoir évité l'opprobre qui pèse sur les ménages brisés. La protection financière de l'épouse (notamment en vue du veuvage) et la mise à l'abri de certains actifs ne sont peut-être pas les seules finalités des contrats en séparation de biens et des dons maritaux. Ces pratiques ont aussi pour effet de limiter ce qu'un mari peut devoir à sa femme en cas de séparation de corps. À l'assurance-veuvage des épouses répondrait donc, côté masculin, une assurance-séparation. Certains hommes cherchent à tout prix à échapper au paiement d'une pension ou d'un don promis. Mais ces prestations demeurent bien plus légères que la perte de la moitié d'une fortune tombée dans les larges filets juridiques de la communauté de biens[1].

Le cas de Mary Claire Dawson est instructif[2]. Elle s'est mariée avec Walter Mackay Hislop le 29 juin 1910, sans contrat de mariage. Une communauté de biens a automatiquement vu le jour. Les époux étaient alors assez jeunes : elle avait environ 22 ans et lui trois ans de plus. Walter fait affaire comme marchand de grain à la fin des années 1910. Selon Mary, sa fortune s'élève maintenant à près de 100 000 $. Ce patrimoine est fait uniquement de biens meubles. Ayant été trompée à répétition, ce qui l'a amenée à retourner vivre chez son père, elle obtient un divorce en bonne et due forme du Parlement fédéral le

24 mai 1918. Sans tarder, en juillet suivant, elle intente une action en reddition de comptes visant les biens demeurés sous le contrôle de Walter. D'après ses avocats, le divorce a opéré *de facto* la séparation de la communauté. Mary, elle, a déjà rendu compte des avoirs communs restés en sa possession. Ils valent un maigre 1 711,50 $. On ne saurait trouver meilleur exemple de ce que signifie concrètement l'attribution aux maris, par le code civil, de la direction économique des communautés de biens, sans parler des effets de la mise à l'écart des épouses de la bourgeoisie du marché capitaliste. À défaut pour Walter de rendre compte, la poursuite exige que Mary touche d'emblée sa part de 50 000 $.

La défense s'en remet aux imprécisions de la loi. La demanderesse se trouverait, comme d'autres femmes croisées plus tôt dans ce livre, dans une zone d'ombre du droit. L'acte de divorce ne fait pas état d'une communauté de biens et n'établit pas de critères en vertu desquels une reddition de comptes pourrait être exigée. Mieux, le divorce n'est pas reconnu dans la province de Québec. Il ne figure pas non plus parmi les motifs de dissolution de la communauté énumérés à l'article 1310 du code civil. Walter dit également avoir été bon prince : il verse depuis plus d'un an une pension mensuelle de 150 $ à son ex-femme, « from whom he had amicably separated[3] ». Vu la cause du divorce, on peut se montrer sceptique. Toujours est-il qu'il promet de payer gracieusement cette pension aussi longtemps qu'il sera en mesure de le faire. Cette prestation demeurerait un arrangement informel sujette à son bon vouloir. Mary a bien plus à gagner à un partage du capital ordonné par la justice.

Elle ne nie pas avoir reçu cette aide, assez parcimonieuse pour un homme aussi riche. La défense l'accuse même de se servir de cet argent pour faire épier Walter. « That has become a little more than a nuisance. It is all very well to do that in order to get proof for a divorce », mais une fois la dissolution du mariage obtenue, c'est faire injure à la réputation du défendeur. Dit autrement, il a été généreux et cette générosité s'est retournée contre lui.

Le 1er mai 1919, le juge McLennan en vient à la conclusion, assez évidente, que si la séparation de corps opère d'emblée la dissolution de la communauté de biens, le divorce fait certainement de même. Le Québec n'a pas de droit civil applicable aux conséquences patrimoniales du divorce, mais cela ne veut pas dire que la communauté des époux s'est maintenue. La province est sujette aux pouvoirs du fédéral en matière de mariage et de divorce en vertu de la constitution de 1867, de même qu'aux effets de ce pouvoir sur l'exercice du droit de propriété, compétence provinciale. L'action est donc accueillie.

Walter porte le jugement en appel et la Cour de révision infirme la décision de première instance en janvier 1920. Les avocats de Mary n'ont pas emprunté la bonne voie, tout en ayant raison sur le fond. Le juge de Lorimier n'est pas prêt à admettre qu'un divorce octroyé par le fédéral puisse s'appliquer à des catholiques, bien que les parties en cause soient de confession protestante. Malgré cette réserve, assez douteuse au plan constitutionnel, de Lorimier doit se rendre à l'évidence : « leur mariage est annulé : c'est un fait accompli. Le mari et la femme ne sont plus tenus de vivre ensemble. Le chef de la communauté est non existant : il n'y a plus d'époux. Comment une communauté peut-elle exister sans conjoints ? Je me demande si on peut avoir une séparation de corps ou de biens plus effective[4] ».

Quant à l'article 1310 du code, invoqué par la défense, c'est vrai qu'il n'inclut pas les annulations de mariage parmi les causes de dissolution de la communauté. Or, il va de soi qu'une telle annulation y donnerait droit en cas de mariage contracté de bonne foi. L'article n'est donc pas restrictif. La poursuite s'est quand même trompée de recours. Les biens étant toujours indivis, le seul remède de Mary consiste en une action en partage. Walter aurait beau rendre compte de leurs états financiers, elle ne serait pas plus avancée. Une liquidation et une division sont nécessaires. L'appel de Walter est maintenu avec possibilité, pour Mary, de se pourvoir autrement.

Les avocats de Mary, Mes Gosselin et Moyse, reviennent donc à la charge en février 1920 au moyen d'une action en partage doublée d'une demande de saisie conservatoire visant les dépôts de Walter à la Banque de Nouvelle-Écosse. La Cour supérieure leur donne raison. Walter a maintenant 30 jours pour inventorier le patrimoine conjugal commun et procéder à sa division, sans quoi il devra verser précisément 49 144,25 $ à son ex-épouse. Rares sont les femmes en difficulté de la bourgeoisie qui peuvent espérer toucher un capital aussi énorme. Elles en sont réduites à souhaiter une pension convenable, pension qui sera mesurée à l'aune de leurs besoins. Les hommes de loi, pourtant, chantent haut et fort les louanges des vertus protectrices du régime de la séparation. Avaient-ils à l'esprit, sans les formuler, les avantages masculins concomitants ? Tout homme d'affaires, même coupable d'avoir maltraité ou trompé sa femme, aurait considéré avec horreur le sort subi par la fortune de Walter.

Les séparations de corps sont très majoritairement demandées par les femmes mariées et non par les maris. De leur côté, les épouses poursuivies pour adultère risquent gros, en l'occurrence la perte des dons et avantages consentis par leur époux. Elles ont néanmoins droit à une pension[5]. Comment expliquer une telle largesse juridique, eu égard à l'opprobre entourant l'infidélité féminine ? Au début du 20e siècle, les obligations intrafamiliales sont au cœur des modes de régulation de la précarité, aux côtés de la charité dispensée par les communautés religieuses. Ces obligations sont d'ordre public, selon le juge McCorkill. Elles ne disparaissent pas toutes avec la séparation de corps. L'État ne doit pas suppléer aux responsabilités d'un homme envers sa femme déchue : « he cannot cast her upon the charity of the world or the charge of municipal corporation[6] ». Mais la Cour du banc du Roi, tout en confirmant l'existence de ce devoir marital, le restreint au nom de la morale. L'article 213 stipule que l'époux séparé de corps et nécessiteux peut obtenir une pension de son conjoint. Mais le fait qu'il faille tenir compte des « autres circonstances des parties », donnée assez vague s'il en est, permet d'être moins généreux avec une femme coupable.

Ainsi, tout n'est pas qu'affaire d'argent. Le scandale d'une séparation de corps est d'ailleurs autant un obstacle à l'idée d'y recourir qu'une conséquence de son obtention. C'est une chute symbolique brutale, peu importe la conduite de l'épouse : « une femme séparée de son mari a tout à perdre à cette séparation. Sa position dans le monde est fausse : elle n'est ni fille ni veuve. Ceci peut être un préjugé, mais il a existé de tout temps au détriment de la femme même qui n'a aucun tort à se reprocher. Elle n'a donc aucun intérêt à provoquer la séparation de corps et à instituer une action qui scandalise toujours[7] ». Fille, veuve ou épouse en bonne et due forme : voilà les états qui conviennent au deuxième sexe en ces premières décennies du 20e siècle.

LA PERSISTANCE DES OBLIGATIONS ENVERS LES ENFANTS

Mme Gregory et M. Odell unissent leurs destinées en 1884[8]. Leur contrat de mariage stipule que l'homme prendra en charge l'entretien et l'éducation des enfants à naître. Mme Gregory obtient une séparation de corps en 1896, après que M. Odell ait été débouté en appel l'année précédente dans le cadre d'une poursuite contre sa femme, qu'il accusait d'adultère. Le couple a quatre enfants et sa condition sociale est sans équivoque : domestiques, cuisinière, cocher et dame de compagnie assurent la bonne marche de leur logis. En vertu du jugement, trois enfants sont remis aux bons soins de l'épouse alors que l'époux se voit confier un fils, fils qui finit par retourner vivre avec sa mère. Les frais associés à la garde les ramènent tous deux au tribunal une douzaine d'années plus tard. Mme Gregory réclame alors une très forte somme à son mari, en l'occurrence 12 600 $.

Odell plaide que sa femme et lui ont antérieurement convenu d'un arrangement. L'entente, préparée par leurs avocats, l'a déchargé de l'entretien des enfants. Les avocats de Mme Gregory répliquent que cette entente privée est contraire à l'ordre public et à leur contrat de mariage. Tant la Cour supérieure que la Cour du banc du Roi leur donnent raison. Cet arrangement est d'une nullité absolue à la lumière de l'article 1265 du code qui stipule, comme on le sait, que les époux ne peuvent modifier leurs conventions matrimoniales. Mais la décision de la Cour du banc du Roi n'est pas unanime. Le juge Cross soutient que les engagements pris par contrat de mariage sont indissociables du maintien d'un domicile commun, principe évoqué dans des affaires de séparation de fait. C'est notamment pour cette raison que le père d'Olive Slayton a échoué à se faire rembourser les factures défrayées par ses soins, en lieu et place du mari de celle-ci. Et l'article 215 ne veut-il pas qu'après la séparation les époux contribuent aux charges du ménage à la hauteur de leurs moyens respectifs ?

M. Odell est tout de même condamné à verser 10 600 $. Pour le juge McCorkill, le jugement en séparation de corps a peut-être laissé croire à Mme Gregory que si certains enfants lui avaient été confiés, les dépenses concomitantes étaient de son ressort. Cette méprise, difficile à concilier avec l'arrangement informel décrit par son mari, ne signifie pas qu'elle agissait par libéralité, gratuitement. Son époux est sévèrement blâmé pour ne pas avoir respecté la lettre de leur contrat de mariage : « he knew these children could not be fed[,] clothed, housed, cared for and educated without expense ; he knew he … contracted to pay the entire expense thereof. If he continued, from day to day, from week to week, month to month, and from year to year, to ignore the fact that someone was at expense on their behalf and to neglect his duty towards them and his obligation towards his separated wife, is he to be relieved now from all responsibility to the one who has discharged these obligations for him ?[9] ».

Le critère du maintien d'un domicile commun n'est pas retenu par la majorité des juges qui se penchent sur l'affaire. Une importante différence sépare la réclamation de Mme Gregory de celles présentées à la suite de séparations de fait, outre le fait que sa rupture a été officialisée par une séparation de corps. Le litige porte sur les sommes nécessaires pour voir aux besoins et à l'éducation des enfants, non sur les dépenses somptuaires d'une femme qui a failli à ses devoirs. L'entretien des mineurs ne relève pas de la même logique judiciaire que l'entretien des épouses, même si le code civil et les contrats de mariage de la bourgeoisie obligent les maris à prendre en charge tant l'un que l'autre. La conduite et les fautes de petits garçons et de petites filles ne peuvent être en cause, alors qu'un soupçon plane toujours au-dessus de la tête des femmes mariées.

LES PENSIONS EN COURS DE PROCÈS

Quand une demande de pension pour la durée du procès est soumise à l'attention du tribunal, les juges examinent de près les circonstances du conflit et les finances des conjoints. Il faut prouver l'état de nécessité, état déterminé en théorie, pour une bonne part, par la condition sociale des parties. Cette « indigence bourgeoise » n'est pas homogène, ne serait-ce qu'en raison des importants écarts de fortune au sein même des groupes élitaires. Surtout, ce type particulier de privation est l'objet d'une construction morale et sexuée par les magistrats.

La cause Cornwell est l'occasion d'un rappel : « celui seul qui est dans un dénûment [sic] réel, et qui ne peut subvenir à ses besoins par ses revenus ou son travail, a droit à des aliments. Le juge doit prendre en considération l'âge, le sexe, l'état de santé, la position sociale et les occupations antérieures au mariage de la partie demanderesse[10] ». L'affaire voit dame Cornwell, une rentière, réclamer 400 $ par mois pour la durée des procédures en séparation. Ses revenus annuels de 3 700 $, tirés de propriétés situées en Angleterre, sont non négligeables. Son mari, qui gagne 416 $ par mois, dépose une contre-offre de 150 $ par mois, proposition entérinée par le tribunal. Selon le juge Bruneau, cette épouse n'est manifestement pas dans le besoin. Ses revenus ne sont que légèrement inférieurs à ceux de son époux. Le raisonnement judiciaire pourrait s'arrêter là. Le magistrat ne se contente pas de simples calculs et se livre à une charge à fond de train contre le mode de vie de Mme Cornwell et certaines transgressions en matière d'éducation et de rapports sociaux de sexe. Elle a perdu le contrôle de la part des dépenses domestiques demeurées sous sa gouverne :

> elle a ... trois enfants d'un premier lit ; deux sont à Londres en Angleterre, à poursuivre leur instruction ; le troisième, une fille ... a déclaré son indépendance et s'est faite professeur de danse, contrairement à l'avis de son beau-père, le défendeur, et elle ne reste plus avec sa mère. Cette décision de la fille ne me paraît pas étrangère à la présente difficulté entre les époux. La demanderesse n'est pas obligée de laisser ses deux enfants en Angleterre ...
> Son train de vie est le train ordinaire de nos familles canadiennes. Le luxe ne pourrait être, dans sa condition sociale, que du superflu. Elle prétend ... qu'il ne lui reste par mois qu'une bagatelle ... Bien, si ces dépenses ... sont extravagantes, qu'elle change de conduite.[11]

Mme Cornwell assume certainement, en tout ou en partie, les frais d'éducation de ses enfants. Sa tentative de faire main basse sur l'entièreté des gains de son époux peut sembler farfelue. Connaissait-elle exactement les revenus de ce dernier ? Qui plus est, il est possible que ses attentes, au moment de son mariage, n'étaient pas de vivre selon le « train ordinaire [des] familles canadiennes ». Une éducation donnée en Angleterre paraît extravagante aux yeux du juge Bruneau, petit bourgeois francophone ayant fréquenté le collège des Jésuites[12]. Elle, de son côté, y voit peut-être un investissement propre à assurer l'avenir de ses fils. Ces hypothèses ne peuvent être vérifiées. Rares sont les dossiers judiciaires qui mettent précisément en lumière les espérances et les souhaits entretenus par les femmes mariées de la bourgeoisie, à un moment ou l'autre de leur existence.

La jurisprudence n'est tout de même pas exempte, çà et là, d'innovations favorables aux épouses en difficulté. Ces innovations doivent être interprétées avec circonspection, en fonction des enjeux précis des affaires et des rapports de pouvoir qu'un recours en justice surajoute à la domination masculine instituée par le code civil.

Le 16 février 1921, Marie Louise Églantine Bastien présente une requête pour être autorisée à ester en justice[13]. Elle souhaite poursuivre en séparation de corps son mari, Ovila Stanislas Perreault, gérant de l'Imperial Tobacco. Cette demande d'autorisation doit précéder tout procès de ce genre, puisque les femmes mariées sont juridiquement incapables. Le document présente toutefois une particularité. Au lieu de demander, comme la plupart des femmes placées dans sa situation, à être autorisée à résider ailleurs qu'au domicile conjugal du 530 Grosvenor à Westmount, elle veut continuer à occuper les lieux en compagnie de ses enfants, pour la durée du procès. Le couple, marié en 1892, est assez âgé. Leurs trois enfants sont grands : Mélina, Marie et Gérard ont respectivement 27, 20 et 18 ans.

Leur contrat de mariage stipule notamment que « toutes [les] dépenses nécessaires pour l'entretien & subsistance des futurs époux & de leurs enfants, ainsi que celles concernant l'éducation de ces derniers [et] leur établissement ... seront supportées par le dit futur époux[14] ». À peu près tous les maris de la bourgeoisie s'engagent à entretenir femmes et enfants, mais la mention très précise des frais d'établissement n'est pas monnaie courante. Or, établir ses filles au moyen d'un bon mariage peut coûter cher. L'installation d'un fils dans une profession, pour sa part, requiert temps et argent. Les mots choisis par le notaire – à la demande de la famille de la future mariée ? – seront au centre des débats opposant Églantine et Ovila, à l'instar de la règle de droit voulant que les pensions alimentaires doivent tenir compte des besoins exprimés, de la capacité de payer du débiteur et du rang social des parties.

Le 11 mars 1921, Églantine présente une autre requête en parallèle de la première. Elle demande la garde de Marie et Gérard, encore mineurs, de même qu'une pension alimentaire pour la durée du procès. Elle ne dispose pas de revenus en propre, à la différence de Mme Cornwell. Une pension mensuelle de 650 $ couvrirait ses besoins, ceux de ses enfants et les autres dépenses de la maison. Peu de ménages montréalais des années 20 disposent de telles rentrées d'argent. Églantine requiert également 100 $ pour ses frais de justice.

Le juge Coderre rend deux jugements interlocutoires, sur chacune des requêtes, le 21 mars suivant. Outre l'autorisation à poursuivre, à peu près tous les souhaits de la poursuite sont exaucés : la demanderesse peut continuer à disposer du 530 Grosvenor et on intime à son époux d'aller habiter ailleurs ; la garde des enfants lui est confiée ; M. Perreault devra payer une pension mensuelle rétroactive au 1 mars 1921 de 550 $, soit 100 $ de moins que le montant initialement réclamé. Il s'agit dans tous les cas de mesures provisoires, dans l'attente du jugement sur le fond de la demande de séparation de corps. Les 100 $ en frais de justice sont aussi alloués.

Perreault fait appel sans tarder de l'ordre lui enjoignant de trouver un logis en dehors du domicile conjugal. La maison lui appartient, de même que tout son contenu. Le 18 mai 1921, la Cour du banc du Roi confirme la décision du juge Coderre. Cette attribution provisoire du domicile à l'épouse fait jurisprudence : si la loi permet à celle-ci de résider ailleurs durant le procès, rien n'empêche a contrario qu'elle occupe la résidence familiale et que, par conséquent, son mari soit contraint d'habiter à un autre endroit[15]. C'est bel et bien une innovation, car le domicile commun est en vertu du code celui choisi par l'époux-chef de famille. La situation des parties a été examinée en détail. M. Perreault n'est pas à plaindre. Il possède deux autres maisons et comme tout *gentleman* de la bonne société, il est membre de clubs dont certains peuvent lui offrir le gîte. Un juge affirme en outre qu'il est dans l'intérêt de tous que le foyer soit le moins perturbé possible. Comme les enfants concernés sont presque adultes ou adultes, les soins maternels requis par une progéniture en bas âge n'ont pas déterminé ce raisonnement judiciaire progressiste.

C'est donc au bénéfice du maintien de l'ordre familial que les lieux de résidence sont assignés. Ce progrès apparent de la condition féminine permet en fait d'éviter les esclandres et le délitement complet de l'unité domestique. Il y a des enfants à maintenir, à protéger, et non seulement une dame que l'on peut soupçonner de s'accrocher à sa condition bourgeoise alors que le mariage, fondement de son identité sociale, a fait naufrage. Et on ne reproche rien à Églantine, condition *sine qua non* d'intervention judiciaire en faveur des épouses : ni turpitude morale, ni perte de contrôle de la maisonnée ou de ce qu'il en reste.

Elle a en fait de graves motifs de plainte d'après les allégués de sa poursuite. La demande de séparation est fondée sur les habituels excès, sévices et injures graves. Églantine ne dit pas avoir été battue, mais Ovila la trompe sans gêne tout en se montrant insupportable et grossier. Il entretient sa maîtresse, Mme Albert Leduc, dans des maisons dont il paie le loyer ; il parle ouvertement de cette liaison devant sa femme et ses enfants ; il « laisse traîner et exposer à la vue ... dans la maison conjugale, des factures, des comptes contractés par la dite femme, de même que des lettres, billets et portraits[16] ». Qu'il soit ivre ou sobre, il abreuve Églantine d'injures, même en présence d'étrangers. Son répertoire est assez étendu : « putain », « chienne », « maudite vache », « grosse bête », « sacrée folle », « bonne pour l'asile », « écœurante », « senteuse », « écornifleuse »[17]. Comme si ce n'était pas assez, la famille ne trouve littéralement plus le repos : « le défendeur dans la surexcitation causée par la boisson, l'aversion et le mépris qu'il a pour sa femme et ses enfants, passe ses nuits sans dormir et à parler, insultant tout le temps la demanderesse et ses enfants à haute voix, jouant du Victrola du matin au soir, de manière à empêcher la demanderesse et ses enfants de se reposer[18] ». Si de tels comportements étaient reprochés à une femme mariée, nul doute que sa santé mentale serait remise en cause.

La conduite de l'individu est telle qu'il compromettrait l'établissement de ses filles et de son fils. Les avocats d'Églantine, Mes Bisaillon et Béique, ne précisent pas de quelle façon. Il y a cependant lieu de croire qu'un adultère connu du public a amplement de quoi compromettre le capital symbolique de la famille au sein de la bonne société montréalaise et, par le fait même, ses chances de conclure des alliances avantageuses. Églantine requiert donc la séparation de corps, la garde de Mélina[19], Marie et Gérard, une pension mensuelle de 833 $ – jugée nécessaire pour que tous puissent vivre selon leur rang – de même que l'usage du 530 Grosvenor. Il ne s'agit plus de mesures provisoires, mais bien d'arrangements que la poursuite voudrait voir inclus dans le jugement final.

La défense offerte est plutôt molle. Perreault et ses avocats combattent plus ardemment l'attribution du domicile et la pension exigée que la fin de l'obligation de cohabiter. L'homme et la femme seraient d'ailleurs séparés de fait depuis un certain temps, sans que l'on sache depuis quand. Le défendeur entretient ouvertement une liaison, ce qu'il ne nie pas avec vigueur ; la fin de la vie commune ne l'affecte peut-être pas outre mesure. Il ne boit pas assez pour se rendre insupportable, selon ses représentants légaux. Églantine a mis la main sur des lettres et portraits de Mme Leduc, sa maîtresse ? Elle a donc fait les poches de son mari. Il dément avoir exposé ces items au regard d'autrui. Quant aux propos désagréables qu'on lui attribue, c'était en réponse aux paroles blessantes de sa femme. En somme, la défense choisit d'admettre certains torts à demi-mot – tout nier en bloc serait risqué – et d'attribuer une partie du blâme à Églantine. Pour ce qui est des finances domestiques, Perreault soutient avoir fait vivre sa femme et ses enfants dans le luxe, ne leur refusant rien. La défense se trouve ici en terrain plus solide. Si Perreault finit par perdre le procès, ce n'est pas en tant que mauvais pourvoyeur mais en sa qualité de conjoint détestable.

La pension décrétée pour la durée de l'instance est l'objet d'une véritable guerre de tranchées. L'obligation alimentaire est un lien juridique mouvant de nature. Sans surprise, les prétentions de la poursuite et de la défense diffèrent beaucoup à cet égard et pas uniquement à propos des « faits ». Les idiosyncrasies des époux en matière d'économie domestique sont sujettes à critique. De surcroît, des normes sociales et morales sont en jeu. Qu'est-ce qu'un train de vie convenable pour un ménage bourgeois ? Qu'est-ce qui sépare la décence du luxe ? Ce n'est pas tout : l'évolution du cycle de vie familiale peut susciter des demandes d'augmentation de pension ou, à l'inverse, des requêtes en réduction des paiements. Or, la famille Perreault se trouve à un tournant de son histoire. L'union remonte à près de 30 ans et les enfants sont en voie de s'installer dans la vie. L'établissement, en milieu élitaire, a ses coûts et exigences. Enfin, une femme dépourvue de revenus personnels comme Églantine est forcée de s'adresser à la justice dès que se présente une dépense imprévue. Tous les ingrédients sont ainsi réunis pour une multiplication des procédures. L'appareil judiciaire doit donc examiner de fond en comble, et fréquemment, l'économie domestique des Bastien-Perreault.

Églantine et ses avocats présentent plusieurs requêtes afin de faire respecter ou de faire varier la pension mensuelle de 550 $ initialement octroyée, avant même le jugement final sur la demande de séparation. Son mari n'est pas en reste. Les aléas de la pension alimentaire se succèdent durant cette période précise des débats en justice :

- 18 mai 1921 : Perreault ayant aussi fait appel de la décision prise le 21 mars 1921 quant au montant de la pension provisoire, il est débouté par la Cour du banc du Roi. Tant le montant que sa rétroactivité au 11 mars 1921 sont confirmés
- 11 juin 1921 : la poursuite requiert un bref d'exécution sur ses biens meubles. Il manque 600 $ sur les 1 650 $ censés couvrir les trois mois qui viennent de s'écouler (de mars à juin). L'Imperial Tobacco est mise en cause, la veille, en vue d'une saisie de salaire
- 14 septembre 1921 : Perreault présente une requête. Marie étant maintenant majeure et dotée de capacité civile, Églantine ne pourrait plus exiger de pension pour son compte. Par conséquent, la pension devrait être révisée à la baisse, à 400 $. L'ensemble du dossier montre que le père de famille remet déjà directement des montants à sa fille. Il cherche manifestement à reprendre le contrôle de l'ensemble des transferts dont elle profite
- 16 septembre 1921 : au tour d'Églantine. Gérard est sorti du collège au mois de juin précédent et a présenté une demande d'admission à l'université McGill en sciences appliquées. Elle sollicite 317 $ pour ses frais de scolarité, livres et instruments, ainsi que 60 $ de supplément mensuel pour la pension du jeune homme. 20 tonnes de charbon devraient aussi être livrées au 530 Grosvenor en vue de l'hiver

- 18 octobre 1921 : en vertu de la requête soumise par Perreault, la pension passe de 550 $ à 475 $, en raison de la majorité de Marie
- 18 octobre 1921 : le même jour, le juge estime que les exigences d'Églantine en ce qui a trait à Gérard et au charbon sont bien fondées. La pension est bonifiée de 115 $ et s'élève dès lors à 590 $ (475 $ + 115 $)
- 22 décembre 1921 : Églantine dénonce son mari. Au lieu de payer les 590 $ de décembre au complet, Perreault a déduit à retardement une facture de 147,41 $ soldée directement auprès du mont Saint-Louis, l'ancien collège de Gérard. Les frais d'éducation sont à la charge du père de famille et n'ont jamais été inclus dans la pension de 590 $, d'après la demanderesse. Elle réclame le versement de la somme en souffrance
- 16 janvier 1922 : autre protestation similaire. Perreault a déduit cette fois 210 $ en frais de scolarité et livres payés pour le compte de son fils. Églantine exige, derechef, la somme retranchée. En outre, elle considère que le 530 Grosvenor est maintenant inhabitable. Ayant déniché un logement à 160 $ par mois, elle souhaite être autorisée à y habiter et que Perreault paie 250 $ pour son déménagement. La pension devrait aussi être portée à 788 $
- 9 février 1922 : les parties déposent un compromis en cour. La pension serait fixée à 650 $. La somme inclut 500 $ destinés à l'épouse et 50 $ pour la nourriture de chacun des trois enfants. Perreault pourra faire varier le montant destiné à Gérard lorsque ce dernier obtiendra une situation stable. Il en ira de même lorsque les filles se marieront. Églantine aura le loisir d'occuper le 530 Grosvenor jusqu'à son déménagement Park Side Place, chemin de la Côte-des-Neiges. Perreault ne s'oppose pas à son départ, bien au contraire : il s'engage à lui fournir un ameublement de 2 500 $ et à payer la moitié des frais de déménagement. Les deux parties ont signé l'entente de leur main

L'homme se montre assez libéral au final. L'accumulation des honoraires d'avocat et des frais de justice a peut-être facilité la conclusion de ce traité de paix. Soulignons aussi, à sa décharge, qu'il ne cherche pas totalement à fuir ou à oublier subrepticement ses obligations paternelles, à la différence d'un M. Odell. Perreault joue franc jeu quant à ses états financiers. Il produit un bilan exhaustif de ses revenus, de ses actifs et de son passif pour l'année précédant le début du procès.

Ses rentrées d'argent sont substantielles. Il touche un salaire annuel de 10 000 $ à titre de gérant de l'Imperial Tobacco; ses actions dans la compagnie, à elles seules, rapportent 10 500 $ par an. C'est à la fois un col blanc et un capitaliste. La valeur nominale de son portefeuille d'actions dans diverses industries s'élève à près de 180 000 $; l'ensemble de ses actifs, incluant des lots de terre et la résidence familiale, vaut précisément 218 824,22 $. Cependant, ses charges sont lourdes et il doit voir au remboursement de ses dettes. Rien ne permet de présumer que Perreault mente à cet égard. Des lettres déposées en preuve montrent que des banques le pressent de réduire le montant de ses emprunts. Déduction faite du passif, son patrimoine vaut encore 150 000 $. Malgré sa richesse, Perreault considère qu'il est aux abois. Le poids du passif s'accentue et les exigences de sa femme n'ont rien fait pour arranger les choses.

Des attitudes personnelles sont en jeu, de même que la moralité du bon usage de l'argent. Avant qu'ils n'en viennent au compromis de février 1922, l'homme d'affaires critique vertement la propension à la dépense de sa femme. Les juges prêtent facilement l'oreille à ce type de discours, comme on le sait. Églantine, de son côté, doit faire face au même défi que toutes les femmes séparées, c'est-à-dire éviter une réduction drastique de son niveau de vie et de celui de ses enfants. Confort et *standing* sont en jeu.

Perreault témoigne le 19 mars 1921. Ses charges, dit-il, absorbent entièrement ses revenus. Il regrette autant son mariage que les dépenses afférentes: « si j'avais été libre, c'est ce que j'aurais dû faire de ne pas me marier, je retirerais dix fois cela aujourd'hui[20] ». Me Bisaillon, l'avocat d'Églantine, se risque à lui demander s'il a toujours payé les dépenses de la maison. Perreault s'irrite: « qui les aurait payées si je ne les avais pas payées[?][21] ». Que sa moralité sexuelle soit attaquée passe encore. S'en prendre à sa masculinité de mâle pourvoyeur le pique au vif. Les disputes financières ne datent pas non plus d'hier dans l'histoire du couple:

Q. Vous avez été déjà séparé d'avec votre femme pendant deux ans?
R. Non, j'ai été séparé avant cela, vous ne le saviez pas hein! Quand je me suis marié il y a à peu près vingt-cinq à vingt-sept ans, trois mois après être marié [*sic*] ma femme m'a demandé de lui donner plus de confort que j'avais les moyens de donner, je demeurais dans le village de Vaudreuil, elle est partie

et elle est allée chez sa mère parce qu'elle voulait avoir deux servantes, et sa mère lui a dit : « quand ton mari aura les moyens de te donner des servantes, tu retourneras avec lui ». Comme un fou, le lendemain je suis allé la chercher, j'aurais dû la laisser là.[22]

Cet amour empressé s'est émoussé depuis. Mais si l'homme critique la mauvaise administration domestique de sa femme, c'est donc qu'elle a été chargée d'y voir. Une lettre déposée en preuve et remontant à 1919, époque probable de leur séparation de fait, montre qu'il avait convenu de lui remettre l'entièreté de son salaire mensuel (833,33 $), à charge pour elle de voir à toutes ses dépenses, à celles des enfants et aux frais de la maison (hypothèque, taxes, etc.). Est-ce un signe de confiance ? Peut-être sur le moment, mais il soutient deux ans plus tard que l'objectif était d'habituer son épouse à l'économie et de mettre fin à ses extravagances. Cette entente informelle n'a pas duré. Les montants promis ont d'abord été transférés régulièrement, avant de fondre lorsque Perreault a commencé à solder certaines factures directement.

Un an après le début du procès, Perreault continue à attribuer leurs déboires domestiques aux goûts de luxe d'Églantine et aux dettes encourues de ce fait. Son irritation est palpable : « si ma femme avait voulu diminuer ses dépenses, ces troubles ne seraient peut-être pas survenus. Un jour, j'ai dit à ma femme qu'elle m'avait mis dans les dettes, et je me sentais comme un prisonnier, parce que je n'ai jamais fait de dettes avant, je lui ai demandé de réduire son train de vie plusieurs années avant, longtemps avant que nos troubles commencent, elle m'a dit : « tu m'as mariée pour me donner du luxe, donne-moi du luxe »[23] ». Ce luxe était-il convenable, eu égard à leur situation sociale ? Pas du tout, d'après lui. Il a dû contracter un emprunt en 1920, dit-il, pour solder un compte en souffrance de 1 500 $ en robes et chapeaux achetés chez une modiste de la rue Sainte-Catherine.

Prodigue ou pas, Églantine est capable de tenir très exactement les comptes d'un foyer brisé. À l'instar de son époux, elle soumet un bilan à l'attention du tribunal. Le document couvre les sept mois suivant le début du procès. Elle n'est pas complètement perdue dans les factures, tout en englobant bien des choses parmi les dépenses : y figurent des œufs de Pâques, la licence du chien et le pourboire versé à la police de Westmount pour jeter un œil au 530 Grosvenor de temps à autre. Du côté des revenus, le dernier item concerne le loyer d'une maison de Vaudreuil probablement occupée durant la saison estivale. Une note l'accompagne : « montant que ma fille Mélina m'a prêté sur ses épargnes en banque afin de nous procurer à tous un peu de repos et de paix, lesquels nous avons tous grand besoin [sic]²⁴ ».

Le 2 mars 1922, le jugement sur le fond est enfin prononcé. La séparation est accordée, vu « l'incompatibilité d'humeur²⁵ » des époux. La garde des enfants est confiée à Églantine et les clauses du compromis du 9 février 1922 sont toutes entérinées : 650 $ de pension mensuelle pour elle et les enfants, possibilité pour Perreault de faire varier la somme lorsque Gérard sera installé dans une profession et lorsque les filles trouveront mari, 2 500 $ en meubles pour le nouveau logis d'Églantine, etc.

La cause Coutlée vs Hétu constitue un autre exemple du nouvel interventionnisme en matière d'organisation domestique dont fait preuve la magistrature durant des procès en séparation de corps²⁶. Victime de mauvais traitements, Mme Hétu réclame la séparation et la garde de ses enfants. Le juge en charge de l'affaire est rétif à l'idée d'octroyer une séparation en bonne et due forme, mais tout le reste y passe : l'endroit où résidera Mme Hétu, les meubles, la garde du petit Lionel et de la petite Marcelle, le fait que les internats sont nuisibles à la santé des enfants, les droits de visite et leur horaire. Le magistrat recommande même aux époux de ne pas critiquer la partie adverse ou sa famille. La pension sera de 55 $ par mois, en sus des 70 $ alloués chaque saison pour habiller cette dame et ses deux enfants. Comme M. Perreault, M. Coutlée fait appel. Nouvel échec : la Cour du banc du Roi entérine cette régulation minutieuse des affaires domestiques *pendente lite*. Ce qui fait jurisprudence, dans le cas présent, est le fait que le juge de première instance se soit permis d'aller bien au-delà des enjeux habituels des décisions provisoires que sont la garde des enfants, le lieu de résidence de l'épouse et la pension pour la durée des débats.

LES ALÉAS DES PENSIONS OCTROYÉES AU TERME DES PROCÈS

Des femmes font ainsi des gains à l'orée des procès. Il s'agit toutefois de victoires temporaires. Les dispositions des jugements finaux ne nous sont pas toujours connues. Certains dossiers en font état. Un jugement accordant la séparation stabilise-t-il la situation des femmes en difficulté ? Rien n'est moins sûr. La pension décrétée n'a pas la permanence d'une dette qu'un débiteur aurait été condamné à rembourser. Elle peut susciter de nouveaux débats car l'obligation alimentaire dépend des circonstances, des besoins exprimés et des ressources disponibles. Anne-Marie Dastous, on l'a vu, a dû se défendre bec et ongles pour conserver la pension obtenue après l'annulation de son mariage[27]. Il peut en être de même pour les femmes séparées de corps. Sans indépendance financière réelle, une épée de Damoclès est toujours suspendue au-dessus de leur tête.

La pension reçue peut finir par s'avérer insuffisante d'après la femme séparée. Or, son nouvel état ne l'a pas totalement déliée de son incapacité judiciaire. En 1928, la Cour du banc du Roi déclare nulle de plein droit une demande d'augmentation de pension fixée au terme d'un procès en séparation de corps[28]. L'article 210 du code, qui permet à la femme séparée de procéder en justice quand il s'agit de ses biens, a des limites. Cette capacité « n'éveille qu'une idée de régie[29] » de ce qu'elle possède déjà, ce qui n'est pas le cas d'une pension. Le fait que cette question doive être tranchée par la Cour du banc du Roi et l'absence d'unanimité parmi ses juges montrent, à nouveau, que les droits des épouses constituent une zone grise du droit civil québécois au début du 20e siècle[30].

Une demande d'augmentation de pension peut se solder par l'annulation de ce bénéfice. Le mari de Mme Leroux démontre que ses revenus ont chuté alors que sa femme, qui n'a plus d'enfants à charge, peut toujours compter sur la rente annuelle que lui procure son propre patrimoine[31]. Ces 700 $ ne pourront plus être complétés par les 1 000 $ que lui versait son époux. De quelle manière a-t-elle vécu le déclin de son aisance matérielle ? Les archives demeurent muettes à cet égard[32].

Églantine Bastien fait à nouveau appel à la Cour supérieure un an après avoir gagné son procès et obtenu une pension alimentaire en bonne et due forme. Elle est maintenant installée Park Side Place, tel qu'elle le souhaitait. La pension doit être augmentée, fait-elle valoir. La conjoncture financière familiale est délicate : l'établissement des enfants a occasionné et occasionnera très prochainement des frais. Par contre, en vertu du jugement, cet établissement constitue précisément ce qui peut autoriser M. Perreault à réduire les paiements auxquels il est astreint.

Mélina est maintenant mariée avec un colonel, Hughes de Martigny. Marie et Gérard habitent toujours avec leur mère. Églantine rappelle qu'en vertu de son contrat de mariage, les frais d'entretien, d'éducation et d'installation des enfants ne sont pas de son ressort. Les 50 $

mensuels alloués pour chacun d'eux couvrent seulement leur nourriture, à l'exclusion du reste.

Les dépenses de Gérard se sont alourdies. Certes, son père paie sa scolarité à l'université McGill. Églantine soutient lui avoir fourni près de 500 $ en un an pour des frais « nécessités par sa situation sociale, pour vêtements, réparations, chaussures, billets de tramways, repas à la ville dans les restaurants pour permettre sa ponctualité à ses cours, contributions auxquelles les élèves sont tenus de faire [*sic*] à l'université, menues dépenses, etc. en dehors de sa nourriture à la maison[33] ». Ces 500 $ investis en réussite étudiante devraient lui être remboursés. Elle a également besoin de 65,50 $ de plus chaque mois pour voir aux besoins du jeune homme.

Marie prépare de son côté son mariage avec Paul-Drolet Massue. Le couple est fiancé depuis Noël. L'évènement se doit d'être convenable. En milieu élitaire, les bonnes et belles alliances permettent aux parents et aux proches de réaffirmer leur statut enviable et leur honorabilité à la face du public. Selon Églantine, Perreault devrait débourser jusqu'à 2 500 $ pour le trousseau de la jeune femme et le déjeuner de noces, items qu'elle assimile à des frais d'établissement. Il faudrait par ailleurs 50 $ de plus par mois afin que Marie se vête décemment d'ici la célébration.

Perreault et ses avocats font barrage à ces nouvelles exigences. De leur point de vue, le jugement en séparation de corps du 2 mars 1922 est final et, par conséquent, la demanderesse doit entamer une poursuite en bonne et due forme au lieu de procéder par une simple requête comme elle l'a fait. Autre point de droit, déjà soulevé durant le premier procès : Marie étant majeure, Églantine ne peut poursuivre à sa place. C'est d'ailleurs à son père d'estimer ce qui est nécessaire en vue de son mariage. Au surplus, il s'est toujours montré généreux avec elle. Quant à Gérard, Églantine aurait encaissé les 50 $ prévus pour sa nourriture alors qu'il ne résidait même pas avec elle, cela durant plusieurs mois. Perreault se dit prêt à prouver qu'il lui a fourni plusieurs centaines de dollars récemment. Qu'Églantine ait cru bon d'agir libéralement avec son fils n'engage pas la responsabilité de son mari. Plus généralement, le chef de famille assure que les charges excessives du jugement de séparation de corps et ses autres obligations le forcent à entamer son capital.

Il est difficile de départager le faste pur et simple des exigences propres au milieu auquel appartiennent les Bastien-Perreault. Les ouvrières célibataires qui suent sang et eau dans les manufactures de

Montréal ne peuvent que rêver à un trousseau pareil à celui requis pour Marie, l'équivalent de plusieurs années de salaire. Une chose est claire, cependant. Le fait que le code civil et les contrats de mariage fassent peser l'entretien des enfants sur les épaules des maris ne les prive pas de toute autorité, bien au contraire.

Le 5 avril 1923, la Cour supérieure se prononce. C'est la deuxième fois que le couple voit ses disputes privées faire l'objet d'un rapport de jurisprudence, après avoir involontairement innové au moyen de l'attribution du domicile commun à l'épouse durant un procès en séparation de corps[34]. Il fallait procéder au moyen d'une action et non par requête. La demande est tout de même examinée au mérite, question d'éviter l'audition des mêmes arguments une seconde fois peut-on croire. Il y a des limites aux largesses exigées d'un mari pourvoyeur, même en moyens. Un certain esprit d'économie doit présider aux affaires domestiques. Il est d'ailleurs en preuve que depuis un an Perreault n'a aucunement cherché à se soustraire au jugement de séparation de corps: il a bien versé, chaque mois, la pension ordonnée. Surtout, on ne peut faire fi de la puissance paternelle en ce qui a trait aux pensions alimentaires versées au profit des enfants.

Les frais de mariage et de trousseau ne sont pas des aliments stricto sensu. M. Perreault jouit de discrétion à ce titre, à plus forte raison qu'on ne peut lui reprocher de s'être montré avare avec ses grandes filles. Outre les 50 $ versés mensuellement pour chacune, il a donné 1 000 $ en un an à Marie et 1 800 $ à Mélina, déjà mariée. Gérard, lui, est plus que gâté. De mars 1922 à mars 1923, le jeune homme a disposé de près de 1 900 $ en revenus, pension et transferts parentaux: 360 $ de salaire durant quelques mois passés à Trois-Rivières; 600 $ pour sa nourriture en vertu du jugement de séparation de corps; 556,81 $ payés par son père; 397,80 $ donnés par sa mère. C'est plus qu'assez. D'après le juge Bruneau, la sollicitude maternelle est en train de le pourrir et d'en faire un fils prodigue[35]: « la preuve et les pièces produites démontrent que la demanderesse ne sait rien refuser à son fils Gérard, et qu'au lieu de lui enseigner et lui faire pratiquer l'économie, elle lui facilite un train de vie luxueux, au-dessus de ses propres ressources et des moyens de fortune de son mari[36] ». Cette attitude est tellement contraire à une bonne éducation qu'elle est menacée d'en perdre la garde.

Perreault paie et paie bien. Sa femme doit être rappelée à l'ordre. Un mari a des droits, dont un droit de surveillance découlant de la puissance paternelle, même si la garde des enfants ne lui a pas été confiée[37]. Il peut, en tant que payeur, faire obstacle à des dépenses injustifiables. Les enfants devront donc s'en remettre à la générosité de leur père sans que leur mère puisse prétendre jouer les intermédiaires.

« THIS DELICATELY CULTURED LADY » : L'AFFAIRE STEVENSON

Au début des années 1920, Mary Stevenson doit se rendre jusque devant le Conseil privé pour défendre son honneur, obtenir une séparation de corps, la garde de ses enfants et une pension mensuelle assez modeste de 75 $[38]. Elle reçoit déjà 2 000 $ par an de sa mère. L'économie familiale bourgeoise, habituellement, dépend essentiellement des promesses des maris, des aléas de leurs affaires et de leur bonne conduite. Par conséquent, une rente parentale constitue un atout de taille lorsque le ménage se disloque. Certains juges en charge du dossier de Mme Stevenson en tiendront compte : cela la qualifie, financièrement parlant, pour obtenir la garde de ses trois fils. Si l'appareil judiciaire accorde maintenant plus d'importance aux soins maternels en ce début de 20e siècle, les ressources dont disposent concrètement les femmes, en propre, font aussi partie de l'équation.

Comme on l'a constaté dans plusieurs dossiers, ce ne sont pas toutes les épouses de la bourgeoisie qui se prévalent d'un tel avantage, cela pour des raisons qui ne dépendent pas d'elles. Églantine Bastien n'a pas de revenus personnels. Institutions et rapports sociaux de sexe le veulent ainsi, en quelque sorte. La grande majorité des contrats de mariage, en milieu possédant, stipulent que le futur époux assumera les frais du ménage, de même que les frais d'entretien et d'éducation des enfants à naître. Le contrat de mariage de Mme Stevenson ne fait pas exception. En outre, se conduire en pourvoyeur fiable fait partie des normes essentielles de la masculinité et de l'honorabilité bourgeoises. Cette charge financière, juridique et morale n'est pas du tout du ressort des épouses en temps normal. En cas de conflit, le fait d'avoir des revenus suffisants n'est même pas censé infléchir la décision de confier ou non la garde des enfants à leur mère, si on s'en tient à la lettre du code civil. « Le plus grand avantage des enfants » doit primer, de concert avec le fait de ne pas être le conjoint coupable[39]. Des données proprement circonstancielles déterminent donc, à l'occasion, le cours suivi par la justice.

Cette autonomie financière ne rend pas compte à elle seule de la victoire de Mme Stevenson, victoire obtenue à l'arrachée. Les près de 1 000 pages de documentation engendrées par son action permettent de mieux comprendre le rôle que joue la morale en justice lorsque deux époux croisent le fer, la manière dont les parties peuvent mettre en scène – juridiquement et socialement – la personnalité de leur adversaire ainsi que l'importance de l'impression faite par l'homme et la femme en cause. Bien entendu, les juges sont tenus de mettre à l'épreuve les prétentions de la poursuite et de la défense et d'appliquer les principes formels du code civil. Mais lorsque les motifs de la demande de séparation de corps ne correspondent pas très exactement aux exigences du droit, le capital moral prend d'autant plus d'importance et la réponse des tribunaux peut s'avérer assez aléatoire, ce dont témoignent le renversement de décisions rendues en première instance et l'absence d'unanimité chez les juges siégeant en appel. De ce fait, la jurisprudence ne présente pas de progrès tangibles de la condition féminine au début de 20e siècle, bien que des femmes en difficulté soient de facto secourues par l'appareil judiciaire. Les victoires de certaines dames comme Mary Stevenson demeurent des gains individuels et surtout circonstanciels.

Le parcours de son époux, Maurice Day Baldwin, est assez atypique. Rejeton de la célèbre famille de politiciens et de dignitaires anglicans du Haut-Canada, fils de Maurice Scollard Baldwin, évêque de Huron, il suit au départ les traces de son père[40]. Le 26 avril 1905, alors qu'il est en poste comme révérend à Montréal, il prend pour épouse Mary Alexandra Marguerite Stevenson, fille d'un marchand du lieu. La jeune femme, qui a environ 20 ans, est de dix ans sa cadette. Éduquée en Angleterre, c'est certainement un bon parti. Baldwin quitte cependant le sacerdoce par la suite. Il occupe dès lors des emplois divers, notamment auprès de la Standard Chemical Company et comme dessinateur de plans.

Le 3 mars 1919, l'homme rentre du travail et trouve leur appartement du 727 avenue des Pins Ouest, à deux pas de l'université McGill, complètement vide. Mary l'a quitté, emportant avec elle leurs trois fils Herbert, Richard et Jesse, respectivement âgés de 12, 10 et 7 ans. Cette fuite a été planifiée. Mary avait déjà contacté des avocats (Mes Ewing et McFadden) plusieurs semaines auparavant. Dès le lendemain, un huissier transmet à Baldwin la requête pour être autorisée à ester en justice présentée par sa femme à la Cour supérieure.

La séparation est un scandale. Mary ne fait pas un saut dans l'inconnu au plan financier pour autant, à la différence d'autres épouses incapables de vivre plus longtemps avec leur conjoint. Ses propres ressources ont certainement facilité sa décision de partir. Elle allègue que Maurice, a contrario, ne contribue pas adéquatement aux frais du ménage. De ce fait, leur économie domestique sera examinée assez attentivement durant le procès. Leur contrat de mariage en séparation de biens prévoyait que tous les biens meubles allaient être la propriété de l'épouse. Le futur mari, lui, s'est engagé à assumer les dépenses de la maisonnée. Ce n'est là rien d'inhabituel. Mais certaines clauses de l'acte notarié sortent quelque peu de l'ordinaire. Maurice a fait un don entre vifs et irrévocable de 30 000 $ à sa fiancée et à leurs futurs enfants. Mary ne devait pas encaisser la somme en propre. Ce don avait en fait trois fonctions : il était destiné à mieux garantir l'entretien de la famille, à ne pas laisser Mary sans le sou en cas de veuvage et à prévoir à l'avance la transmission de capitaux en direction de leur progéniture. Maurice devait verser la somme durant sa vie. À défaut, ce don sera exigible à son décès. De surcroît, les paiements devaient être administrés par des fiduciaires chargés d'investir les sommes et d'en remettre le produit à Maurice, avec obligation pour lui de le consacrer aux frais familiaux. À sa mort, cette rente doit servir à soutenir Mary et leurs enfants. Enfin, lorsque tous deux seront décédés, le capital doit être partagé entre leurs descendants.

Il n'y a aucune trace de ce qu'il est advenu de cet engagement d'importance. Il serait étonnant que Baldwin, réduit à de modestes appointements de col blanc, ait pu divertir une part importante de son salaire à cette fin. Cela confirme le fait, déjà maintes fois établi, que la concrétisation des promesses des futurs époux n'est en rien garantie, ce qui ajoute à la fragilité de la condition des dames de l'élite. On dispose cependant de données beaucoup plus sûres en ce qui a trait à la prise en charge des dépenses courantes dans ce ménage de cinq personnes. Mary et Maurice n'auraient certainement pas pu maintenir leur rang sans l'appui de leurs parents respectifs, atout propre à la bourgeoisie. En milieu ouvrier, des parents âgés et réduits à l'inactivité sont des personnes à charge, non des pourvoyeurs de revenus. Il n'est pas inhabituel que les jeunes couples des milieux possédants fassent appel aux largesses de parents en moyens au moment de leur installation. Une aide soutenue à des époux plus âgés, comme dans le cas présent, est probablement plus rare.

Questionné en cour au sujet de leurs rapports financiers, Baldwin avoue sans ambages que Mary et lui voient pour moitié chacun aux charges du ménage depuis la célébration de leur union. Sa femme, en particulier, y consacre de 1 000 à 2 000 $ par an à partir d'une rente tirée du patrimoine de son père et de sommes données gracieusement par sa mère. Cet apport féminin dépasse le revenu annuel de Maurice, qui est d'ailleurs sans emploi en mai 1919, peu de temps après le début du procès. La situation n'a rien de très glorieux pour lui. Il peut néanmoins en profiter pour tenter de se soustraire à la demande de pension mensuelle provisoire de 150 $ qui accompagne la poursuite de Mary. Il combattra en outre avec succès l'allégation voulant qu'il ait failli à l'obligation de voir aux besoins de sa femme et de ses enfants. Tout est affaire de revenus disponibles. Lorsque Maurice touchait régulièrement un salaire de 100 $ par mois, il en remettait les trois quarts à sa femme. C'est assez maigre pour vivre à l'ombre du Mont Royal, dans le Golden Square Mile de Montréal. Comment donc parvenait-il à assumer la moitié des dépenses familiales ? Il encaissait pour partie les revenus produits par des immeubles possédés par sa mère – leur voisine –, soit deux maisons et un immeuble comportant trois appartements. Le couple occupait l'un de ces derniers gratuitement. Ces propriétés sont par contre lourdement hypothéquées. Ainsi, sans ces revenus indirects qui ne figurent nulle part dans des actes notariés (à l'exception de la rente tirée par Mary du patrimoine de son père), son épouse et leurs enfants auraient dépendu étroitement du don prévu par le contrat de mariage. Comme d'autres femmes, Mary aurait peut-être dû le poursuivre pour en forcer le paiement. Mais ce sont surtout les comportements de Maurice, et non l'impéritie financière qu'on lui prête, qui forment le noyau dur de la demande de séparation de corps.

Le défi discursif qui se pose aux femmes en difficulté et à leurs avocats consiste à faire correspondre des comportements déviants de nature diverse et de gravité variable aux critères du code civil, dont les fameux « excès, sévices et injures graves » de l'article 189[41]. En outre, les faits doivent être démontrés lors de débats contradictoires. Une dame battue comme plâtre durant des années et en mesure de le prouver l'emportera assez aisément, à plus forte raison si elle n'a rien à se reprocher. Dans le cas présent, l'avocat de Mary a cru bon de ratisser assez large parmi les motifs légaux de séparation, ce qui explique pour partie sa défaite en première instance. L'argument selon lequel Baldwin refuse de fournir à sa femme et à ses enfants

« les choses nécessaires à la vie[42] » ne pèsera d'ailleurs aucunement sur l'issue de l'affaire.

Maurice est dépeint comme un individu invivable dans la requête pour ester en justice du 1er mars 1919. Mary se dit depuis longtemps victime d'excès, sévices et injures graves. L'animosité et la haine dont il a fait preuve à son égard se sont traduites, dit-on, par des brutalités et des insultes. L'homme ne la bat pas tous les jours ; la poursuite relate des évènements aussi précis qu'isolés. Par exemple, « on or about the 3rd of March last the said Mr. Baldwin assaulted the Petitioner, caught her by the right breast and shook her grievously hurting her and at the same time calling her a surly bad tempered bitch and other vile and insulting names[43] ». Il lui a tordu le bras et l'a giflée en deux autres épisodes distincts. Mary lui reproche aussi de l'avoir forcée à avoir des rapports sexuels sans son consentement, accusation de viol marital avant l'heure. Elle explique durant un témoignage qu'elle s'objectait parfois à faire son devoir conjugal en raison des lésions nerveuses dont Maurice a souffert plusieurs années auparavant. Mais se refusait-elle systématiquement à lui ? Non. Elle précise : « I refused when there was any danger of me having any more family on the advice of the doctor who attended him when he was laid up[44] ». Pour ce qui est des injures telles que « bitch, God damn fool, bad tempered devil[45] », Maurice les profère fréquemment, notamment quand il ne trouve pas ses vêtements préparés exactement de la manière souhaitée au petit matin. Ce langage détonne, on en conviendra, de la part d'un individu ordonné prêtre et fils d'évêque.

La façon dont l'homme traite ses trois fils occupe aussi une place de choix dans le procès qui s'ouvre. Il se montrerait cruel et brutal envers eux. L'avocat de Mary transforme cette brutalité alléguée en abus envers sa cliente, question de répondre aux exigences du droit civil. C'est que la maltraitance des enfants ne constitue pas en soi une cause formelle de séparation de corps. En agissant ainsi, dit la requête, Baldwin « wounds the feelings of your petitioner and still further grievously insults and abuses her by his inhuman and unfatherly treatment of them[46] ». Il a battu à coup de pied Herbert, le plus âgé, à une occasion. Il faisait travailler les garçons avec lui, tard le soir, à la réparation de son automobile. S'ils le contrariaient alors par une maladresse, il les insultait copieusement (« bastards, God damn fools, sons of bitches[47] »). L'homme ne semble pas seulement avoir adopté un langage grossier et blasphématoire. Il a basculé dans l'irréligion pure et simple. Baldwin ne permet pas à ses fils d'aller à l'église avec leur mère, car il considère maintenant la religion comme une farce et une institution pourrie. D'après la poursuite, voilà un autre outrage envers sa femme, considérant la présence de dignitaires anglicans dans leur cercle de relations sociales.

Une fois la requête pour être autorisée à ester en justice accordée, une déclaration en bonne et due forme inaugure véritablement le procès. Le document en date du 26 mars 1919 réitère les mêmes accusations, à une exception près. Depuis que Mary est partie, Maurice se serait conduit de telle manière à ajouter une autre injure grave aux griefs de sa femme. Il aurait fait courir le bruit qu'il a trouvé le cousin de Mary, un certain Bailey, dans la chambre de celle-ci. Ces fausses rumeurs d'adultère constituent la pire insulte que peut proférer un mari, soutient la poursuite. Il aurait même déclaré à leurs fils que leur mère était une folle et une menteuse, « thereby seeking to lower the plaintiff in the estimation of her children and cause her further grievous injury, outrage, insult and ill-usage[48] ». Les procureurs de la demanderesse jouent quelque peu avec le sens de la loi en transformant bien des évènements désagréables en « injures graves » et autres. Mais Baldwin est homme à donner des munitions à la partie adverse et à compliquer la tâche de son avocat, Me Gagné.

Le passé le rattrape. Le 30 avril 1919, la poursuite amende sa déclaration. Mary dit avoir eu vent, à retardement, d'un épisode on ne peut plus embarrassant pour elle. Durant l'été 1918, la famille se trouvait en villégiature dans l'ouest de l'île de Montréal. Un soir, Maurice aurait proposé une leçon de conduite à une jeune demoiselle et amie de sa femme, Miss Oakes. Il en aurait profité pour se livrer à des attouchements sur son élève, avant d'exhiber son sexe et de lui proposer une relation sexuelle au motif que son épouse légitime n'était plus bonne à rien sur ce plan. Sans surprise, les avocats de Mary ajoutent cet évènement à la liste – qui décidément s'allonge – des « injures graves » et « outrages » à l'honneur et à la sensibilité de leur cliente. Ils ne savent pas encore si le juge au dossier en tiendra compte, mais l'épisode a ceci de particulier et de plus embarrassant pour la défense que, à la différence des insultes proférées et des coups donnés dans l'enceinte du foyer, le cercle d'amies de Mary a fini par être au courant de la chose. Ce qui ressemble beaucoup à une agression sexuelle a été discuté « amongst her friends in the vicinity, and made her an object of curiosity, discussion and pity to them, and humiliated her in the eyes of the said young lady and her friends[49] ». Pour le reste, la déclaration amendée réitère la volonté de la demanderesse d'obtenir la séparation de corps, la garde exclusive des enfants et 150 $ en pension mensuelle.

Voilà pour les allégués de la poursuite. Ils doivent être prouvés, du moins pour la majorité d'entre eux, afin que Mary l'emporte. Ce faisant, la vie très privée du ménage sera scrutée à la loupe. À n'en pas douter, un tel procès est une épreuve. La réputation des parties et celle de leurs familles sont en jeu. L'appareil judiciaire devra convenir que les exigences du code civil ont été remplies, ce qui ne va pas nécessairement de soi. Mais l'honneur et la morale pèsent lourd auprès des tribunaux québécois. Certes, le droit familial est profondément patriarcal : une épouse désobéissante qui s'est attirée quelques gifles n'obtiendra pas la séparation de corps. C'est aussi, par contre, un droit de classe. Selon l'article 190 du code, la gravité des excès, sévices et injures graves dépend de la condition sociale des parties[50]. Les avocats de Mary ne manquent pas de le rappeler : « here the plaintiff is a well educated, refined lady, the daughter of wealthy and prominent people and the husband is a clergyman (though not engaged in active ministry) according to his own witnesses in good standing, the son of a high dignitary of the Church of England. A course of conduct that might be excused in people of a lower walk of life as being commonplace will not be so regarded among people of the standing of the parties in this suit[51] ». L'affaire Stevenson représente donc un véritable clash juridique entre condition bourgeoise, honneur, puissance maritale et maintien de l'ordre, car les séparations ne sont jamais octroyées à la légère.

La défense a tout de même bien des arguments à faire valoir. La lutte est vive. À la différence de M. Perreault, Baldwin souhaite que son épouse retourne vivre avec lui et l'ensemble du dossier montre qu'il aime sincèrement ses enfants. Son avocat n'hésite pas à admettre quelques écarts de langage. N'importe qui peut laisser échapper de gros mots dans un moment d'impatience. Surtout, « swear words or cuss words would not constitute grievous insults or injuries[52] ». Baldwin s'en sort plus difficilement à la barre des témoins lorsqu'il s'agit de son vocabulaire. Ce qu'il voulait dire à ses enfants par « God damn your soul » était en fait « God bless you[53] ». La réponse aux allégations d'animosité et de haine envers Mary a aussi quelque chose d'ambigu. La défense n'hésite pas à recourir à des stéréotypes genrés, sachant très bien que la magistrature n'y est pas insensible. Baldwin aurait en fait beaucoup de considération pour Mary. Il a tout fait pour lui plaire, jusqu'au moment où elle l'a quitté sans raison. N'est-ce pas à cause d'un léger dérangement mental ? « [The] defendant has always taken into consideration the fact that his wife on account of ill health was of a highly strung nervous temperament and that she was on that account liable to grossly exagerate the smallest things and he alleges that the said demand in separation is a result thereof[54] ». Ses épisodes isolés de colère, quant à eux, découlent de la désobéissance de sa femme. Certaines de ces brutalités maritales, est-elle d'ailleurs forcée d'admettre en cour, ont suivi son refus de s'offrir à lui. Pour ce qui est de l'allégation la moins bien étayée de la poursuite, soit le refus de pourvoir, le problème vient du fait que Mary exigeait un train de vie trop élevé. Ainsi, à la figure de l'épouse légèrement névrosée se superpose celle de la ménagère prodigue. Reste l'incident avec Miss Oakes. Des préjugés qui prévaudront longtemps en matière d'agression sexuelle sont appelés en renfort. Comment se fait-il qu'elle n'ait pas appelé de passants à son secours et qu'elle ne se soit pas enfuie du véhicule de Baldwin ? Au final, dit Me Gagné, « the defence is well founded. The whole matter is based on trifles, suppositions, gross exaggerations, illegal proof, which is not even sufficient in law to justify in any event the allegations and the conclusions of the declaration[55] ».

Baldwin aurait mieux fait de se taire, une fois le procès entamé, en ne faisant pas courir de rumeurs d'adultère sur sa femme. La supposée liaison de Mary avec son cousin n'est aucunement prouvée, ce qui explique probablement l'abandon, avant le jugement en première instance, de la contre-poursuite en séparation de corps entamée par la défense. Maurice est même contraint, séance tenante, de reconnaître que son épouse est parfaitement respectable. Il n'en fallait pas plus pour que la poursuite fasse état d'un autre attentat à l'honneur de la demanderesse. Autre stratégie un peu douteuse : au lieu de s'en tenir à des remarques sur la nervosité excessive de Mary, son mari demande en mai 1919 à ce qu'elle soit examinée par des aliénistes en faisant valoir que « her health is in a very delicate state, and her mind abnormally affected[56] ». Me Gagné le convainc de mettre fin à cette démarche sans trop tarder. Baldwin est interrogé à cet égard plusieurs mois plus tard. Pourquoi a-t-il eu recours à cette extrémité ? Sa parole ne vaut pas pour tous les hommes de son temps ; la mauvaise foi des parties est aussi difficile à établir pour l'historien. Toujours est-il qu'être abandonné par son épouse n'a rien de commun au début du 20e siècle : « I wanted to be sure that my wife was of sound mind, because I could not really understand why she left me[57] ». Le point de vue de Mary est tout autre. Interrogée au sujet de sa nervosité et de sa sensibilité, elle répond de but en blanc : « I would not have lived with my husband as many years as I had if I had been sensitive[58] ».

Tout tenant compte au mieux des principes du code civil, poursuite et défense ont adopté des stratégies pour partie contraire. Les avocats de Mary ont traduit en critères légaux comme l'injure grave des comportements maritaux épars et variés. L'avocat de Maurice a ajouté des normes sexuées et des stéréotypes genrés à son argumentaire juridique. Chaque approche a ses dangers.

Le 28 juin 1920, le juge Howard anéantit la poursuite d'un bout à l'autre. L'usage de formules juridiques toutes faites et une trop longue liste de griefs rattachés tant bien que mal aux normes formelles de droit ont fait du tort à Mary. Des allégations n'ont pas été prouvées à la satisfaction de la cour : le défaut d'entretien de la famille, la haine et l'animosité, les violences à l'endroit de l'épouse et des enfants. La poursuite avait même cru bon d'avancer que Maurice buvait trop. Peine perdue, tout montre qu'il ne consomme que très peu d'alcool. Il est néanmoins en preuve, selon le magistrat, que son langage est grossier et blasphématoire. C'est bien dommage, vu son éducation et la condition sociale du couple, mais ce ne sont pas les injures graves requises par le code civil. L'épisode avec Miss Oakes ? Cette dernière, estime Howard, a tout imaginé. Les démarches entreprises par Baldwin après le début du procès sont interprétées comme un sain exercice de la puissance maritale. La demande d'examen mental, dénoncée vertement par la poursuite, était en fait un devoir. Le défendeur ne pouvait comprendre ni les accusations dont il était l'objet, ni le recours à la séparation de corps, mesure proprement radicale. Le droit régissant les séparations est d'ordre public et, par conséquent, d'application restreinte : « it is intended to keep the family circle intact and does not permit the home to be broken up except for specific and very serious cases[59] ». La garde des trois garçons est confiée à Maurice et Mary dispose de quatre mois pour réintégrer son domicile.

Elle ne se tient pas pour battue : le 3 juillet 1920, elle fait appel à la Cour du banc du Roi. Mary n'a pas plus l'intention de reprendre la vie en commun que de se séparer de ses enfants. De fait, la garde de Herbert, Richard et Jesse suscite littéralement un procès dans le procès. C'est un enjeu affectif majeur, autant pour Mary que pour Maurice il faut le dire. Elle se dit consternée et même anéantie par sa conduite envers eux. L'individu, lui, tient à les voir et à faire des activités en leur compagnie. Il n'est nullement question d'un père cherchant à fuir ses responsabilités parentales, malgré sa personnalité manifestement particulière et son caractère emporté, ce dont les témoins de la défense conviennent eux-mêmes.

Il serait hasardeux de tenter de situer le comportement d'un seul individu parmi les transformations connues par les pratiques parentales masculines au tournant du 20e siècle. Il n'en demeure pas moins que Maurice consacre l'essentiel de ses temps libres à ses fils : randonnées à la campagne, chasse au lapin et séances d'initiation à la réparation et à la conduite de son automobile. Cela fait-il de lui un des « nouveaux pères » dont des chercheurs ont constaté l'émergence à la même époque dans le monde anglo-saxon[60] ? Seulement pour partie. L'homme réunirait attitudes nouvelles de compagnonnage et comportements anciens propres à un tyran domestique, lui qui ne peut contenir sa colère en présence de chaussettes trouées. Cela demeure une hypothèse. L'important, dans le cadre du procès, est la manière dont ses prestations paternelles sont présentées bien différemment par la poursuite et la défense.

On a déjà fait état des allégations de brutalités occasionnelles, de langage injurieux et d'irréligion qui militent en faveur de l'attribution de la garde à Mary. On ne s'entend pas du tout sur les bienfaits des loisirs offerts à leurs trois fils. D'après la demanderesse et d'autres témoins, ils n'ont rien de moments de détente. Maurice épuiserait les garçons à travailler sur sa voiture et les ramènerait trempés et fourbus de randonnées trop longues pour leur âge, compromettant ainsi leur santé. Selon la défense, la variété et la fréquence de ces sorties témoignent de l'affection et de la sollicitude paternelles, sans parler d'une conviction profonde envers les bénéfices du grand air. Qu'en pensent les principaux intéressés ? Les garçons apprécient les excursions et apprendre à conduire. Mais leurs sentiments filiaux sont mitigés. Herbert, le plus âgé, est interrogé directement par le juge. Aime-t-il son père ? « Yes. I do not like him when he kicks me when he hurts me and swears at me[61] ».

La lutte pour l'attribution de la garde suscite trois types de stratégies : la formulation d'allégations servant à miner les prétentions de capacité parentale de l'adversaire ; l'exercice de pressions sur les petits afin qu'ils témoignent dans un sens ou dans l'autre ; le recours à des mesures pratiques – parfois carrément illégales – pour éviter que l'autre partie ne s'empare de leur personne. Les enfants tiraillés entre père et mère ne sont pas une séquelle de la « société du divorce » des dernières décennies du 20e siècle. L'affaire Stevenson a des échos très contemporains, malgré les profonds bouleversements du droit familial québécois depuis les années 1960.

Une chronologie des évènements s'impose afin de bien appréhender ce que cette guérilla domestique et judiciaire a pu représenter pour Herbert, Richard et Jesse Baldwin. Des zones d'ombre persistent, mais les faits suivants sont établis :

- 7 mars 1919 : la requête pour ester en justice est accordée. La garde provisoire (pour la durée du procès) est confiée à Mary jusqu'au 7 avril. On l'autorise à demeurer chez des amis, les Doyle, au 86 de la rue Saint-Luc, à l'ouest du Golden Square Mile
- début avril 1919 : les deux parties présentent des motions pour obtenir la garde, comme l'échéance du 7 avril approche
- 25 avril 1919 : le juge Coderre sépare les garçons. Jesse, le plus jeune, demeure avec sa mère. Herbert et Richard sont remis à Maurice, qui habite toujours le domicile commun du 727 avenue des Pins Ouest
- 28 avril 1919 : Mary est autorisée à déménager chez sa mère au no 11 du 670 rue Sherbrooke Ouest. Les Doyle ne peuvent plus l'héberger en raison d'un déménagement
- 6 mai 1919 : elle fait appel à la Cour du banc du Roi de la décision du 25 avril 1919
- 26 juin 1919 : son appel est accueilli. Elle retrouve la garde provisoire de ses trois fils, en raison du langage « violent, excessif, abusif et même blasphématoire[62] » de Maurice en présence des enfants. L'avantage de ces derniers doit primer, rappelle la cour qui souligne de surcroît que Mary dispose de plus de temps pour s'occuper d'eux alors que Maurice doit travailler
- suite de l'été 1919 : après une tentative avortée de révocation de la décision précédente, Baldwin passe à l'action pour soustraire illégalement les enfants à la garde de leur mère, ce qui lui vaut un jugement pour mépris de cour. Une véritable course-poursuite s'engage
- 9 août 1919 : on ordonne à deux huissiers de retrouver Herbert et Richard en vertu d'un bref de possession. Mary prend part aux recherches. Les deux garçons auraient transité successivement par Beaurepaire (Beaconsfield) et Longueuil avant d'aboutir à Pointe-Fortune dans la région de Vaudreuil. Ils y sont retrouvés le même jour chez un certain Miller. La mère de

Baldwin, Sarah, est sur les lieux. Le bref de possession ne peut être exécuté : la maison de Miller est sise tout juste au-delà de la frontière avec l'Ontario, en dehors de la juridiction du tribunal. Herbert et Richard y sont encore en septembre suivant
- 1er octobre 1919 : les tribulations de la famille sont étalées dans les pages de *The Montreal Gazette*. L'article signale que l'un des frères de Mary, Herbert Stevenson, a fait l'objet d'une plainte au criminel par Maurice pour enlèvement[63]
- automne 1919 : sans que l'on sache exactement de quelle manière, Mary a retrouvé la possession de ses fils. Ceux-ci sont dorénavant accompagnés par des détectives privés dans leurs déplacements, afin d'obvier à une tentative d'enlèvement
- 10 décembre 1919 : Maurice revient à la charge. Ayant intenté sa propre action en séparation de corps, il demande que Herbert et Richard soient confiés à sa mère. Ses visites sont soigneusement encadrées depuis un moment et son amour-propre en souffre : « the defendant has been unable to see his said children since september last without deep injuries to his pride and his fatherly love on account of the way in which he has been received at the house where the said children are now staying at Montreal West in company of a detective[64] »
- 28 juin 1920 : la poursuite en séparation de corps est déboutée sur le fond en Cour supérieure (juge Howard). Les trois enfants doivent être remis à leur père. L'exécution du jugement est suspendue, puisque Mary porte immédiatement sa cause en appel à la Cour du banc du Roi
- 30 juillet 1920 : selon la poursuite, le défendeur enlève les trois enfants. Nouveau recours à un bref de possession
- 3 août 1920 : au tour de la défense de se plaindre qu'un huissier, ce jour-là, s'est emparé illégalement des garçons
- 20 décembre 1920 : l'appel de Mary est accueilli par la Cour du banc du Roi, la séparation de corps est accordée ainsi qu'une pension mensuelle de 75 $. Herbert, Richard et Jesse lui sont confiés. Maurice peut les visiter chez sa propre mère, trois fois par semaine, durant une heure et sous la garde d'une tierce partie nommée par Mary
- 7 décembre 1921 : Maurice ayant fait appel au Conseil privé, il présente une requête pour que les règles de visite soient assouplies et qu'il puisse être en mesure « to see his children freely, privately without being submitted to the humiliation of

speaking to them and amusing himself with them in the presence of a third party[65] »

- 31 décembre 1921 : vu l'appel en cours à Londres, le juge Bruneau conclut que l'exécution du jugement de la Cour du banc du Roi est suspendue. Maurice a donc le droit de voir ses enfants comme bon lui semble, seul et au moment qui lui convient
- 4 juillet 1922 : le Conseil privé confirme la décision de la Cour du banc du Roi du 20 décembre 1920 et, par le fait même, l'attribution de la garde à Mary et les conditions encadrant les visites de Maurice

Mary l'emporte, plus de trois ans de procédures et d'épreuves plus tard. La sécurité et le bien-être de ses enfants ont été menacés ; sa vie intime a été étalée au grand jour ; des rumeurs de folie et d'adultère ont circulé sur son compte. Elle est secourue une première fois par la Cour du banc du Roi le 20 décembre 1920, comme on le voit. La majorité des juges siégeant en appel font une toute autre lecture des faits et du droit en cause que le juge Howard. Celui-ci avait réitéré en première instance les exigences de la preuve et d'une application restrictive des articles relatifs à la séparation de corps. Le juge Greenshields sort de sa réserve et pousse ce cri du cœur : « I am forced to the conclusion that the respondent has lost any affection he ever had (if any he ever did have), for the appellant. He has lost control of both his head and his heart, his temper and his nerves, and to condemn this delicately cultured lady to spend the rest of her life (and probably a long life) in a common domicile, is shocking to my every sense of justice[66] ».

Ce point de vue n'est pas unanime. Les deux juges francophones auraient rejeté l'appel, à la différence de leurs trois confrères anglophones, mais leur argumentaire n'est pas détaillé, hormis le fait que le juge Tellier affirme qu'il n'aurait rien à ajouter à la décision rendue en première instance.

La crédibilité des témoins et des parties prend une tout autre tournure. Auparavant traitée d'affabulatrice, Miss Oakes est maintenant crue. Les témoignages de Mary, femme irréprochable, doivent prévaloir sur ceux de Maurice car ce dernier n'est pas sans blâme. Les éloges pleuvent sur la première : « personne de grande dignité personnelle[67] », selon le juge Carroll ; femme au caractère « unassailed and unassailable[68] », d'après le juge Greenshields. L'image du défendeur en pâtit d'autant. Baldwin est un « mari désiquilibré [sic][69] ».

Le revirement dans la foi à accorder à la parole des uns et des autres bouleverse la preuve des excès, sévices et injures graves. Les déboires de Miss Oakes, les fausses rumeurs d'adultère, le langage grossier de Maurice, son refus d'amener les enfants à l'église : ces infractions aux normes de la respectabilité maritale et parentale constituent bel et bien, de concert, de tels excès, sévices et injures graves. Pour le juge Carroll, communiquer son irréligion à ses enfants n'est pas seulement inconvenant mais proprement inadmissible : « l'on conçoit très bien qu'un homme n'ait pas la foi ou l'ait perdue, mais il est inconcevable qu'un père de famille, ayant ce malheur, veuille communiquer ses doutes ou son incrédulité aux êtres qui devraient lui être le plus chers[70] ». En principe, les causes de séparation consistent d'abord et avant tout dans les avanies endurées par les épouses, mais une influence paternelle délétère a de quoi mettre un défendeur dans l'embarras. Les distinctions de classe, elles, sont mieux fondées en droit : la gravité des excès, sévices et injures graves dépend du rang en société. Les crises de colère et les jurons de Maurice pourraient convenir à des gens de basse condition, mais pas à une personne telle que sa femme. Pour une dame de qualité, ce sont des humiliations et des injures continuelles. Comme si ce n'était pas suffisant, certaines des stratégies adoptées par Maurice en cours de procès, telle la demande d'examen mental de Mary, n'ont rien de légitime d'après l'opinion majoritaire en appel. Ce sont des preuves de haine et de l'impossibilité d'une réconciliation.

Le 4 juillet 1922, le Conseil privé avalise ce jugement et met fin à tout recours de la part du défendeur[71]. Le vicomte Haldane signale que les tribunaux du Québec étaient à même d'apprécier les faits. La décision du Conseil privé tient en très peu de pages. Les autorités londoniennes relèvent néanmoins que le juge de première instance aurait dû croire Miss Oakes et que tous les juges qui se sont penchés sur l'affaire semblent avoir fait preuve d'un certain parti pris.

**

Si on avait pu reprocher quoi que ce soit à Mary Stevenson – désobéissance ou immoralité, même légères, prodigalité et dissipations – son sort aurait certainement été différent. En lui permettant de quitter Maurice, la Cour du banc du Roi et le Conseil privé font-ils progresser la condition des femmes en difficulté? L'issue de son recours en justice était plus qu'incertain, aléatoire même, ne serait-ce qu'en raison de la faible gravité – aux yeux de l'époque – des vexations infligées par son époux ou de l'indécision des magistrats en ce qui a trait à la séance d'exhibitionnisme et d'attouchements subie par Miss Oakes. Mary a également livré bataille avec des atouts dont bien peu de femmes du Québec pouvaient se prévaloir : éducation raffinée, alliance avec une famille prestigieuse et revenus personnels non négligeables. Les erreurs de la défense ne pouvaient pas non plus être prévues. L'affaire Stevenson constitue un gain individuel obtenu aux mains d'une justice de classe, et non une victoire des femmes. Ce sont par ailleurs la présence d'enfants et la nécessité de perturber le moins possible les foyers qui fondent certaines innovations jurisprudentielles en matière de séparation de corps, non les malheurs des femmes mariées en tant que tels.

Il serait aussi plus juste de voir dans l'histoire de Mary Stevenson une réitération, à la face du public, des normes sexuées devant gouverner la vie privée des ménages. Un contrat social était en jeu, contrat construit et constamment reconduit par les institutions du début du 20e siècle : à la soumission et abnégation des épouses doit répondre la respectabilité des maris. Les femmes de l'élite doivent être aussi agiles que des équilibristes. Même une fois séparées de corps, on exige d'elles une stricte rigueur, tant financière que morale, notamment en ce qui a trait à l'entretien de grands enfants qu'elles risquent trop facilement de pourrir, comme se le fait dire Mme Bastien. Douceur, raffinement et délicatesse sont aussi les contreparties attendues de l'entretien qui leur est offert et de leur relégation à la sphère privée, royaume où elles peuvent donner libre cours à ces qualités « naturelles ». Mais un excès de fragilité peut les faire basculer, aux yeux de l'appareil judiciaire, du côté de la névrose et du manquement pur et simple aux obligations conjugales. Olive Slayton l'a appris à ses dépens. Si l'avocat de Baldwin s'est risqué sur le terrain de la soi-disant nervosité excessive de Mary, c'est bien parce que la magistrature pouvait entendre un tel argument. Me Gagné aurait connu plus de succès si son client n'avait pas accumulé jurons, blasphèmes et inconduites, faisant dès lors ressortir avec force, en un contraste saisissant, le charme et la pureté de sa femme. Pour que cet idéal féminin puisse exister et que les épouses oublieuses de leurs devoirs puissent être sanctionnées, il fallait en toute logique sauver Mary Stevenson de son mariage ou, dit autrement, sauver l'institution du mariage d'un homme comme Maurice Baldwin[72].

7

Les conflits successoraux et les demandes d'aliments adressées à des tiers

L'économie juridique et patrimoniale du mariage bourgeois repose sur le double principe de la subordination et de la protection des épouses. Ces deux pôles de l'institution matrimoniale ne sont pas aussi efficients l'un que l'autre lorsque les tribunaux sont appelés à les mettre en œuvre sur le terrain des rapports de pouvoir réels entre les sexes. L'assujettissement des femmes mariées a beaucoup de poids en justice. En cas de conflit de conjugal, les juges s'assurent qu'elles ont bel et bien fait preuve de toute l'abnégation exigée. Ce dévouement, souvent, est précisément ce qui donne ouverture à des droits comme les avantages prévus au contrat de mariage ou la possibilité d'obtenir une séparation de corps, recours ultime du code civil. La protection financière des épouses, quant à elle, est plus bancale. Les dons maritaux résistent mal à une faillite ou à une séparation. Les pensions alimentaires sont maigres ou évanescentes. Ainsi, la morale sexuée a souvent tendance à l'emporter sur le contractualisme matrimonial et les obligations notariées.

Outre la volonté de contrecarrer les faillites qui feraient sombrer l'économie domestique au grand complet, les contrats de mariage ont principalement pour fonction d'empêcher que les veuves ne tombent dans l'indigence. On s'attend, pour le reste, à ce que les maris assument convenablement leur rôle de pourvoyeur durant la vie commune. Or, certains hommes meurent sans avoir pris en considération les besoins futurs de leur conjointe, parfois bien volontairement. D'autres s'avèrent inaptes à voir aux charges du ménage ou s'y refusent. Dans tous les cas, l'épouse ou la veuve désargentée peut tenter sa chance auprès de tierces personnes pour pallier l'imprévoyance ou l'impéritie de celui avec lequel elle partage ou a partagé sa vie.

La jurisprudence présente deux cas d'espèce. Des femmes poursuivent les héritiers de leur mari pour des arrérages de pension. D'autres assignent en justice des apparentés, que leur conjoint soit mort ou vivant, afin d'en tirer des aliments. Ces litiges sont très significatifs quant à la manière dont le droit et le système judiciaire régulent la nécessité vécue dans la sphère privée durant les premières décennies du 20e siècle. Obtenir gain de cause est assez ardu. Ces femmes en sont réduites à tenter de forcer la main à des individus qui ne leur ont rien promis ou, pire encore, à exiger l'aide de personnes dont les intérêts entrent directement en collision avec les leurs. La charité et la solidarité intrafamiliales ne se transforment pas facilement en obligations, en dehors des rapports entre maris et femmes.

VEUVES CONTRE HÉRITIERS

L'attribution d'une pension alimentaire au terme d'un procès en séparation de corps constitue une bien mince consolation. Des avanies et sévices ont pu être endurés durant bon nombre d'années. Il y a eu scandale. Le décès du mari peut bouleverser le semblant de paix retrouvée : il met fin au versement de la pension, car cette prestation est personnelle et non transmissible aux héritiers du *de cujus*. Le droit civil, au demeurant, fait cohabiter deux formes bien distinctes de rapport au patrimoine en lien avec le mariage : une liberté testamentaire fort étendue, dont peuvent se prévaloir les maris, et des obligations intraconjugales contraignantes comme la responsabilité de voir aux besoins de l'épouse et l'impossibilité de faire varier les clauses des contrats de mariage, incluant les avantages faits à la femme mariée. De ce fait, un mari de condition modeste ayant fait fortune par la suite peut très bien déshériter sa femme et ne lui transmettre post mortem, comme il s'y était obligé, que la petite donation à cause de mort formulée du temps de leurs fiançailles. Pour les épouses séparées de fait ou séparées de corps, le décès du chef de famille inaugure une ère de périls. Vu les mésententes et les disputes – sinon pire – qui ont marqué la vie à deux, elles sont éminemment susceptibles d'être frappées de plein fouet par le principe libéral de libre disposition des biens, à moins de pouvoir compter sur un patrimoine en propre substantiel ou sur l'aide de proches.

Mme Winteler obtient une séparation de corps en 1883[1]. En 1891, M. Davidson est condamné à lui verser une pension annuelle assez considérable de 1 500 $ « sa vie durante [*sic*] ». Il paie jusqu'à sa mort, survenue en 1901. Sans grande surprise, M. Davidson laisse tous ses biens à leurs deux enfants. Mme Winteler voudrait qu'ils continuent à payer sa pension. Ils refusent. La cause est portée en appel après une victoire de la demanderesse en première instance. La décision de la Cour du banc du Roi n'est pas unanime. Le juge Blanchet aurait souhaité un règlement fondé sur l'équité et la moralité. Il estime qu'une pension alimentaire gagnée dans le cadre d'un procès en séparation de corps comprend la réparation des dommages subis aux mains du mari, ce qui en ferait une dette transmissible aux héritiers. Aussi empreinte de justice soit-elle, l'analogie est hardie. Ses collègues optent pour une application stricte et formelle du droit. Les pensions n'ont rien à voir avec des dommages. Elles ne découlent que des besoins de la femme et de sa condition sociale. De surcroît, cette obligation résulte du mariage. Une fois le mariage dissous, l'obligation tombe d'elle-même. Mme Winteler est déboutée.

Cette affaire est particulièrement éloquente quant à l'usage intensif mais néanmoins circonstanciel de la morale par les magistrats. Ils y font appel pour sanctionner les femmes oublieuses de leurs devoirs, dénoncer les maris indignes et maintenir l'ordre. En d'autres temps, si l'homme ne peut être sermonné en personne pour un motif valable, l'interprétation strictement contractuelle et personnelle du mariage l'emporte. Quel sort connaîtra Mme Winteler ? Nul ne le sait.

Mme Hill n'a même pas pu profiter d'une pension du vivant de son époux[2]. En 1879, l'année même de la naissance de sa fille, elle se présente devant une cour ontarienne : son mari la bat et la maltraite. On estime qu'elle a droit à une pension. M. Johnson ne fait ni une ni deux. Il liquide toutes ses affaires et vient chercher fortune à Montréal. À sa mort, en 1910, le patrimoine de ce propriétaire de compagnie par actions est évalué à au moins 50 000 $. Mme Hill, pour sa part, ne put compter que sur elle-même. Elle dut se faire couturière. Le fait de se rabattre sur un travail manuel l'a sans contredit exclue d'un mode de vie élitaire. À qui M. Johnson a-t-il légué sa fortune ? À son frère, vieillard de 74 ans. Ce n'est qu'après la mort de son mari que Mme Hill tente de faire valoir ses droits. Son retard à procéder est fort mal reçu. Le juge Greenshields se montre suspicieux : « she alleges, as a reason, fear of her husband, who had been in the habit – says the plaintiff – of coming to Ottawa three or four times a year, watching her house, and, in addition, writing her insulting and threatening letters. This might be a perfectly good excuse for her avoiding him, but it cannot be accepted as a sufficient reason why she should refrain from seeking relief through the proper channels, viz: the courts[3] ». Les craintes d'une femme battue et intimidée n'entrent donc pas en ligne de compte. Il n'en demeure pas moins que Mme Hill poursuit bel et bien son beau-frère, héritier de son mari, sur trois chefs : pour la pension accumulée qui lui est due ; pour les sommes consacrées à l'entretien de l'enfant issu de son union avec Johnson ; pour 50 $ de pension mensuelle à l'avenir.

Dix ans après le jugement Winteler, les magistrats de la Cour de révision réaffirment que l'obligation alimentaire maritale est personnelle et ne survit pas à une exhérédation. Cela règle d'emblée le sort de la pension impayée et celui des sommes requises pour le futur. La succession devra cependant assumer les 4 000 $ de frais d'entretien et d'éducation de l'enfant né du mariage, dépenses auxquelles le mari n'a aucunement contribué. Qu'est-ce qui distingue les besoins passés des épouses des besoins passés des enfants ? Le rapport de jurisprudence n'est pas très clair à ce sujet. Pourtant, l'obligation d'entretenir sa progéniture naît du mariage, tout comme l'obligation d'entretien de la femme mariée[4]. Les juges ont probablement considéré que la fille de Mme Hill, lorsqu'elle était petite, ne pouvait évidemment ni poursuivre en justice, ni s'en remettre à sa propre industrie à la différence de sa mère. L'affaire Gregory, examinée au chapitre précédent, a également permis aux juges de réitérer la persistance des responsabilités financières liées à la paternité. Le problème, dans le cas présent, consiste peut-être dans les intentions prêtées à la demanderesse. Elles n'auraient rien de noble. Si Mme Hill a vécu de son propre travail durant 30 ans et n'a rien réclamé à son mari installé confortablement au Québec, « she was certainly « hoarding » her alimony, with a view of claiming it in a lump sum[5] ». Tout en décidant des droits actuels des parties et de ce qu'il en sera à l'avenir, les tribunaux civils interprètent et reconstruisent avec une bonne dose de méfiance le parcours des femmes en difficulté. Qui plus est, après 30 ans de labeur comme couturière, on peut croire qu'il était difficile pour Mme Hill d'incarner, en plein tribunal, la « delicately cultured lady » des fantasmes patriarcaux et élitaires de la magistrature.

Le sort que connaîtra Élizabeth Thompson paraît encore plus incertain au début de ses démêlés judiciaires. La légalité même de son mariage avec Rodias Ouimet en 1905 est contestée par les quatre enfants du premier lit de ce dernier[6]. Ils la poursuivent en nullité de mariage, au motif qu'elle avait déjà un autre mari bien en vie en vertu d'une union célébrée en Angleterre 17 ans auparavant. Ouimet est mort sans testament en 1918 après avoir eu des enfants avec Élizabeth qui veille maintenant à leurs intérêts en tant que tutrice. Comme elle s'est rendue coupable de bigamie, selon ses adversaires, tant le mariage de 1905 que le contrat qui l'a précédé sont radicalement nuls. Elle n'aurait aucun droit à faire valoir sur le patrimoine du défunt.

Élizabeth insiste sur l'urgence de sa situation. Elle se dit sans ressources pour voir aux besoins des petits. En raison du litige en cours, le séquestre en charge du patrimoine de Ouimet a refusé de lui remettre les intérêts produits par la somme de 15 000 $ dont elle est censée profiter en raison de son contrat de mariage. De ce fait, la veuve réclame une pension mensuelle de 75 $ de la succession pour la durée du procès. La décision du juge Bruneau tient en très peu de pages. Le principe établi par l'arrêt Winteler est rappelé en tête du rapport de jurisprudence: l'obligation alimentaire meurt avec le mari et les héritiers n'ont pas à s'en charger. Aucun texte de loi, au surplus, ne prévoit qu'une pension provisoire puisse – ou doive – être versée à l'occasion d'une action en nullité de mariage. Cela demeure un privilège du recours à la séparation de corps.

Le destin de certaines veuves paraît décidément bien sombre. Tout ce qu'une femme peut réellement exiger de la succession de son mari, ce sont ses frais de deuil[7]. Le second mariage du marchand Alphonse Brazeau avec Émélia Peloquin dure peu. L'union est célébrée le 30 mars 1902. Deux mois plus tard, Brazeau meurt « subitement, sans laisser aucun testament, ni aucune disposition de dernière volonté[8] ». Son fils unique Arthur hérite donc de tout. En l'absence de fortune personnelle, de donation par contrat de mariage ou de legs à son bénéfice, une veuve comme Émélia fait face à un mur, à plus forte raison si la solidarité familiale n'est pas au rendez-vous. Dans cette famille recomposée, l'ambiance n'est pas seulement mauvaise. L'héritier en titre chercherait ni plus ni moins qu'à se débarrasser de la deuxième femme de son père. Émélia se plaint qu'Arthur « quelques jours après la mort de son père, [lui] a fait entendre ... qu'elle n'avait plus aucun droit d'habiter le domicile conjugal, ni de continuer à vivre à même la succession de son époux décédé, et qu'elle n'avait pas autre chose à faire qu'à s'éloigner[9] ».

Émélia le poursuit et requiert 3 000 $ de pension annuelle. Sa réclamation est rejetée, en parfait accord avec les décisions précédentes. L'obligation alimentaire est morte en même temps qu'Alphonse Brazeau. Il en irait autrement si Émélia était la mère d'Arthur. Il lui devrait alors des aliments, une fois que l'état de nécessité aurait été prouvé. En revanche, la succession devra solder les 800 $ de frais de deuil de la veuve, somme importante mais néanmoins convenable eu égard à la condition sociale du défunt. Les honneurs à rendre au chef de famille prennent ainsi le pas, en droit, sur la fragilité financière au féminin. Arthur a exigé, au moyen d'une motion, qu'Émélia fournisse « un détail de la dite somme de $ 800.00 en indiquant les objets achetés ... de même que le prix payé pour chacun de ces objets et ... en indiquant la date à laquelle ces dépenses ont été faites et le nom des personnes chez qui les dits objets ont été achetés[10] ». Le juge Mathieu renvoie la motion. Arthur est allé trop loin : cette demande est proprement humiliante et vexatoire. On peut mettre Émélia à la porte de la maison qu'elle occupe mais l'appareil judiciaire lui fait confiance pour témoigner, une fois munie du lourd attirail du veuvage du début du 20e siècle, de sa fidélité à la mémoire de l'homme qui n'a pas eu le temps d'assurer son avenir.

Les disputes avec les ayants droit du défunt peuvent prendre d'autres formes. Le recours aux assurances témoigne de l'inclusion, au sein des stratégies familiales du début du 20e siècle, d'une forme commerciale de gestion des risques. Il s'agit d'une évolution non négligeable. L'assurance s'est ajoutée aux contrats de mariage, donations et testaments, ces pratiques sociojuridiques fort anciennes de tentative de maîtrise du futur. À ces savants mélanges d'allocation de ressources et d'obligations entre alliés et apparentés se sont superposés de nouveaux rapports financiers. Ces derniers dépendent cependant, dans la sphère privée, des règles préexistantes du droit familial.

Arthur Payette a pris la peine de mentionner dans ses dernières volontés que son épouse Marie Adéline s'est montrée indigne (« unworthy »). Il révoque par le fait même l'assurance qui devait profiter à son épouse au bénéfice de ses propres parents[11]. Ces derniers livrent donc bataille à la veuve pour mettre la main sur le bénéfice de 1 000 $ de la police. La dynamique familiale ante mortem était conflictuelle, c'est le moins qu'on puisse dire. Les parents d'Arthur soutiennent qu'ils ont pris soin de lui durant sa dernière maladie, ce qui a occasionné des frais. C'est là une accusation, à peine voilée, de manquement à un devoir féminin fondamental, celui d'être présente au chevet d'un mari malade ou condamné afin d'atténuer ses souffrances. Olive Slayton a été sévèrement censurée pour ce motif, on s'en souvient.

Marie Adéline connaît la défaite en première instance. La cause est portée en appel. Selon le juge Archibald, rien ne témoigne de son ingratitude. Certes, elle n'a pas rendu visite à Arthur durant les huit mois qu'il a passés chez ses parents avant de mourir. La veuve soutient s'être présentée à la porte, mais sa belle-mère aurait fait barrage au prétexte que leur mariage devant un ministre du culte protestant était illégal. Hormis ces tribulations, l'avocat de Marie Adéline a de solides arguments juridiques à faire valoir. Entre autres, le contrat de mariage de sa cliente comprend une donation mutuelle devant prendre effet au décès du premier des époux, libéralité qui recouvre « tous les biens tant meubles qu'immeubles qu'aura délaissé le prédécédé des dits futurs époux pour par le survivant en jouir, user faire et disposer en toute propriété[12] ». Pourrait-on avoir été plus clair ? Cette donation est irrévocable. Surtout, Arthur a anéanti d'emblée sa liberté testamentaire à la différence d'autres maris qui se sont contentés, par exemple, du don d'une somme fixe agrémentée des meubles du domicile. Un engagement pareil à celui d'Arthur aurait pu sauver Mme Hill ou toute autre dame prise au piège de l'extinction de l'obligation alimentaire à la mort de l'époux. Le jugement final précise que ce don inclut la police d'assurance et qu'une simple allégation d'ingratitude n'en privera pas Marie Adéline.

Il y a des maris qui ont plus d'estime pour leur femme et qui, ce faisant, se montrent plus généreux. Mais l'interdiction de s'avantager durant le mariage peut rattraper certaines veuves dont les relations avec les autres ayants droit du défunt sont tendues. Un marchand de Montréal, Godefroy Courville, laisse derrière lui une succession de 18 000 $, toutes dettes payées, lors de son décès en juillet 1911[13]. L'homme s'était remarié en septembre 1908 avec Clara Paquette. Elle en était également à ses secondes noces, à l'âge de 45 ans environ. Toutefois, à la différence de son nouvel époux, Clara n'était pas à l'aise.

Leur contrat de mariage comporte certaines des clauses les plus courantes en milieu possédant. Il y a séparation de biens ; tout douaire est exclu ; si son époux meurt avant elle, Clara doit recevoir 1 500 $, somme assez mince ; Courville lui donne également tous ses meubles ; il promet, enfin, d'assumer toutes les charges du mariage. D'autres engagements montrent que la situation particulière des parties a été prise en compte et qu'il y a eu négociation. En cas de prédécès de Godefroy, Clara aura le droit de demeurer gratuitement dans leur logement durant 12 mois. Il promet en outre de payer durant deux ans les frais d'instruction de la fille de sa femme au couvent.

Le marchand une fois en terre, Clara se fait payer les 1 500 $ prévus de même qu'une somme de 500 $ que Courville lui a transmise tout à fait légalement au moyen d'un codicille testamentaire. À moins que le mobilier de leur résidence ait été d'une magnificence inouïe, la ponction exercée par la veuve sur son patrimoine est somme toute modeste. C'est la fille unique issue du premier mariage de Courville, Marie Anne, qui hérite de la masse des biens en qualité de légataire universelle. Âgée de 27 ans environ, elle est mariée à un certain Brosseau. Elle a été nommée exécutrice testamentaire par son père. En pratique, c'est Brosseau qui s'occupe de la succession au nom de sa femme.

Marie Anne poursuit Clara à la fin de 1911. L'enjeu du litige ? Un chèque de 500 $ que Courville a signé à l'intention de sa femme très peu de temps avant sa mort, chèque immédiatement encaissé. Cet argent, il faut le préciser, n'a pas été extorqué à un mourant confus. Un ami de Courville a préparé le document à sa demande express. Selon Marie Anne, cette donation est nulle en tant qu'avantage prohibé entre époux en vertu de l'article 1265 du code civil.

L'expérience vécue par Clara ressemble de beaucoup à celle d'Émélia Peloquin. Si tous les remariages ne dégénèrent pas en foires d'empoigne domestiques, l'inclusion d'une nouvelle épouse désargentée dans le cercle familial a quand même des chances de ne pas se dérouler sans heurts. La condition financière des femmes mariées dépend pour l'essentiel du patrimoine familial, des revenus de l'époux et du tissu d'obligations prévues par le code et modulées par les contrats de mariage et les testaments. Les maris sont en position de force sur ce plan, même après leur mort. Tout dépend de l'histoire du couple et des choix formels effectués au fil du temps[14]. L'arrivée d'une « étrangère » signifie un prélèvement sur les avoirs des patriarches, immédiatement ou à terme, à moins qu'elle ne soit indépendante de fortune.

Dès le retour du cimetière, une discussion s'est élevée entre Clara et Brosseau, l'époux de la légataire, au sujet des argenteries qui se trouvaient au domicile de la veuve. Le remariage avait également donné lieu à une reconfiguration des arrangements résidentiels, autre source de tensions. Trois personnes étaient venues cohabiter avec Clara et Godefroy : la belle-sœur de Clara – la sœur de son premier mari – ainsi que deux enfants issus de sa première union[15]. Cette belle-sœur a pris en charge les travaux de couture de la maisonnée, ce qui témoigne de la modeste condition sociale de la parentèle de Clara. Sa présence dérangeait apparemment Courville, mais sa seconde femme y tenait. Marie Anne, elle, n'était pas enchantée du tout : « elle y tenait je vous assure ; il n'a pas marié qu'une femme, il les a mariées toutes les deux en mariant l'autre, c'était une chose presque inséparable[16] ». Malgré leur statut juridique et financier éminemment désavantageux, les femmes mariées disposent tout de même d'un pouvoir informel en ce qui a trait à l'organisation domestique, tant qu'elles n'entrent pas en conflit direct avec l'autorité maritale[17].

Pour ce qui est du chèque de 500 $ encaissé *in extremis*, Clara tente de faire valoir la légitimité du don plutôt que sa stricte légalité. Godefroy s'est montré généreux en considération des services qu'elle lui a rendus. Clara, dans les faits, n'a rien à se reprocher en matière de dévouement et de sacrifice de soi. Elle s'est occupée des trois pensionnaires venus habiter avec eux. Son mari a encaissé les montants perçus « tandis qu'elle a fait tout le travail sans recevoir aucune rémunération[18] ». La Cour de révision considère aussi qu'elle a offert des « soins constants » à son mari malade – ce que confirment ses médecins – obviant ainsi aux frais d'une servante ou d'une garde-malade. Courville aurait pu se permettre d'en embaucher une, mais il souhaitait que sa femme s'occupât de lui. Clara ne se gêne pas pour témoigner assez franchement, à l'audience, du caractère assez pénible des soins fournis : « à toute heure du jour, de nuit ; il fallait qu'il prenne des remèdes à toutes les heures … des purgations tous les deux jours ; il fallait que j'essuie cela ; on a été obligé de le descendre en bas parce que mes jambes étaient épuisées de monter en haut ; j'étais obligée de charroyer toutes les saloperies en haut nuit et jour et j'ai couché sur un canapé pendant deux mois à côté de lui pour en prendre soin[19] ». Selon la même, le fait d'en avoir été réduite au travail avilissant d'une servante était indigne d'elle, vu la richesse de Courville. Dans son esprit, peut-on croire, l'ascension sociale inhérente à un bon mariage aurait dû se traduire par un certain confort et des privilèges ménagers.

Une abnégation sans faille est précisément ce qui fait la bonne épouse. Aussi hautement valorisée soit-elle par la magistrature, cette abnégation n'appelle pas d'emblée une compensation financière. Cette exigence fondamentale envers les femmes mariées demeure un adjuvant des décisions de justice : les juges y font appel – sans gêne aucune – lorsque les règles de droit, en elles-mêmes, ne permettent pas de déterminer facilement l'issue d'une cause. D'où le langage parfois très dur à l'endroit d'épouses oublieuses de leurs devoirs et de maris qui pourrissent la vie de femmes délicates et vertueuses. Mais vouloir être payée d'une manière ou d'une autre pour avoir pris en charge l'organisation de la maisonnée et « charroyé » les sanies d'un mari malade est intrinsèquement contraire à l'idée d'abnégation. Le don de soi est bel et bien cela : un don. S'être salie les mains après des purgations ne fera pas chanceler aisément un pilier du droit familial tel que l'article 1265 du code.

Le seul terrain où la défense prend appui de manière un peu plus ferme, juridiquement, est l'obligation générale faite aux maris de voir aux besoins de leur épouse. Clara affirme s'être servie du chèque pour assurer son entretien, puisqu'elle a peu de ressources. En revanche, sa prestation à l'audience ne joue pas en sa faveur. Elle dit avoir du mal à identifier le fameux chèque, car elle connaît mal ces instruments financiers. On la questionne aussi de manière très serrée sur les sommes qui ont transité par son compte en banque. Avant le dépôt des 500 $ en litige, son solde était de 100 $. Elle dit : « ces cent piastres là c'est mon mari qui me les avait données au jour de l'an comme cadeau pour m'acheter un set de vison et puis comme je n'en avais pas assez j'ai attendu qu'il m'en donne plus[20] ». Qu'en est-il d'un dépôt de 70 $ fait peu de temps après la mort de Courville ? Il s'agirait de l'épargne prise sur les petites sommes – 50 cents ou 1 $ – que son époux lui remettait de temps à autre.

Peine perdue : la fille de Courville l'emporte, tant en Cour supérieure qu'en Cour de révision. Le don est nul en vertu de l'article 1265. Seuls de petits présents sont autorisés durant le mariage. Le juge Guérin donne un exemple hypothétique de cadeau qui ne tomberait pas dans la catégorie des donations interdites : « si le mari a fait présent à sa femme d'une robe ou d'une garniture de tête pour qu'elle parût parée à quelque jour de fête, ou s'il lui a donné en argent de quoi faire cette emplette[21] ». Un transfert substantiel, effectué d'un coup et destiné à mieux assurer le sort d'une veuve impécunieuse, vient modifier le contrat de mariage qui est précisément la transaction au moyen de laquelle les parties sont censées avoir paré à cette éventualité. L'option testamentaire demeurait ouverte. Courville était manifestement bien disposé envers sa femme, reconnaît le magistrat. Un simple codicille supplémentaire, en sus du premier, aurait suffi. Clara est donc condamnée à remettre les 500 $ à sa belle-fille.

Un autre procès a lieu en parallèle du précédent. Les rôles sont inversés : c'est cette fois la veuve qui poursuit l'héritière, afin de se faire rembourser des frais de deuil qu'elle estime à 200 $. Clara l'emporte sur ce front, à l'instar d'une Émélia Peloquin, bien que sa réclamation ne soit acceptée qu'à hauteur de 125 $. C'est son propre avocat qui lui a fait comprendre que la succession lui était redevable :

Par la cour :
Q. Vous ne saviez pas que vous aviez droit à un deuil, n'est-ce pas ?
R. Non, monsieur.
Q. Quand vous avez été poursuivie, vous êtes allée voir M. Lafortune, vous lui avez conté vos misères et il vous a avisée ?
R. Oui, monsieur.
Q. C'est de même ?
R. Oui, monsieur.
Q. Alors il vous a dit que vous aviez une réclamation pour le deuil ?
R. Oui, monsieur.[22]

Malgré qu'elle ait ignoré ce point de droit – et elle ne devait pas être la seule – Clara est en mesure d'énumérer ce dont elle a eu besoin pour faire preuve de la décence et de la solennité nécessaires. Elle n'en était pas à son premier veuvage : « des chapeaux, des robes, six mouchoirs, ce qu'il faut enfin pour la toilette, jupons, cache corsets, des bottines, des bas noirs » ; « un costume, un imperméable, une blouse de soie noire[23] ».

Quel est son sort par la suite ? La situation ne semble pas s'améliorer. Au moment où la première cause est pendante devant la Cour de révision, en 1916, Clara demeure avec sa belle-sœur. Cette dernière tient une maison de pension. Il ne doit plus rester grand-chose alors des 2 000 $ tirés du patrimoine de Godefroy. La veuve travaille gratuitement, dit-elle, en échange de son entretien et de celui de la fille issue de son premier mariage. Il est maintenant loin le temps où l'alliance avec un marchand laissait poindre un tout autre avenir.

FEMMES CONTRE APPARENTÉS

Des épouses nécessiteuses se tournent vers leur parentèle par alliance, malgré le fait que leur mari soit toujours vivant. Leurs chances sont bonnes si elles parviennent à prouver deux choses : que le chef de famille est un incapable et que les besoins exprimés sont criants. Elles doivent également montrer patte blanche, au plan de leur conduite, condition sine qua non de succès en justice.

Mme Laporte réclame 50 $ par mois à son beau-père, M. Brunet[24]. Son époux « ne gagne pas suffisamment pour la faire vivre convenablement, elle et ses enfants[25] », enfants au nombre de cinq et âgés de deux à neuf ans. Se trouvant dans l'impossibilité de travailler – ce qui se conçoit – elle a dû trouver refuge chez ses parents pour éviter la famine, concède un juge[26]. M. Brunet refuse et s'en prend au comportement de sa bru. Il « soutient que son fils est capable de faire vivre sa famille, mais qu'il est mal avisé par sa femme ... qui a détruit le bonheur conjugal des époux ... et s'est conduite de manière à décourager son mari[27] ». Cette ligne de défense est mince. L'existence du mari est précisément ce qui donne vie à l'obligation alimentaire ; M. Brunet fils n'assume pas ses responsabilités ; un chef de ménage devrait être capable de passer outre à de simples mauvais conseils, comme il en va de sa masculinité.

La cour se livre à un examen attentif de la situation des parties. Depuis trois ans, le mari en cause n'a rien fourni à sa femme, malgré sa bonne éducation et son métier de comptable. Son père, de son côté, est très à l'aise. Sa fortune lui procure 4 000 $ en revenus annuels. Les 50 $ par mois demandés sont bien raisonnables, estime le tribunal, considérant ses moyens, les besoins exprimés et la condition sociale des parties[28]. Avec 600 $ par an, une dame chargée d'enfants comme Mme Laporte ne s'autorisera aucun luxe.

Autre cas de figure : l'épouse s'adresse à son beau-père alors que son mari est décédé. Le phrasé du contrat de mariage peut être crucial, comme toujours. Si une veuve est de surcroît en mesure de faire valoir les obligations alimentaires souscrites par son beau-père dans l'acte même, elle l'emportera sans que son dénuement n'engendre de débats. Des arrérages pourront même être réclamés. De telles libéralités, de la part de beaux-parents, paraissent assez rares. Des circonstances particulières sont susceptibles de donner lieu à des tractations prénuptiales et d'influencer le contenu des contrats de mariage de la bourgeoisie.

Mineure, orpheline de père et de mère, Bertille épouse le 24 août 1908 Hector Dufresne, étudiant en pharmacie également d'âge mineur[29]. Le jeune homme est sans moyens, vu son jeune âge. Son père vit cependant dans l'aisance. Le malheur frappe : Hector meurt six mois plus tard. La préparation de leur contrat de mariage avait fait l'objet d'un soin particulier. Il n'est pas question d'une répétition, par le notaire instrumentant, de clauses standardisées, même avec des variations accessoires. La tutrice de Bertille, sa grand-mère, avait été autorisée par un conseil de famille à donner son aval au mariage et à souscrire aux conventions matrimoniales, cette autorisation étant elle-même conditionnelle à ce que le père du promis, Napoléon F.-X. Dufresne, soit partie prenante au contrat et accorde les avantages requis pour sa protégée. La famille de

Bertille a joué serré pour assurer sa sécurité matérielle. Une orpheline allait s'unir à un simple étudiant.

On sait déjà, à la suite des travaux de Denise Girard, que les parents des jeunes époux de la bourgeoisie s'assurent de leur installation convenable dans l'immédiat, en les aidant de diverses manières[30]. Cette entraide intergénérationnelle, cette générosité n'est pas uniquement matérielle, mais également symbolique. Il serait inconvenant pour des familles en moyens de laisser leurs rejetons peiner à joindre les deux bouts au su et à la vue du public. La parentèle de Bertille est allée bien plus loin et s'est assurée qu'elle ne souffre jamais du besoin.

Il en a résulté un acte notarié assez complexe et fort favorable : séparation de biens ; « donation par le futur de tous les meubles meublants et autres effets mobiliers qu'il acquerrait à l'avenir » ; engagement de M. Dufresne père à loger sa bru chez lui aussi longtemps qu'elle le voudrait et à l'entretenir « comme si elle était son propre enfant » ; engagement du même, si Bertille décidait d'aller résider ailleurs, de lui fournir l'équivalent de cette prestation, un logement convenable ainsi que 1 500 $ en meubles[31]. M. Dufresne a promis d'assumer, en sus, des obligations qui échoient seulement aux maris dans l'immense majorité des cas. En témoigne sa prise en charge de l'entretien et des frais d'éducation des enfants à naître. L'homme s'est aussi fait le relais d'une transmission de biens au profit de l'épouse alors que ce sont habituellement les parents de celle-ci qui s'en occupent. Il a promis de léguer 15 000 $ à Bertille à sa mort. En somme, Napoléon Dufresne a accepté de cumuler plusieurs rôles en tant que mari et père de substitution. Le contrat précise d'ailleurs, tout juste avant l'énumération des avantages consentis à sa bru, que ces derniers sont faits « en considération de l'estime qu'il porte à la future épouse[32] ». Cette formule accompagne normalement les dons de l'époux à l'épouse. Mais le jeune Hector n'était pas en mesure faire des promesses substantielles. Comme on l'a vu dans la première partie de ce livre, des maris en début de parcours professionnel font parfois des dons impossibles à payer à court terme, bien que les clauses correspondantes impliquent une prise d'effet immédiate de la libéralité. Ce sont des paris sur l'avenir. On espère que les ressources nécessaires seront acquises par la suite, tout en faisant d'emblée de la fiancée la créancière du fiancé. Ce pari est risqué, tels qu'en font foi plusieurs litiges. Pour l'entourage de Bertille, il était probablement trop tôt pour miser de la sorte sur Hector et sa réussite à venir. Le contrat de mariage, par conséquent, est bien plus avantageux que d'autres.

Il colle de plus près à la réalité tout en pourvoyant aux risques habituels comme le veuvage.

L'entente est cependant rapidement mise à l'épreuve, non seulement en raison du décès précoce du jeune mari. Seulement six mois après la mort d'Hector sans descendance, Bertille quitte ses beaux-parents. Elle ne s'entend pas avec sa belle-mère. Napoléon lui verse de l'argent jusqu'en juin 1917, année de l'ouverture du procès. Ces versements sont allés en s'amenuisant. Bertille a entre-temps suivi une formation comme infirmière avant de l'interrompre pour des raisons de santé. C'est au moment précis où elle met ce projet en veilleuse qu'elle s'adresse à la Cour supérieure. Ce n'est certainement pas une coïncidence. Une fois compromis l'avenir qu'elle envisageait, elle souhaite que les clauses avantageuses de son contrat de mariage soient exécutées. Elle réclame de son beau-père 965 $ pour 18 mois d'arrérages de pension, 1 500 $ en meubles ou, à défaut, en argent et 125 $ de pension mensuelle pour le futur.

La défense opposée par Dufresne a des relents de mauvaise foi. Me Desbois plaide que les conventions matrimoniales sont nulles, comme le conseil de famille n'a pas été consulté sur leur contenu précis. L'homme ignorait cette nullité. C'est pourquoi il a entretenu sa bru. Les acteurs sociaux recourent au droit pour prévoir l'avenir ; ils peuvent aussi tenter d'y dénicher ce qu'il faut pour relire le passé à leur avantage, en cas de conflit. Dufresne aurait donc souscrit à un acte aussi soigneusement préparé que le contrat de mariage de son fils pour ensuite en découvrir, plusieurs années plus tard, l'illégalité ? Pour le reste, toute obligation de sa part envers Bertille serait morte en même temps que son fils. L'argument est bien proche de celui de l'intransmissibilité des obligations maritales plaidée par des héritiers à l'encontre des réclamations de veuves impécunieuses.

Le 28 juin 1918, la Cour supérieure ne lui donne raison que sur un point. De fait, le conseil de famille de la mineure aurait dû souscrire aux détails du contrat et ne pas s'en tenir à formuler des exigences générales. Mais les engagements de Dufresne ne sont pas inexistants pour autant : ils sont distincts, en droit, du contenu strictement conjugal de l'acte, comme la promesse d'Hector de donner à Bertille tous les meubles de leur futur domicile. Dit autrement, la nullité de l'acte ne s'étend pas à une donation en bonne et due forme formulée à la même occasion, donation sujette au droit commun. Le juge Belleau condamne ainsi Dufresne à payer les arrérages de pension et à fournir à la demanderesse, d'ici un mois, 1 500 $ en meubles ou en argent.

Le magistrat ne se prononce pas immédiatement sur la pension requise pour la suite des choses par l'ex-apprentie infirmière. Il laisse place à la négociation entre les parties, tout en réservant à Bertille la possibilité de s'adresser à nouveau à la cour.

Dufresne porte la décision en appel. La Cour du banc du Roi confirme le jugement de première instance le 11 novembre 1918. Bertille n'est pas du tout dans le cas d'une Mme Winteler ou d'une Mme Hill. L'obligation alimentaire contractée par Dufresne, inscrite dans le contrat de mariage, n'a pas disparu à la mort d'Hector. Les prestations en jeu ne sont pas non plus de la même nature que les aliments dont traite le code civil, aliments dont le quantum doit être déterminé par la capacité de payer du débiteur et l'état de nécessité du créancier ou de la créancière. Plusieurs épouses séparées de fait ou séparées de corps se sont frottées à cette dialectique juridique. Ce à quoi a consenti Dufresne, ce n'est pas à venir au secours de Bertille uniquement en cas de besoin. La donation est on ne peut plus claire. Les juges estiment d'ailleurs que les proches de la jeune fille n'auraient pas consenti au mariage n'eut été une donation véritable.

M. Saint-Jacques, pour sa part, s'est engagé devant notaire à verser une pension alimentaire de 200 $ par an à sa bru, Mme Laflamme, après avoir été poursuivi par celle-ci[33]. La somme est étique : elle est tutrice de neuf enfants mineurs. L'arrangement notarié ne met pas fin au conflit. Sept ans plus tard, M. Saint-Jacques requiert une réduction de 100 $ par an, « attendu qu'elle [a] une fille mariée et plusieurs autres enfants en état de gagner leur vie, la menaçant, si elle [refuse], de déshériter ses enfants[34] ». L'établissement des enfants permet au payeur d'aliments de faire varier sa prestation[35]. M. Saint-Jacques double sa requête d'une menace on ne peut plus sérieuse d'exhérédation. Le statut socioéconomique des rejetons de la bourgeoisie dépend en bonne partie des héritages à venir. Dans le cas présent, le patrimoine en question est plantureux. Les biens de Saint-Jacques valent près de 100 000 $. Mme Laflamme cède, du moins pour le moment. Elle poursuit ensuite la succession de M. Saint-Jacques, mort en 1908, pour 1 700 $ en pension impayée.

Les juges de la Cour supérieure et de la Cour de révision font prévaloir dans ce cas-ci la règle voulant que le changement d'état des parties puisse anéantir de facto l'obligation alimentaire. Mme Laflamme a hérité de 13 000 $ de ses parents il y a de cela quelques années. Aussi, le versement de pensions accumulées n'a pas la faveur de la magistrature, à moins que l'obligation ne figure à même un contrat de mariage. Le juge Martineau précise que, sauf exception, on ne peut réclamer les sommes dues si au moment de la poursuite la demanderesse dispose de moyens suffisants pour assumer les dettes encourues lorsque la pension n'était pas payée. Ainsi, les années passées dans une précarité relative n'ouvrent pas la porte à une compensation. Demolombe, juriste français du 19e siècle, est appelé en renfort : « l'obligation alimentaire ! Mais ce n'est autre chose que la charité, que la bienfaisance organisée légalement[36] ». Cette charité intrafamiliale ne se prévaut pas des mêmes protections que les engagements contractuels, conventions dont le droit civil libéral exige un strict respect.

PROTÉGER UNE HÉRITIÈRE « CONTRE ELLE-MÊME » : L'AFFAIRE FIELDS

Dernier cas de figure : les poursuites intentées contre des épouses en tant qu'héritières, sans qu'il y ait conflit avec des ayants droit successoraux ou des personnes apparentées. Elles sont assez rares dans la jurisprudence québécoise du début du 20e siècle. L'affaire Fields met aux prises une rentière, Mme Laviolette, et le marchand avec qui elle a fait affaire[37]. Bien qu'il n'ait pas grand-chose en commun avec les autres causes examinées dans ce livre, ce litige permet d'examiner d'un peu plus près l'esprit dans lequel ont été conçues certaines transmissions de biens dont dépendent des dames de l'élite pour maintenir leur train de vie.

Les biens transférés par des testateurs à des femmes de leur famille ne constituent pas nécessairement de pures libéralités. Des contraintes qui relèvent simultanément de la protection et du contrôle accompagnent parfois ces transferts d'actifs. La pratique de la substitution, apparemment fort fréquente en milieu possédant à la fin du 19e siècle et au début du 20e siècle, concerne tant des héritiers que des héritières. La première et parfois la seconde génération d'ayants droit ne disposent, dans ce cas, que des fruits produits par leur part d'héritage. La libre disposition du capital échoit aux générations ultérieures. En agissant de la sorte, des testateurs en moyen entendent bien contrôler leurs légataires les plus proches, peu importe leur sexe d'ailleurs[38].

Femme favorisée, Mme Laviolette se trouve dans une situation particulière. Séparée de corps et de biens depuis onze ans, elle ne semble pas avoir éprouvé la précarité vécue par certaines de ses consœurs qui durent batailler ferme pour obtenir une pension alimentaire. Elle tire une rente annuelle de 2 000 $ de la succession de son oncle, Joseph-Aimé Massue. En 1915, M. Fields obtient un jugement par défaut à ses dépens. Elle n'a pas soldé les robes achetées chez lui et lui doit encore 180 $. Afin de se faire payer, Fields fait exercer une saisie contre la succession Massue dont l'exécuteur, Wilbrod Décarie, paie la rente annuelle de Mme Laviolette. Décarie conteste la procédure. Le legs des 2 000 $ annuels est une rente alimentaire, insaisissable. En loi, l'insaisissabilité attachée à ce type de libéralité ne peut être contournée à moins que le créancier ait fourni des choses nécessaires à l'existence, prestation qui revêtira dès lors un caractère alimentaire et assujettira la rente. Or, fait valoir Décarie, les atours achetés par sa protégée sont carrément des objets de luxe, telles ces « robes en velours ornées de perles et de fourrure ... et ... robes de bal purement d'apparat[39] ». Fields rétorque que ces robes conviennent à la condition sociale de sa cliente et constituent de ce fait des objets nécessaires que la succession doit être obligée de payer.

Le 31 mars 1917, la Cour supérieure renvoie la poursuite. Les clauses du testament sont limpides et les items n'avaient rien d'indispensable, estime le tribunal. Mme Laviolette n'a pas d'époux aux fonctions prestigieuses, ce qui pourrait justifier l'achat d'atours aussi splendides. Cette décision ne constitue pas un gain pour les femmes. Leur permettre d'échapper à une telle dette relève de la même économie juridique qui en fait des mineures irresponsables. Bien entendu, un fils de famille désœuvré et vivant confortablement de rentes léguées à titre d'aliments serait pareillement sauvé de ses extravagances par l'appareil judiciaire. Toutefois, la Cour de révision précise que le testament de Joseph-Aimé Massue, en déclarant le legs insaisissable, visait à protéger Mme Laviolette « contre elle-même[40] ». Dirait-on la même chose d'un héritier mâle? Rien n'est moins sûr.

Fields porte sa cause en appel. Le 24 décembre 1918, la Cour de révision modifie le jugement de première instance pour partie. Les juges Demers, Martineau et Panneton ont examiné de plus près les vêtements en cause. Ont-ils palpé les étoffes, soupesé les matériaux? Non. Seules les factures déposées en preuve ont dû être transmises à la Cour de révision. Les trois juges estiment que certaines des robes, probablement les moins flamboyantes, relèvent du nécessaire et tombent sous le coup de la saisie visant la succession Massue. Décarie devra donc remettre 93,50 $ au demandeur. La Cour de révision, notons-le, se prononce à peu près au même moment sur deux autres poursuites intentées contre Mme Laviolette en raison de factures impayées. Des trois chapeaux qu'elle a achetés la succession ne devra payer que pour un seul, d'une valeur de 15 $. Il manquait aussi toujours 75 $ aux 275 $ nécessaires pour réparer ses manteaux de fourrure. Le fourreur est sauvé par son métier et les rigueurs de l'hiver québécois : ces manteaux relèvent du nécessaire pour une dame du rang social de la défenderesse. En somme, c'est à un véritable inventaire juridique et textile que l'instance d'appel a dû consacrer une partie de son temps afin de protéger la défenderesse « contre elle-même » (et le froid). Cette régulation bourgeoise et paternaliste des dépenses féminines, structurée de concert par les préférences d'un testateur et les règles du code civil, a pu faire du tort à des commerçants qui ne roulaient pas nécessairement sur l'or. Ils sont nombreux, petits et grands, à servir le marché de l'attirail vestimentaire féminin du début du 20e siècle. Fields avait-il quelque moyen pour vérifier le statut exact des ressources de sa cliente ?

***

Ce n'est pas le moindre paradoxe de procès mus par des femmes en difficulté que de devoir compter, idéalement, sur la présence en chair et en os d'un mari incapable ou, encore mieux, sur l'existence d'un mari dont l'immoralité ou l'impéritie est telle qu'elle scandalise la magistrature. C'est l'expression la plus aboutie de la dépendance sociojuridique des épouses. En l'absence de mauvais époux à sanctionner en personne, la justice québécoise ne se laisse pas émouvoir facilement par les rapports de force bien réels qui ont pu, par exemple, contraindre Mme Hill à attendre la mort du mari qui l'intimidait pour réclamer des arrérages de pension ou obliger Mme Laflamme à attendre la mort de son beau-père pour faire de même. Aussi, les prestations conjugales et intrafamiliales obligatoires sont de droit étroit. Le strict contractualisme appliqué au mariage permet à des héritiers de ne pas s'encombrer d'aliments dont auraient ardemment besoin des veuves qui se sont butées à l'un des piliers du droit civil libéral, la libre disposition des biens par testament. L'exhérédation de ces femmes a pu être motivée par la haine, le mépris ou une simple incompatibilité d'humeur. Ainsi, à moins de pouvoir compter sur des revenus personnels substantiels ou un contrat de mariage doublé de solides garanties, une autre forme de sujétion guettait les femmes : l'inféodation aux bons sentiments et au bon vouloir de leur époux. Enfin, tout ce que peuvent devoir des héritiers qui ont vu d'un mauvais œil une seconde épouse faire irruption dans la famille et chambouler leurs espérances financières, ce sont ses frais de deuil. Dépouillée de ce qui, en toute équité, aurait pu lui revenir, elle pourra néanmoins honorer la mémoire de celui qui n'a pas pu ou n'a pas voulu assurer convenablement son avenir.

CONCLUSION

Contraindre et protéger ?
Les « bonnes intentions » du droit civil et l'institution du mariage, 1900-30

À la toute fin des années 20, le juge et professeur de droit à l'université Laval Charles-Édouard Dorion se fend d'un vigoureux plaidoyer en faveur de la communauté de biens. Les arguments strictement juridiques ne sont pas seuls en lice, loin de là. Publié dans *La revue du droit*, périodique réactionnaire et catholique intégriste[1], le texte a tout du pamphlet. À l'instar de ses confrères dont nous avons étudié les décisions, l'honorable Dorion apporte sa pierre à la construction sociojuridique des épouses à titre d'actrices des affaires familiales. Il faut les protéger, car elles sont ignares *et* vulnérables : « le contrat de mariage lui-même, quand il en est fait un, est toujours dicté à la femme, qui n'y comprend rien, par le mari, et c'est pour stipuler la séparation de biens, parce que le mari, à moins que sa femme ne soit riche, préfère garder pour lui ce qu'il gagnera. C'est presque toujours le mari qui a intérêt à stipuler séparation de biens[2] ». On ne lui donnera pas tout à fait tort, à ce titre, bien que Dorion tienne compte du fait que la séparation de biens puisse convenir aux milieux d'affaires en raison du risque de faillite du chef de ménage.

L'éminent juriste poursuit : « laissons le régime coutumier, la communauté d'intérêts, le régime protecteur de l'avenir de la femme à celles qui comptent sur ses avantages. Il n'y a pas de familles plus unies, plus stables, plus morales que celles de nos campagnes, où la coutume est encore en vigueur. Il n'y en a pas de moins mécontentes de leur sort, il n'y en a pas qui demandent moins à l'État de les pensionner. Il n'y en a pas de moins anarchistes et de moins utopistes. Et, s'il y en a de telles, c'est le contact avec les gens des villes qui en est la cause[3] ». La communauté de biens préserve autant le bien-être du foyer que l'autorité maritale. Ce n'est ni plus ni moins qu'un rempart contre la « déchéance de la vie de famille » et contre la « soif de plaisirs frivoles » que traduit le recours à la séparation de biens[4]. On ne s'étonnera pas que la commission des droits civils de la femme, présidée par Dorion, n'ait pas accouché de gains plus substantiels que ceux retenus en 1931 dans la *Loi modifiant le Code civil et le Code de procédure civile, relativement aux droits civils de la femme*.

Laissons de côté ces excès de langage. Nous n'avons pas rencontré dans ce livre d'épouses anarchistes ou vautrées dans les plaisirs frivoles hormis le cas, un peu parent, des femmes accusées de prodigalité ou d'insouciance grave. Écartons aussi une question au sujet de laquelle certains confrères de Dorion auraient pu différer d'avis avec lui, en l'occurrence les mérites respectifs de la communauté et de la séparation de biens quant à la sauvegarde des intérêts des femmes mariées. Ses envolées rhétoriques permettent néanmoins de cerner très précisément les dialectiques sociojuridiques et symboliques avec lesquelles les épouses québécoises de l'élite devaient composer durant les décennies qui précédèrent la Crise des années 30. À leur infériorité devait répondre leur protection. Leur dépendance devait faire écho à leur vertu.

Les jeunes fiancées des beaux quartiers et leurs parents avaient eu espoir de conclure une bonne alliance avec un jeune homme prometteur et honorable. On avait veillé de manière étroite au choix du futur gendre. Mais cette espérance, pour plusieurs femmes, n'était plus qu'un souvenir lointain quand elles furent contraintes de batailler en justice pour se tirer d'embarras, après la déconfiture financière de leur époux ou une rupture. Les rapports de jurisprudence et les dossiers judiciaires originaux relatent rarement l'humiliation, le chagrin et la détresse vécus par les épouses qui ont vu les huissiers s'emparer de leur mobilier ou dont le conjoint s'est transformé en tyran domestique ou en coureur de jupons. Ces mêmes sources témoignent éloquemment, par contre, des rapports de pouvoir personnels, juridiques et financiers qui structuraient la régulation des ménages élitaires en difficulté. Le seul atout véritable des femmes mariées, dans ce contexte, était un patrimoine en propre, assez substantiel pour éviter une chute par trop brutale de leur aisance. Il était heureux, également, que des parents les aident ou qu'ils leur aient légué des biens. À la profonde dépendance juridique inscrite au cœur du mariage bourgeois s'ajoutaient d'autres subordinations : demanderesses et défenderesses étaient à la merci de la prévoyance, de la richesse et de la sollicitude de leur lignée. Certes, être en mesure de personnifier parfaitement les exigences morales des juges – et de les émouvoir par le fait même – constituait un avantage considérable dans le cadre d'un procès découlant d'une séparation. Être jeune, délicate et ingénue augmentait considérablement les chances de voir le courroux de la magistrature s'abattre sur le mari. Mais dans quelle mesure les épouses et les veuves étaient-elles capables d'influencer le regard jeté sur elles du haut de l'autorité de l'État ? Passer pour une « delicately cultured lady » du Golden Square Mile de Montréal comme Mme Stevenson n'était pas donné à toutes, loin s'en faut. En outre, cette performance symbolique devait se doubler d'une malchance profonde, celle d'avoir uni sa destinée à un individu proprement insupportable, à la conduite choquante. Jouer volontairement ou involontairement la carte de la distinction et de la délicatesse bourgeoises demeurait hasardeux. Recourir aux tribunaux, c'était courir le risque d'être accusée – par les avocats de la partie adverse ou la magistrature – de nervosité pathologique, de manquement aux obligations conjugales ou d'incapacité à contrôler les dépenses domestiques.

Pourtant, un appel à la justice était souvent la seule issue de secours. Les liens du mariage n'avaient rien de la figure de style. Le statut des femmes de l'élite était profondément juridicisé : les testaments, les contrats de mariage et les obligations générales des conjoints déterminaient, pour l'essentiel, les assises de leur être en société. Il nous a fallu, pour cette raison, donner bien des détails techniques sur le droit familial en vigueur à l'époque et faire état, par exemple, des subtilités entourant les donations maritales : le choix des termes, par un notaire, pouvait faire toute la différence et conduire les parties devant la Cour du banc du Roi. Les normes du droit civil et la pratique de ces normes avaient une concrétude immédiate dans l'existence des femmes mariées de la bourgeoisie. Les désordres et embarras domestiques portés à l'attention de la justice mettent en pleine lumière cette institutionnalisation particulièrement intense de la condition féminine bourgeoise. Ces femmes, à la différence des acteurs sociaux contemporains, ne faisaient pas face à une surabondance de normes juridiques ou de législations diverses, sans parler du fatras de procédures des organismes publics et privés. Mais l'intensité et la proximité du droit civil dans leur parcours, le poids des normes juridiques sur leur destin étaient proprement considérables. Cet assujettissement au droit était plus intense que dans les juridictions de *common law* comme l'Ontario, bien plus progressiste en matière d'autonomie économique féminine. Les femmes dont nous avons fait l'histoire furent en partie les victimes, à tout prendre, de la montée en puissance du conservatisme clérico-nationaliste à partir du 19e siècle et des forces réactionnaires du début du 20e siècle, forces qui firent du code civil un monument national à conserver intégralement en sa qualité de rempart de la nationalité canadienne-française[5].

À cette juridicisation pesante répondait une judiciarisation quelque peu inévitable des accidents de leur existence. Seule la Cour supérieure pouvait légitimement démêler l'écheveau d'obligations, d'engagements et d'attentes qu'était le mariage en milieu possédant. Il était encore loin le temps où l'accès au marché du travail – et pas seulement à ses plus bas échelons – allait éloigner le spectre de cette dépendance féminine profonde, immanente au code civil et à l'appareil judiciaire, sans toutefois le faire disparaître[6].

Ces multiples formes d'inféodation personnelle, morale et institutionnelle font en sorte qu'il est bien difficile de faire l'économie du concept de sphères séparées en histoire de la famille au Québec au début du 20e siècle. On aura beau insister *ad nauseam* sur les occasions saisies par des épouses pour franchir les limites physiques de l'espace domestique, qui pour faire sa marque dans les bonnes œuvres, qui pour contribuer à l'associationnisme féminin, leur vulnérabilité socio-juridique demeurait tapie dans l'ombre et pouvait se manifester brutalement lorsque se détraquait la lourde mécanique des obligations et prestations intraconjugales, réalités on ne peut plus privées et genrées. Bien entendu, il y eut des mariages réussis, heureux et stables. Bien entendu, les causes rapportées et les dossiers judiciaires originaux qui leur sont liés ne sont que des « cas », après tout. On pourrait arguer qu'ils n'ont rien de représentatif.

Mais c'est bel et bien de cette manière qu'était réglé par la justice civile le sort *de* femmes et *des* femmes susceptibles de traverser les mêmes épreuves. Les décisions des juges Bruneau, Greenshields ou Carroll pouvaient être rappelées lors de procès ultérieurs. La magistrature produisait par ce moyen des normes juridiques dominantes – à défaut d'être fixes – dans l'interprétation du code civil, un des principaux instruments de régulation sociale avant la mise en place de l'État providence, aux côtés du droit criminel et des institutions de prise en charge de la pauvreté et de la déviance. Cette documentation, nous espérons en avoir fait la preuve, permet de reconstruire les vulnérabilités féminines et de rendre compte des imprévisibilités de l'avenir spécifiquement liées à la pratique et à l'expérience du mariage en milieu possédant.

Ce n'est pas que les dames de la bourgeoisie québécoises étaient dénuées d'agentivité. Bien au contraire. Plusieurs d'entre elles, épaulées par leurs avocats, ont mené des luttes très dures, tant en première instance qu'en appel, afin de faire valoir leurs droits et d'éviter qu'elles-mêmes et leurs enfants ne connaissent la gêne. Il fallait une bonne dose de courage pour fuir le domicile conjugal et entamer une poursuite contre son époux. Les créanciers voyaient certainement d'un mauvais œil une femme mariée brandir son contrat de mariage alors que la liquidation des biens de son conjoint avait débuté. Mais avant de rejeter le concept de sphères séparées et genrées, il convient de tester empiriquement la capacité d'agir des épouses, d'établir les limites concrètes de leur autonomie. Leur dépendance envers les maris, le droit et la morale judiciaire laisse poindre une relégation au privé plus dangereuse, une minorisation plus importante que ce que la seule lecture des articles du code civil ou de contrats de mariage en apparence protecteurs pourrait laisser croire. Plusieurs affaires examinées dans ce livre ont notamment permis de mieux appréhender une donnée clé des rapports conjugaux, en l'occurrence les limites du savoir féminin en matière de finances et de droit civil. Ce savoir sociojuridique s'arrêtait bien précisément à l'univers domestique, au coût du maintien des enfants, aux charges de la maisonnée et aux obligations masculines « naturelles » en milieu bourgeois, telle la responsabilité faite au chef de ménage d'entretenir son épouse selon son rang. Il s'agit là d'une manifestation non équivoque, et lourde de conséquences, de l'existence d'une sphère féminine à l'aube du 20e siècle. Au demeurant, les connaissances et la latitude de certaines femmes paraissaient très limitées. Le libre jeu des rapports de force conjugaux, au profit de l'époux, y était certainement pour beaucoup. Blanche Hudon remettait tous ses papiers à son mari. Marie-Louise Lalonde n'a fait que prodiguer ses préférences en matière de décoration de la maison d'été que son mari avait fait subrepticement construire en son nom. Si les juristes, on l'a vu, se méfiaient des pressions maritales indues, l'obéissance voulue par le code et l'infériorité juridique des femmes mariées pouvaient largement y donner cours.

De plus amples recherches seraient nécessaires afin de comparer les connaissances et la part d'autonomie des dames de l'élite avec celles d'épouses de condition plus modeste et impliquées directement dans l'économie familiale, à la différence de leurs consœurs plus favorisées. Les reines du foyer ont incarné et vécu l'idéologie des sphères séparées, mode de structuration des rapports sociaux de sexe promu par les classes moyennes et bourgeoises à partir du 19ᵉ siècle en Occident. C'était là une source de distinction, un signe d'honorabilité, mais le prix à payer pouvait être élevé en cas de troubles financiers ou de brisure du foyer. Le cas de Delphine Guertin pourrait servir de point de départ. Cette femme, rappelons-le, a réussi à se hisser aux échelons inférieurs de la petite bourgeoisie urbaine en relocalisant un commerce et en devenant propriétaire. Toutefois, cette ascension sociale au féminin a été favorisée par l'attitude conciliante de son époux, David, qui ne lui a pas livré une guerre sans merci après leur séparation, ainsi que par une stratégie commune de mise à l'abri, au nom de Delphine, de profits réalisés conjointement dans le commerce. Une faillite serait-elle survenue peu de temps avant leur séparation que les créanciers auraient crié à l'instrumentalisation de la personnalité juridique de Delphine aux dépens de leurs justes réclamations.

Malgré toutes ces contraintes, certaines femmes réussirent à faire prévaloir la protection de leurs biens propres ou des dons qui leur avaient été faits par contrat de mariage, dons qui pour plusieurs étaient toujours virtuels – encore à l'état de promesses – lorsque s'ouvrait un procès. Cependant, les aléas du marché fragilisaient de manière importante les épouses en cas de faillite du mari ou de saisie. Il convient, à ce titre, de nuancer certaines affirmations de la littérature scientifique où semblent un peu confondues les fonctions affichées du droit matrimonial et l'expérience féminine concrète[7]. Bien des épouses, peut-on croire, pouvaient subir les mêmes déconvenues que Mme Mailloux (piégée par un contrat nul d'emblée) ou Mary Shannon (trompée dès le départ par un candidat au mariage malhonnête). Expressions de tentatives de maîtrise d'un futur nécessairement imprévisible, destinés à mettre les épouses à l'abri, les contrats de mariage n'offraient pas de garantie en ce sens. L'interprétation de certaines clauses posait un problème réel aux tribunaux québécois, notamment en ce qui a trait au moment exact de l'accomplissement des donations[8]. L'appareil judiciaire avait en outre la tâche assez malaisée de protéger de concert épouses et créanciers, entre autres au moyen de l'article 1265 du code qui interdisait les avantages intraconjugaux outrepassant les gratifications du contrat de mariage. Même en cas de victoire de la femme mariée à l'encontre des prétentions de tierces personnes, rien ne garantissait la présence d'actifs suffisants pour lui rendre ce à quoi elle avait droit.

À n'en pas douter, du fait de leur éducation, des tâches et des normes inhérentes au rôle d'épouse et de mère, certaines femmes n'ont pu agir à temps lorsqu'une déroute financière s'annonçait, lorsque leur mari se servait d'elles pour cacher des actifs ou, pis encore, quand il utilisait leurs biens pour redresser sa situation. Les juges soulignaient d'ailleurs l'ignorance des affaires chez des épouses manipulées de la sorte, pour certaines néanmoins vertement critiquées pour avoir pris part, même involontairement, aux tricheries de leur mari. Plus d'une s'est battue en cour, il faut le dire. Mais le recours à l'autorité de l'État était aussi contraint par le genre : l'incapacité judiciaire et juridique des femmes mariées ajoutait une embûche supplémentaire. Même une demande d'augmentation de pension octroyée en bonne et due forme par la justice allait au-delà de la simple « idée de régie » qui, selon la magistrature, devait délimiter l'autonomie des femmes séparées de corps. Toutes les interactions (consultation d'un avocat, conseils de parents et d'amis, etc.) ayant facilité la présence des épouses dans les couloirs des palais de justice devraient être approfondies, si jamais les chercheurs découvraient les sources idoines. On peut affirmer sans se tromper que la chose n'allait pas de soi, surtout en cas de rupture conjugale, situation intrinsèquement scandaleuse. Quant aux litiges financiers, il est certainement arrivé que l'intervention de l'épouse soit mue par le mari qui avait tout autant intérêt qu'elle à ce que l'économie domestique ne sombre pas au grand complet. Il conviendrait, au surplus, de mieux comprendre les négociations entourant la préparation des contrats de mariage par les notaires, travail qui n'était pas toujours couronné de succès au plan de la clarté et même de la légalité.

À l'image des épouses gratifiées de donations de biens futurs, au sujet desquelles les professionnels du droit n'arrivaient même pas à s'entendre – alors que c'était en principe un avantage propre au mariage en ce qu'il dérogeait au droit commun – les femmes abandonnées ou séparées se retrouvaient dans une zone assez indéterminée du droit civil. La fréquence des appels et des dissidences exprimées en appel était également importante en ce domaine. Les mésententes conjugales mettaient à nu la précarité des femmes de l'élite. Le travail accompli par les juges chargés d'arbitrer leurs réclamations ne différait pas de leur tâche habituelle : départager droits et responsabilités à partir d'une mise en œuvre circonstancielle des règles du code. Mais ces ménages en conflit, ces femmes délaissées posaient problème à l'ordre juridique et familial du début du 20ᵉ siècle, ordre fondé sur la pérennité du mariage, le dévouement sans faille des épouses et la rigidité des obligations conjugales. Les désordres portés à l'attention de la justice étaient relationnels et institutionnels, tout à la fois. Ils mettaient en jeu la personnalité des époux, leur histoire nécessairement particulière, mais aussi les droits et attentes qui faisaient la trame de leur existence et qui définissaient pour partie les groupes sociaux élitaires. Certaines remarques des juges, çà et là, montrent le caractère profondément politique de la régulation des ménages en conflit. La violence avec laquelle la magistrature dénonçait les rares tentatives d'annulation de mariage est sans équivoque : il fallait tuer dans l'œuf ces attaques dirigées contre la société tout entière. De surcroît, la décence voulait que les avanies de la vie à deux et les troubles domestiques soient subis et se règlent, éventuellement, loin des projecteurs de la scène judiciaire.

Une séparation de fait n'offrait pas grand recours à une épouse jugée responsable du délitement du ménage comme Olive Slayton. Il était d'ailleurs assez commun, de la part des individus visés par une demande de pension et de leurs représentants légaux, de plaider le manquement de l'épouse à ses devoirs. Avait-elle apaisé les tourments et les souffrances de son mari ? Privilèges de la séparation de corps, recours ultime et scandaleux que les tribunaux n'entendaient pas favoriser, des pensions alimentaires étaient quand même accordées pour la durée du procès, à plus forte raison s'il y avait d'autres bouches à nourrir que la femme mariée. Les juges s'ingéniaient parfois à bricoler des solutions pratiques pour le court terme, surtout au profit des enfants des foyers brisés. Ces innovations ne signalent pas nécessairement un progrès de la condition maternelle et conjugale. Le pouvoir de la magistrature se faisait plus intrusif ; il s'agissait d'éviter les esclandres. Un jugement final favorable ne mettait pas toujours terme aux vulnérabilités féminines. Une diminution des ressources maritales pouvait mener à l'annulation rapide de la pension. Une fois le chef de ménage porté en terre, ses héritiers n'avaient pas non plus à se charger de l'entretien d'une femme exhérédée, à la différence des frais nécessités par des orphelins. Mme Hill ne put réclamer après coup ce dont elle aurait eu besoin, pour elle, durant ses trente années de labeur comme couturière alors que son mari violent avait fait fortune dans le Montréal de la transition au capitalisme industriel. Elle conspirait dans l'ombre entre deux travaux d'aiguille, a-t-on dit, en vue de toucher le pactole. Mince consolation, des veuves ont pu exiger leurs frais de deuil. Il fallait rendre hommage au défunt. Clara Paquette, forcée de rendre 500 $ à sa belle-fille, a donc pu se vêtir décemment durant son veuvage après avoir essuyé le résultat putride des purgations du marchand qui l'avait épousée en secondes noces.

Ainsi, les juges de la province de Québec pouvaient être appelés à réguler une forme assez particulière de nécessité, la nécessité féminine bourgeoise, qu'elle soit causée par le désordre des affaires du mari ou la brisure du mariage. La formule aurait tout de l'oxymore si la donnée du genre n'en faisait pas partie. Cette réalité était lourdement construite et n'avait rien d'un simple calcul comptable, en particulier dans les cas de séparation. Les parties se contredisaient sur les besoins de l'épouse et la capacité de payer de l'époux; la morale familiale était prise en compte, comme il ne fallait pas, règle générale, favoriser la cassure des foyers par l'octroi de pensions plantureuses; *a contrario*, femmes et enfants de la bourgeoisie n'avaient pas à se contenter de l'ordinaire des classes laborieuses, comme le juge Bruneau l'a brusquement rappelé à Me Chisholm, l'avocat de Paul Stroud.

Les procès étudiés traduisent des réalités importantes de la sociologie historique du droit et de la justice. Le travail accompli par les tribunaux était complexe; il ne se réduisait pas à l'application d'un code qui n'aurait servi que de cadre aux rapports sociaux. Le *Code civil du Bas-Canada* était évidemment au cœur de tout: s'y trouvaient écrites noir sur blanc les règles du jeu en matière privée et commerciale. Reste que les acteurs faisaient des choix juridiques dans les limites imparties par le code. Le phrasé changeant des contrats de mariage en témoigne. Des individus tentaient parfois de manipuler les possibilités du droit à leur avantage, du fait du caractère nécessairement général de ses principes. Des ménages plaidaient que les donations à l'épouse n'allaient prendre effet qu'au décès de l'époux, lorsqu'elle était poursuivie par ses propres créanciers; d'autres prétendaient que les mêmes avantages avaient déjà pris vie, quand c'est le mari qui avait maille à partir avec des tiers. L'objectif était le même, protéger les actifs du foyer. Surtout, le droit civil « pur » n'était jamais seul en lice en matières familiales. D'autres normativités entraient en scène. Les décisions rendues mêlaient souvent rhétorique de la faute, normes comportementales et règles juridiques formelles. À ce titre, si les femmes mariées firent fréquemment les frais du moralisme de la magistrature, des juges n'ont pas hésité à venir au secours de femmes innocentes et vertueuses comme Anne-Marie Dastous – quitte à commettre des erreurs de droit élémentaires aux yeux du Conseil privé – et à tomber à bras raccourcis sur les maris qui faisaient honte à l'institution du mariage. Le patriarcat familial exigeait une certaine dignité, à plus forte raison de la part de rejetons de bonne famille. Sa pérennité était en jeu.

L'appareil judiciaire exerçait également deux fonctions, toutes deux liées à son pouvoir exorbitant, disons-le ainsi, « d'énoncer le réel » à partir d'une analyse dialectique des règles du code et de la situation des parties[9]. Premièrement, les juges opéraient une réduction et transformation du comportement et des pratiques des acteurs, que ce soit des obligations contractées dans l'espace public ou des violences exercées dans la sphère privée, en certaines catégories juridiques reconnues tout en tenant compte, on l'a dit, du genre et de la morale de leur temps. Cette mise en discours du social, qui prenait appui sur des règles à prétention universelle, impliquait souvent d'écarter – fort commodément serait-on tenté de dire – des rapports de force infrajudiciaires bien réels comme des pressions maritales indues de même que le *sentiment de justice* en qualité de fondement de la mise en œuvre du droit. Les décisions où l'équité est explicitement évoquée, pour elle-même, étaient rarissimes. Deuxièmement, en rendant leur décision, les magistrats créaient un nouvel ordre familial. Le pouvoir ou l'absence de pouvoir sur certains biens étaient clarifiés, officialisés, ne serait-ce que pour reconnaître qu'il était trop tard pour agir, tout comme les droits et devoirs concomitants. Les ménages brisés se voyaient imposer un modus operandi, pour un temps du moins. L'appareil judiciaire avait la capacité de redéfinir, de bricoler et de fixer tant bien que mal les rapports sociaux. De dire ce qu'il en allait être à l'avenir d'un mariage qui, autrefois, avait paru profitable et honorable.

Notes

INTRODUCTION

1 Bibliothèque et Archives nationales du Québec (ci-après BAnQ), Centre du Vieux-Montréal (ci-après CVM), fonds de la Cour supérieure pour le greffe de Montréal (ci-après désigné par sa cote, soit TP 11 S2), SS2 SSS42, 1917, no 894, Johnson vs Hudon, témoignage de Blanche Hudon, 20 mai 1918.
2 BAnQ, CVM, TP 11 S2 SS2 SSS42, 1919, no 4207, Stevenson vs Baldwin, témoignage de Mary Stevenson, 20 novembre 1919.
3 Pour le début du 20e siècle, voir Lemieux et Mercier, *Les femmes au tournant du siècle*, 110-11. Pour la période précédente, voir Gagnon, *Mariage et famille au temps de Papineau*, 138 et ss.
4 Bradbury, *Familles ouvrières à Montréal*; Olson et Thornton, *Peopling the North American City*; Poutanen, *Beyond Brutal Passions*.
5 Comme Geneviève Fraisse et Michelle Perrot le soulignent, l'histoire des femmes appelle à plus de recherches quant aux questions d'argent au sein des couples. Fraisse et Perrot, « La femme civile, publique et privée », 389-90.
6 Young, *Patrician Families and the Making of Quebec*.
7 Linteau, Durocher et Robert, *Histoire du Québec contemporain : de la Confédération à la Crise*, chap. 25.
8 Piketty, *Le capital au XXIe siècle*, 501 et 506.
9 *Loi modifiant le Code civil et le Code de procédure civile, relativement aux droits civils de la femme*, 21 Geo. V (1931), c. 101, art. 5.
10 Sur la commission Dorion, voir Collectif Clio, *L'histoire des femmes au Québec depuis quatre siècles*, 350 et ss ainsi que Stoddart, « Quebec's Legal Elite Looks at Women's Rights », 341 et 342 en particulier.

11 Bradbury, « Debating Dower ».
12 Collectif Clio, *L'histoire des femmes au Québec depuis quatre siècles*, 164.
13 *Loi sur la capacité juridique de la femme mariée*, 12-13 Eliz. II (1964), c. 66. Les femmes mariées de l'époque préindustrielle n'ont certainement pas vécu une ère de liberté avant les reculs de la première moitié du 19ᵉ siècle. Pour un survol de la condition juridique des épouses à l'époque de la Nouvelle-France, voir notamment Gilles, *Essais d'histoire du droit*, 229 et ss, ainsi que Parent et Postolec, « Quand Thémis rencontre Clio ».
14 Sur l'histoire du mariage au Québec, on lira notamment Gagnon, *Mariage et famille au temps de Papineau* et Girard, *Mariage et classes sociales*. Pour le Canada anglais, voir Ward, *Courtship, Love, and Marriage in Nineteenth-Century English Canada*. D'autres études traitent d'aspects spécifiques de l'histoire du mariage, tels les conflits matrimoniaux. Nous y ferons référence dans les introductions des deux parties.
15 Bradbury, *Wife to Widow*. Le contenu des testaments des maris était évidemment crucial en cas de veuvage.
16 W.A. Baker, « Incapacité de la femme mariée : dissertation sur les articles 176 à 184 C. C. », *La revue légale, nouvelle série* 1 (1895), 154.
17 *Code civil du Bas-Canada* (ci-après CCBC), Ottawa, Malcolm Cameron, 1866, art. 174.
18 Pierre-Basile Mignault, *Le droit civil canadien basé sur les « Répétitions écrites sur le code civil » de Frédéric Mourlon, avec revue de la jurisprudence de nos tribunaux*, vol. 1, Montréal, Whiteford et Théoret, 1895, 497.
19 CCBC, art. 176.
20 François Langelier, *Cours de droit civil de la province de Québec*, vol. 1, Montréal, Wilson et Lafleur, 1905, 311.
21 Baker, « Incapacité de la femme mariée », 158.
22 Thèse partagée par Mignault. Pierre-Basile Mignault, *Le droit civil canadien*, vol. 1, 507 et 534.
23 Louis J. Loranger, *De l'incapacité légale de la femme mariée*, Montréal, Eusèbe Senécal & Cie, 1899, 33-4.
24 Jean-Joseph Beauchamp, « Obligations de la femme mariée avec ou pour son mari », *La revue légale, nouvelle série* 2 (1896), 325. Sur ce passage de l'état d'esclave à celui de compagne, du fait du christianisme, voir également Louis J. Loranger, *De l'incapacité légale de la femme mariée*, ix-x. Au sujet de Beauchamp, on lira Normand, « Beauchamp, Jean-Joseph ».
25 À propos de l'émergence de la jurisprudence au Québec au 19ᵉ siècle, d'un point de vue institutionnel, voir Crête, Normand et Copeland, « Law Reporting in Nineteenth Century Quebec ». Sur la jurisprudence en tant que source historique et ses limites, on consultera Crête, « Aspects

méthodologiques de la jurisprudence québécoise en droit commercial à la fin du 19ᵉ siècle ». Pour une analyse combinant ces deux approches, voir Whan, Myers et Gossage, « Stating the Case ».

26 Crête, « Aspects méthodologiques de la jurisprudence québécoise », 246-7.

27 Jean-Joseph Beauchamp, *Répertoire général de jurisprudence canadienne*, 4 vol., Montréal, Wilson et Lafleur, 1914 ; Joseph-Fortunat Saint-Cyr, *Supplément au répertoire général de jurisprudence canadienne*, 2 vol., Montréal, Wilson et Lafleur, 1927 ; Maurice Tellier, *Supplément au répertoire général de jurisprudence canadienne*, 2 vol., Montréal, Wilson et Lafleur, 1935.

28 Pierre-Basile Mignault, *Code de procédure civile du Bas-Canada annoté*, Montréal, J. M. Valois, 1891, art. 28, 1053, 1054 et 1058 ; Jean-Chrysostome Martineau, *Code de procédure civile de la province de Québec*, Montréal, Wilson et Lafleur, 1933, art. 48, 49, 54, 55, 56 et 61. Au sujet de la juridiction de la Cour supérieure, voir Nootens, « Les plaideurs en Cour supérieure, 1880-1890 », 30-1.

29 Pour cette raison, quelques litiges retenus impliquent des couples mariés en communauté de biens, régime matrimonial des gens du commun. Ils affichent cependant au moment du procès un niveau de fortune non équivoque.

30 La liste des rapports retenus figure en bibliographie. Nous citons parfois de la jurisprudence qui, sans concerner des femmes mariées de l'élite, permet d'éclairer certains points de droit. Ces cas n'ont pas été comptabilisés dans le total de 64 épouses mentionné.

31 Ces appartenances culturelles ne sont d'ailleurs à peu près jamais évoquées dans un raisonnement judiciaire, à l'exception du catholicisme d'Anne-Marie Dastous, jeune femme confrontée à une tentative d'annulation de mariage de la part de son époux (chap. 4). Le catholicisme de certains juges – question différente de la représentativité du groupe de femmes examiné – a aussi pesé sur les décisions prises dans des cas de rupture conjugale.

32 BANQ, CVM, TP 11 S2. Les dossiers sont classés en fonction de l'année où débutent les causes, ainsi que par numéros. Les rapports de jurisprudence n'indiquent que très rarement l'année précise du début des procédures. Il fallut donc dépouiller avec soin le répertoire des causes des matières civiles en général (TP 11 S2 SS2 SSS3), à l'aide du patronyme des demandeurs et demanderesses. La plupart des dossiers retracés figurent dans la sous-sous-série des dossiers (TP 11 S2 SS2 SSS1) et dans celle des dossiers de grand format (TP 11 S2 SS2 SSS42). Certains ont été rangés parmi les dossiers portés en appel, classés à part à partir de 1920 (TP 11 S2 SS2 SSS2).

33 La proportion de matériel détruit est parfois considérable. Cette politique découle des recommandations du Comité interministériel sur les archives judiciaires dont le rapport a été publié en 1989. Fait étonnant, ce comité ne comprenait aucun chercheur utilisant des archives judiciaires, qu'il soit historien ou juriste. Les pertes pour l'histoire du droit et l'histoire sociale du Québec au 20ᵉ siècle sont on ne peut plus lourdes. Une recherche portant sur des individus précis ou une famille particulière, au sein des fonds de première instance, risque la plupart du temps de se buter à un mur.
34 Pour le Canada anglais, voir néanmoins Backhouse et Backhouse, *The Heiress vs the Establishment*.
35 *CCBC*, art. 1257 et 1301.
36 Donald Fyson, dans un article important, a salutairement rappelé aux historiens qu'on ne pouvait faire l'économie d'une prise en compte minutieuse des technicités du droit au moment de faire usage des archives judiciaires, archives qui ne reflètent pas directement des réalités sociales. Aussi, les normes juridiques ne constituent pas seulement le « cadre » des rapports sociaux, étant directement en jeu dans les pratiques et l'expérience des acteurs. Fyson, « Les historiens du Québec face au droit ».
37 Ryan, *Cradle of the Middle Class*; Davidoff et Hall, *Family Fortunes*; Blumin, *The Emergence of the Middle Class*.
38 Hall, *White, Male and Middle Class*. Un exemple particulièrement spectaculaire et probant de cette relégation des épouses de l'élite à l'univers domestique de la reproduction, après leur participation aux entreprises familiales – et donc aux activités de production – a été analysé par Bonnie G. Smith dans *Ladies of the Leisure Class*.
39 Christie, « From Interdependence to 'Modern' Individualism », 89 et ss.
40 Vickery, « Golden Age to Separate Spheres ? ».
41 *Ibid.*, 401.
42 Son étude de cas est tout à fait probante à ce titre. Hébert, « Elsie Reford, une bourgeoise montréalaise et métissienne ». Même des études récentes sur les effets défavorables de la condition de ménagère, en matière de patrimoine familial, démentent avec force les invitations à dépasser le clivage public/privé et à minimiser le rôle de l'accès des femmes au monde du travail. Cipriani, « La justice matrimoniale à l'heure du féminisme ».
43 « The investigation of how women have lived, worked, organized, and created in distinct, separate, and integrated spheres still persists. It has endured because the ideology of spheres has provided an essential tool in finding the limits of women's prescribed roles. But [it] has also persevered because it has helped scholars recognize when and where women have

crossed such boundaries. The ideology will continue to be a useful tool because with an understanding of intended gender boundaries scholars will be able to continue to identify the expansion of such limits ». Warren, « Separate Spheres », 270.

44 Mintz et Kellogg, *Domestic Revolutions*; Shammas, « Re-Assessing the Married Women's Property Acts »; Hammerton, *Cruelty and Companionship*; Baskerville, *A Silent Revolution?*. Par rapport à la France, le Québec adopte avec retard certaines innovations. Nous en ferons état dans l'introduction de la deuxième partie. L'accès au divorce, il faut le préciser, demeure bien plus restreint au Canada que dans certains États américains à l'époque étudiée.

45 Mintz et Kellogg, *Domestic Revolutions*; Cott, *Public Vows*; Shammas, *A History of Household Government in America*.

46 Young, *The Politics of Codification*.

47 Marie Lacoste Gérin-Lajoie a critiqué certaines modalités de la communauté de biens, sans jamais attaquer de front l'incapacité juridique des épouses et son envers, l'autorité maritale, ni réclamer l'équivalent d'un *Married Women Property Act*. La communauté de biens, à ses yeux, demeurait un monument national et chrétien. Beaulieu, « La condition juridique de la femme mariée (1907-1931) ». Gérin-Lajoie souhaitait que le régime matrimonial légal (celui ayant cours en cas d'absence de conventions contraires) soit la communauté d'acquêts, ce qui aurait eu pour effet d'exclure de la communauté les biens meubles possédés au moment du mariage. Elle désirait également que soient mitigés les pouvoirs extrêmement étendus du mari sur la communauté. Voir également Lavigne, Pinard et Stoddart, « La Fédération nationale Saint-Jean-Baptiste et les revendications féministes au début du XXe siècle ».

PREMIÈRE PARTIE

1 Bradbury, *Familles ouvrières à Montréal*. Pour la période de la crise des années 1930, voir Baillargeon, *Ménagères au temps de la crise*.
2 Olson, « 'Pour se créer un avenir' ». On lira aussi, de la même auteure, « Feathering Her Nest in Nineteenth-Century Montreal ».
3 Chambers, *Married Women and Property Law in Victorian Ontario*.
4 Baskerville, *A Silent Revolution?*
5 À l'exception de ses immeubles, mais son mari en avait l'usage. Chambers, *Married Women and Property Law in Victorian Ontario*, 18 et ss.
6 *Ibid.*, chap. 5.
7 *Ibid.*, chap. 8.

8 Stoddart, « Quebec's Legal Elite Looks at Women's Rights », 344-5 ; Crépeau et Brierley, *Code civil 1866-1980*, 92 et 519 (modifications aux articles 177 et 1422 du code civil).
9 L'avantage principal des contrats de mariage portant séparation de biens était la possibilité, pour l'épouse, d'administrer ses actifs. En Ontario, avant les réformes de la seconde moitié du 19ᵉ siècle, il était possible de constituer un *marriage settlement* au profit de l'épouse, mais cette fiducie (*trust*) était administrée par un ou des tiers, parfois même par le mari. Cette formule était peu utilisée. Chambers, *Married Women and Property Law in Victorian Ontario*, chap. 3. Pour un exposé à la fois plus complet et nuancé sur la communauté de biens, la séparation de biens et le douaire, voir Bradbury et al., « Property and Marriage ».
10 Les meubles du ménage, souvent les seuls actifs familiaux, et le salaire de l'épouse (le cas échéant) tombaient sous la gouverne de l'homme, chef de la communauté. Sur les problèmes et débats concomitants, voir Stoddart, « Quebec's Legal Elite Looks at Women's Rights ».
11 Bradbury et al., « Property and Marriage », 14.
12 Bradbury, « Debating Dower ».
13 McKay, « The Liberal Order Framework ».
14 La lésion contractuelle consiste dans le préjudice découlant de l'inégalité de l'échange (valeur ou prestation) en cause.
15 Normand, « La codification de 1866 » ; Young, *The Politics of Codification* ; Greenwood, « Lower Canada (Quebec) ».
16 Girard, « Land Law, Liberalism, and the Agrarian Ideal » ; Nootens, « 'What a Misfortune that Poor Child Should Have Married Such a Being as Joe' ».
17 L'étude la plus aboutie de l'insertion particulière des femmes mariées dans l'économie familiale des classes moyennes au 19ᵉ siècle, en tant que rouages – doués de peu d'autonomie – de la préservation et de la transmission des capitaux, demeure Morris, *Men, Women and Property in England, 1780-1870*. Morris analyse notamment en détail le recours à la fiducie (*trust*). On lira également, dans le même sens, Owens, « Property, Gender and the Life Course ».
18 Cet aspect important des contrats de mariage n'est malheureusement pas très développé dans les études portant sur le 19ᵉ siècle. Bradbury et al., « Property and Marriage », 22, note 37.
19 *CCBC*, art. 165.
20 *CCBC*, art. 1423.
21 *CCBC*, art. 175.
22 *CCBC*, art. 177, 1422 et 1424. L'article 177, central en ce qui a trait à l'incapacité économique des épouses, souffre une exception valable pour les

femmes mariées autant en communauté qu'en séparation de biens : celle de pouvoir faire un dépôt bancaire en leur nom de 2 000 $ maximum, de toucher à ce capital et d'en recevoir les intérêts. L'article inclut cette exception sous forme d'un renvoi à une loi bien spécifique de 1862, soit l'*Acte pour étendre et définir les pouvoirs de la Banque d'Épargne de la cité et du district de Montréal*, 25 V. (1862), c. 66. Voir en particulier l'article 19 de cette loi. Cette possibilité pourrait traduire une adaptation mineure du droit matrimonial à une vie financière plus complexe en régime capitaliste. Cette innovation ne serait pas aussi tardive (1923) que le laisse entendre Stoddart dans « Quebec's Legal Elite Looks at Women's Rights », 351, note 3.

23 CCBC, art. 1425.
24 Au sujet des contrats de mariage comme sources historiques, on lira Stewart et Bradbury, « Marriage Contracts as a Source for Historians ».
25 CCBC, art. 1257.
26 « Laberge vs Savaria », *Rapports judiciaires de Québec, Cour supérieure* 61 (1923), 130 ; « Hauzberg vs Hauzberg », *Rapports judiciaires de Québec, Cour supérieure* 60 (1922), 536. Les références aux rapports de jurisprudence ont été abrégées. Nous n'indiquons que les patronymes des parties principales.
27 Paul Fontaine, « Conventions matrimoniales », *La revue du notariat* 30 (1927-1928), 74.
28 François Langelier, *Cours de droit civil de la province de Québec*, vol. 4, Montréal, Wilson et Lafleur, 1908, 277.
29 CCBC, art. 777.
30 CCBC, art. 758.
31 CCBC, art. 778.
32 CCBC, art. 1265 (voir aussi l'art. 770). L'article 1265, tout en interdisant les avantages entre vifs d'un époux à l'autre, fait exception pour la souscription par le mari d'une police d'assurance-vie en faveur de sa femme et de ses enfants, en vertu d'une loi de 1865 (*Acte pour assurer aux femmes et aux enfants le bénéfice des assurances sur la vie de leurs maris et parents*, 29 V. (1865), c. 17). Cette possibilité est genrée. Au début du 20e siècle, la femme ne peut toujours pas prendre une assurance-vie en faveur de son mari après le mariage (Stoddart, « Quebec's Legal Elite Looks at Women's Rights », 336-7). Cette innovation soulève l'intéressante question des interactions entre deux ordres normatifs et financiers de réponse aux risques : les pratiques juridiques familiales, d'origine ancienne, et les nouveaux outils que sont les assurances.
33 CCBC, art. 1483.
34 CCBC, art. 1301.

35 *Loi amendant l'article 1301 du Code civil, relativement à la capacité de la femme mariée de faire certains contrats*, 4 Ed. VII (1904), c. 42.
36 CCBC, art. 986.
37 Louis J. Loranger, *De l'incapacité légale de la femme mariée*, Montréal, Eusèbe Senécal & Cie, 1899, 117.
38 « Du contrat de mariage », *La revue du notariat* 13 (1910-1911), 215-6.
39 Les articles du code mentionnés sont en vigueur durant toute la période 1900-30, sans modification substantielle. Cette vérification a été effectuée grâce à Crépeau et Brierley, *Code civil 1866-1980*. Outre la précision apportée à l'article 1301 en 1904, les seules lois relatives aux femmes mariées dignes de mention et adoptées immédiatement avant et durant la période étudiée sont l'abrogation de la continuation de la communauté de biens en 1897 (*Loi abolissant la continuation de communauté, créant l'usufruit légal en certains cas et amendant à cet effet les articles 1323 à 1337 du Code civil, inclusivement*, 60 V. (1897), c. 52) et l'inclusion de l'époux survivant parmi les héritiers en cas de succession *ab intestat* en 1915 (*Loi amendant le Code civil relativement aux successions*, 5 Geo. V (1915), c. 74). Pour d'autres détails, voir Brisson et Kasirer, « La femme mariée et le code civil du Bas-Canada », 225, note 19, et 228, note 46.

CHAPITRE UN

1 « Proulx vs Klineberg », *Rapports judiciaires de Québec, Cour supérieure* 30 (1906), 1-6.
2 *Ibid.*, 2.
3 *Ibid.*, 1.
4 « Schiller vs Lamarche », *La revue de jurisprudence* 13 (1907), 36-52; « Fox vs Lamarche », *Rapports judiciaires de Québec, Cour du banc du Roi* 16 (1907), 83-6.
5 « Schiller vs Lamarche », 43.
6 *Ibid.*, 51.
7 Les motifs de dissidence ne sont pas détaillés. Pour un litige assez similaire, qui se termine également par une validation de la réclamation de l'épouse, voir « In re Cameron, ex parte Hebert », *Canadian Bankruptcy Reports* 3 (1923), 771-3.
8 « Donations en contrat de mariage », *La revue du notariat* 6 (1903-1904), 168; Elzébert Pouliot, « De l'importance du contrat de mariage », *La revue du notariat* 32 (1929-1930), 153.
9 « Donations en contrat de mariage ».

10 « Morin vs Mailloux », *Rapports judiciaires de Québec, Cour supérieure* 60 (1922), 552-4.
11 *Ibid.*, 552.
12 *Ibidem*.
13 « Duhamel vs Hubou dit Deslongchamps », *Rapports judiciaires de Québec, Cour supérieure* 56 (1919), 445-51 ; BAnQ, CVM, TP 11 S2 SS2 SSS1, 1912, no 432, Duhamel vs Hubou dit Deslongchamps et TP 11 S2 SS2 SSS42, 1912, no 432, Duhamel vs Hubou dit Deslongchamps.
14 Il s'agit d'une communauté conventionnelle, différente de la communauté légale établie automatiquement en l'absence de contrat de mariage.
15 « Duhamel vs Hubou dit Deslongchamps », 446.
16 *Ibid.*, 447.
17 *Ibid.*, 446.
18 *Ibid.*, 451.
19 Pour des exemples de déclin social parfois abrupt de lignées bourgeoises, voir Nootens, « 'What a Misfortune that Poor Child Should Have Married Such a Being as Joe' ». Mario Mimeault a également fait état de la régression sociale de rejetons d'une famille petite-bourgeoise dans *L'exode québécois, 1852-1925*.
20 « Savard vs Gagnon », *Rapports de pratique de Québec* 15 (1914), 386-92.
21 « Allan vs Trihey », *Rapports judiciaires de Québec, Cour supérieure* 24 (1903), 12-4 ; BAnQ, CVM, TP 11 S2 SS2 SSS1, 1903, no 99, Allan vs Trihey.
22 « Allan vs Trihey », 13.
23 *Ibidem*.
24 « Hauzberg vs Hauzberg », *Rapports judiciaires de Québec, Cour supérieure* 60 (1922), 534-7.
25 *Ibid.*, 537.
26 *Ibid.*, 535.
27 *Ibid.*, 536.
28 « Yerisslavitz vs Yerisslavitz », *Rapports judiciaires de Québec, Cour supérieure* 58 (1920), 509-11 ; BAnQ, CVM, TP 11 S2 SS2 SSS42, 1916, no 2642, Yerisslavitz vs Yerisslavitz.
29 BAnQ, CVM, TP 11 S2 SS2 SSS42, 1916, no 2642, Yerisslavitz vs Yerisslavitz, déclaration, 5 août 1916.
30 *Ibid.*, plaidoyer du défendeur, 17 août 1916.
31 « Walker vs Massey », *Rapports de pratique de Québec* 5 (1903), 369-70 ; BAnQ, CVM, TL 38 S2 (fonds de la Cour de circuit du district de Montréal, matières civiles en général) SS4 (registres des jugements en termes et en vacances), 3 juin 1903, no 16749, Walker vs Massey.

32 « Walker vs Massey », 369.
33 BAnQ, CVM, TL 38 S2 SS4, 3 juin 1903, no 16749, Walker vs Massey.
34 « Robertson vs Honan », *Rapports judiciaires de Québec, Cour supérieure* 24 (1903), 510-4. La même décision est rapportée dans « Robertson vs Honan », *La revue de jurisprudence* 10 (1904), 250-5. Voir également BAnQ, CVM, TP 11 S2 SS2 SSS1, 1902, no 876, Robertson vs Honan.
35 BAnQ, CVM, TP 11 S2 SS2 SSS1, 1902, no 876, Robertson vs Honan, réponse à la contestation de l'opposition, 10 juin 1902.
36 « Robertson vs Honan », *Rapports judiciaires de Québec*, 510.
37 Nootens, « Les plaideurs en Cour supérieure, 1880-1890 » ; Nootens, « Le contentieux de la Cour supérieure, 1880-1890 ».
38 « Note de la direction », *La revue du notariat* 6 (1903-1904), 238.
39 Pierre-Basile Mignault défend aussi la thèse voulant que les donations cumulatives de biens présents et à venir ne donnent aucun droit au donataire du vivant du donateur, même quant aux biens présents. Pierre-Basile Mignault, *Le droit civil canadien basé sur les « Répétitions écrites sur le code civil » de Frédéric Mourlon, avec revue de la jurisprudence de nos tribunaux*, vol. 4, Montréal, C. Théoret, 1899, 227. Mignault fait cependant une exception en ce qui concerne les meubles, *stricto sensu*, comme ce sont des biens déterminés. Pierre-Basile Mignault, *Le droit civil canadien basé sur les « Répétitions écrites sur le code civil » de Frédéric Mourlon, avec revue de la jurisprudence de nos tribunaux*, vol. 6, Montréal, C. Théoret, 1902, 139.
40 J. Germano, « Contrats de mariage portant attribution à la femme de tous les meubles et objets mobiliers du mari, présents et futurs », *La revue du notariat* 6 (1903-1904), 302.
41 *Ibid*. Le même notaire, qui s'insurge contre la suspicion entourant les donations de biens futurs, soutient qu'il est bien plus immoral de laisser des testateurs léguer des rentes considérables à titre de revenus alimentaires insaisissables, pratique dont les notaires se rendent complices selon lui.
42 Girard, *Mariage et classes sociales*, 75-6.
43 Sur l'ignorance des promis quant à la signification des conventions matrimoniales, voir « Du contrat de mariage », *La revue du notariat* 13 (1910-1911), 212. Quant à la rigueur dont devraient faire preuve les notaires, on lira « Donations en contrat de mariage », *La revue du notariat* 6 (1903-1904), 168.
44 « Une thèse à la faculté de droit de l'Université de Montréal », *La revue du notariat* 34 (1931-1932), 245-8.
45 Chambers, *Married Women and Property Law in Victorian Ontario*, chap. 6 et 8.

46 Roch Brunet, « Des donations de biens futurs en contrat de mariage », *La revue du notariat* 34 (1931-1932), 249-50.
47 *Ibid.*, 250.

CHAPITRE DEUX

1 « Immutabilité des conventions matrimoniales », *La revue du notariat* 12 (1909-1910), 129.
2 *Ibid.*, 136.
3 Chambers, *Married Women and Property Law in Victorian Ontario*. À propos de la plus grande latitude des couples ontariens, voir « Huestis vs Fellows », *Rapports judiciaires de Québec, Cour supérieure* 65 (1927), 137-40. Cette affaire concerne un mari qui refuse d'autoriser sa femme à vendre un immeuble de Hull, immeuble que lui-même lui avait vendu antérieurement. L'homme plaide maintenant que la transaction originale – dont il était partie prenante – était illégale à titre de contravention à l'article 1265. La Cour supérieure établit que le domicile du couple au moment du mariage se trouvait à Toronto, ce qui fait en sorte que la vente à l'épouse, considérée comme un avantage, est valide. Mme Huestis pourra vendre l'immeuble pour 25 000 $.
4 « Boivin vs Larue », *Canadian Bankruptcy Reports* 5 (1925), 742-52.
5 *Ibid.*, 744.
6 *Ibidem*.
7 *Ibid.*, 745.
8 *Ibidem*.
9 *Ibidem*.
10 « Bouchard vs Weeks », *La revue légale, nouvelle série* 21 (1915), 310-7.
11 *Ibid.*, 313.
12 *Ibidem*.
13 *Ibid.*, 317.
14 *Ibid.*, 311.
15 « St-Amour vs Lalonde », *La revue légale, nouvelle série* 19 (1913), 153-65 et BAnQ, CVM, TP 11 S2 SS2 SSS42, 1912, no 3733, St-Amour vs Lalonde.
16 BAnQ, CVM, TP 11 S2 SS2 SSS42, 1912, no 3733, St-Amour vs Lalonde, témoignage de Télesphore Paquette, 4 novembre 1912.
17 « St-Amour vs Lalonde », 158.
18 La décision de la Cour de révision ne semble pas avoir fait l'objet d'un rapport publié, à la différence de la décision rendue en première instance.

19 « La Banque de Montréal vs Roy », *Rapports judiciaires de Québec, Cour du banc du Roi* 26 (1917), 549-57.
20 *Ibid.*, 550.
21 *Ibid.*, 551.
22 « Honan vs Duckett », *Rapports judiciaires de Québec, Cour supérieure* 19 (1901), 418-21 et BAnQ, CVM, TP 11 S2 SS2 SSS1, 1900, no 582, Honan vs Duckett.
23 BAnQ, CVM, TP 11 S2 SS2 SSS1, 1900, no 582, Honan vs Duckett, factum de la demanderesse en révision, 11 janvier 1902.
24 « Honan vs Duckett », 420.
25 BAnQ, CVM, TP 11 S2 SS2 SSS1, 1900, no 582, Honan vs Duckett, factum de la demanderesse en révision, 11 janvier 1902.
26 « Young vs Côté », *Rapports judiciaires de Québec, Cour du banc du Roi* 33 (1922), 55-61.
27 *Ibid.*, 59.
28 *Ibidem.*
29 *Ibid.*, 61.
30 « Cordasco vs Garneau », *Rapports judiciaires de Québec, Cour supérieure* 56 (1919), 1-3 et BAnQ, CVM, TP 11 S2 SS2 SSS42, 1916, no 1095, Cordasco vs Garneau.
31 Ramirez, « Cordasco, Antonio ».
32 BAnQ, CVM, TP 11 S2 SS2 SSS42, 1916, no 1095, Cordasco vs Garneau, témoignage de Meva Garneau, 8 juin 1917.
33 *Ibid.*, témoignage de Barthelemie Houle, 8 juin 1917.
34 « The Bank of Hamilton vs Rosenthal », *La revue légale, nouvelle série* 28 (1922), 37-9.
35 « Ex parte Gagnon », *Rapports de pratique de Québec* 16 (1914), 204-206 et BAnQ, CVM, TP 11 S2 SS2 SSS1, 1914, no 341, ex parte Gagnon. Les procédures *ex parte*, en général, concernent des affaires non contentieuses qui exigent néanmoins une ratification en justice.
36 « Ex parte Gagnon », 205.
37 « Déry vs Paradis », *Rapports judiciaires de Québec, Cour du banc du Roi* 10 (1901), 227-36.
38 *Ibid.*, 228.
39 CCBC, art. 1425.
40 « Turgeon vs Shannon », *Rapports judiciaires de Québec, Cour supérieure* 20 (1901), 135-49 et BAnQ, CVM, TP 11 S2 SS2 SSS1, 1900, no 2332, Turgeon vs Shannon.
41 « Turgeon vs Shannon », 144. Le magistrat cite ici Pothier.

42 « Kavanagh vs McCrory », *La revue de jurisprudence* 7 (1901), 147-9. Cette cause est également rapportée dans « Kavanagh vs McCrory », *Rapports de pratique de Québec* 3 (1900), 445-8.
43 CCBC, art. 1298.
44 « Kavanagh vs McCrory », *La revue de jurisprudence*, 147.
45 *Ibid.*, 148.
46 CCBC, art. 1311.
47 « Langlois vs Labbé », *Rapports judiciaires de Québec, Cour supérieure* 46 (1914), 373-7 et BAnQ, CVM, TP 11 S2 SS2 SSS42, 1913, no 1493, Langlois vs Labbé.
48 BAnQ, CVM, TP 11 S2 SS2 SSS42, 1913, no 1493, Langlois vs Labbé, déclaration, 6 mai 1913.
49 « Langlois vs Labbé », 373.
50 BAnQ, CVM, TP 11 S2 SS2 SSS42, 1913, no 1493, Langlois vs Labbé, lettre, 22 janvier 1913.
51 *Ibid.*, lettre, 28 avril 1913.
52 « Langlois vs Labbé », 374.
53 *Ibid.*, 373.
54 *Ibid.*, 376.
55 *Ibid.*, 373.
56 CCBC, art. 1301.
57 Au sujet des subtilités et de la confusion de la jurisprudence en ce qui a trait aux actes sujets à l'application de l'article 1301, voir A. Gérin-Lajoie, « De l'obligation de la femme avec ou pour son mari : article 1301 du Code civil », *La revue du droit* 9 (1930-1931), 211 et ss. Voir également Armand Lavallée, « Incapacité légale de la femme mariée de s'obliger pour ou avec son mari », *La revue du notariat* 35 (1932-1933), 261-85. Une épouse, par exemple, peut vendre ses biens pour payer les dettes de son époux, après autorisation de celui-ci : elle *aliène* ses biens sur-le-champ, mais elle ne s'engage pas ou ne s'*oblige* pas pour le futur.
58 Jean-Joseph Beauchamp, « Obligations de la femme mariée avec ou pour son mari », *La revue légale, nouvelle série* 2 (1896), 321-89.
59 *Ibid.*, 387.
60 Bradbury, « Debating Dower », 69 et ss. Le principe à l'origine de l'article 1301 du code figure à l'article 36 de l'*Ordonnance pour prescrire et régler l'enrégistrement des Titres aux Terres, Ténements, et Héritages, Biens Réels ou Immobiliers, et des Charges et Hypothèques sur iceux ; et pour le changement et l'amélioration, sous certains rapports, de la Loi relativement à*

l'*Aliénation et l'Hypothècation des Biens Réels, et des Droits et intérêts acquis en iceux*, 4 V. (1841), c. 30.

61 Jean-Joseph Beauchamp, « Obligations de la femme mariée avec ou pour son mari », 386.

62 *Ibid.*, 388. Beauchamp témoigne ailleurs de son attitude fort libérale quant aux revendications féministes de son temps. Jean-Joseph Beauchamp, « De l'incapacité légale de la femme mariée », *La revue légale, nouvelle série* 5 (1899), 481-4.

63 H.J. Kavanagh, « The Incapacity of Married Women Separate, and the Recent Decision by the Privy Council Interpreting Article 1301 of the Civil Code », *La revue légale, nouvelle série* 9 (1903), 529-38.

64 A. Gérin-Lajoie, « Encore l'article 1301, C. C. », *La revue du droit* 9 (1930-1931), 458-9.

65 Crépeau et Brierley, *Code civil 1866-1980*, 475.

CHAPITRE TROIS

1 « Durnin vs Heney », *Rapports judiciaires de Québec, Cour supérieure* 51 (1917), 515-7 et BAnQ, CVM, TP 11 S2 SS2 SSS1, 1916, no 1679, Durnin vs Heney.

2 *CCBC*, art. 1272.

3 « Calcutt vs Tiffin », *Rapports judiciaires de Québec, Cour supérieure* 23 (1903), 175-9 et BAnQ, CVM, TP 11 S2 SS2 SSS1, 1902, no 2639, Calcutt vs Tiffin.

4 « Calcutt vs Tiffin », 177.

5 BAnQ, CVM, TP 11 S2 SS2 SSS1, 1902, no 2639, Calcutt vs Tiffin, inscription en droit et contestation, 24 février 1903.

6 « Kearns vs Smart », *Rapports judiciaires de Québec, Cour supérieure* 59 (1921), 524-42 et BAnQ, CVM, TP 11 S2 SS2 SSS42, 1916, no 4287, Kearns vs Smart.

7 Sur la carrière de Smart, voir Morton, « Smart, Charles Allan ».

8 BAnQ, CVM, TP 11 S2 SS2 SSS42, 1916, no 4287, Kearns vs Smart, témoignage de C.A. Smart, 27 mars 1919.

9 Il précise d'ailleurs que dans le cadre d'un litige semblable entendu il y a peu, les juges de la Cour de révision – les mêmes que ceux en charge du présent dossier – s'étaient divisés de la même façon.

10 « Kearns vs Smart », 540.

11 « Desrochers vs Roy », *Rapports judiciaires de Québec, Cour supérieure* 18 (1900), 70-100 et BAnQ, CVM, TP 11 S2 SS2 SSS1, 1897, no 2281, Desrochers vs Roy.

12 « Desrochers vs Roy », 83.
13 Chapitre 1.
14 BAnQ, CVM, TP 11 S2 SS2 SSS1, 1897, no 2281, Desrochers vs Roy, jugement de la Cour de révision, 5 mai 1900.
15 Ibid., témoignage de Carl Haensel, 10 avril 1899.
16 « Desrochers vs Roy », 78-9.
17 BAnQ, CVM, TP 11 S2 SS2 SSS1, 1897, no 2281, Desrochers vs Roy, jugement de la Cour supérieure, 3 juin 1899.
18 « Bennette vs Cameron », *Rapports judiciaires de Québec, Cour supérieure* 66 (1928), 5-11.
19 *Ibid.*, 7-8.
20 *Ibid.*, 9.
21 *Ibid.*, 10.
22 Voir la seconde partie.
23 « Johnson vs Hudon », *La revue légale, nouvelle série* 25 (1919), 171-173 et BAnQ, CVM, TP 11 S2 SS2 SSS42, 1917, no 894, Johnson vs Hudon.
24 BAnQ, CVM, TP 11 S2 SS2 SSS42, 1917, no 894, Johnson vs Hudon, témoignage de Sarah Ann Johnson, 20 mai 1918.
25 *Ibid.*, notes de la demanderesse, 30 octobre 1917.
26 *Ibid.*, factum de la demanderesse, 15 octobre 1918.
27 *Ibid.*, témoignage de Blanche Hudon, 20 mai 1918.
28 *Ibidem*.
29 « Johnson vs Hudon », 171.
30 Nootens, « 'What a Misfortune that Poor Child Should Have Married Such a Being as Joe' ».
31 « Sharpe vs de Pedro », *Dominion Law Reports* 9 (1913), 129-32.
32 *Ibid.*, 131.
33 *Ibid.*, 130.
34 *Ibidem*.
35 *Ibid.*, 132.

DEUXIÈME PARTIE

1 « Cornwell vs Just », *La revue légale, nouvelle série* 28 (1922), 112.
2 La référence, à ce titre, demeure le grand livre de Linda Gordon, *Heroes of Their Own Lives*.
3 Outre les travaux sur le Québec, mentionnés plus loin, on lira avec profit les études ontariennes suivantes : McLean, « 'Deserving' Wives and 'Drunken' Husbands » ; Chambers et Weaver, « 'The Story of Her

Wrongs' » ; Chambers et Weaver, « Alimony and Orders of Protection » ; Gölz, « 'If a Man's Wife Does Not Obey Him, What Can He Do ?' ».

4 Les voies de fait et leurs variantes étaient définies aux articles 258 et ss du code criminel. *Code criminel, 1892*, Ottawa, Samuel Edward Dawson, 1892, art. 258 et ss (dorénavant CC). Les sévices figuraient aussi parmi les causes de séparation de corps. CCBC, art. 189. En 1909, le code criminel est amendé. La section relative aux voies de fait inclut dorénavant, de manière explicite, les blessures infligées à une épouse. *Loi modifiant le Code criminel*, 8-9 Ed. VII (1909), c. 9, art. 2, modification apportée à l'article 292 (anciennement 259).

5 L'obligation de pourvoir aux besoins de l'épouse et des enfants était inscrite dans le code criminel à l'article 210. CC, art. 210 (ensuite art. 242). Sur les poursuites pour refus de pourvoir, voir Bradbury, *Familles ouvrières à Montréal*, 254 et ss. « Le refus du mari de recevoir sa femme et de lui fournir les choses nécessaires à la vie » constituait un motif légal de séparation de corps. CCBC, art. 191.

6 Motif de poursuite civile, la séduction suivie de grossesse de jeunes filles célibataires fut criminalisée à la fin du 19ᵉ siècle au Canada. Il s'agit là d'un cas intéressant de rencontre entre droit civil et droit criminel. Brode, *Courted and Abandoned*, chap. 6.

7 Harvey, « Amazons and Victims », 139-42.

8 Les recherches menées par Chambers et Weaver parmi les ordres de protection requis par des femmes ontariennes de milieu populaire sont très éloquentes à ce titre. Chambers et Weaver, « 'The Story of Her Wrongs' ». Voir aussi Gölz, « 'If a Man's Wife Does Not Obey Him, What Can He Do ?' ».

9 Bettina Bradbury a bien montré que ce sont les épouses montréalaises disposant d'un patrimoine séparé qui abordaient le veuvage avec le moins de risques économiques. Cette donnée était tout aussi importante en cas de rupture, comme nous le verrons. Bradbury, *Wife to Widow*, 245 et 394.

10 Chambers et Weaver, « Alimony and Orders of Protection », 127-9.

11 Cliche, « Les procès en séparation de corps dans la région de Montréal, 1795-1879 » ; Cliche, « Les séparations de corps dans le district judiciaire de Montréal de 1900 à 1930 ».

12 On ne compte que 288 jugements en séparation de corps dans ce district, de 1795 à 1879. Cliche, « Les procès en séparation de corps dans la région de Montréal, 1795-1879 », 8. Ces procès sont tout aussi exceptionnels à l'époque de la Nouvelle-France. Lachance et Savoie, « Violence, Marriage, and Family Honour », 148.

13 Cliche, « Les séparations de corps dans le district judiciaire de Montréal de 1900 à 1930 », 77.

14 *Ibid.*, 90 et ss.
15 Le taux d'emploi des femmes mariées demeurait bien sûr inférieur à celui des célibataires. Collectif Clio, *L'histoire des femmes au Québec depuis quatre siècles*, 288. Mais l'éventualité de devoir et de pouvoir travailler existait pour les femmes séparées de corps.
16 Cliche, «Les procès en séparation de corps dans la région de Montréal, 1795-1879», 9, 10 et 16; Cliche, «Les séparations de corps dans le district judiciaire de Montréal de 1900 à 1930», 79 et 81.
17 Hammerton, *Cruelty and Companionship*.
18 Fish, «La puissance paternelle et les cas de garde d'enfants au Québec, 1866-1928». Pour un examen de cette question dans la longue durée, voir Cliche, «Puissance paternelle et intérêt de l'enfant». Constance Backhouse a aussi examiné quelques procès de ce type. Backhouse, *Petticoats and Prejudice*, chap. 7.
19 Fish, «La puissance paternelle et les cas de garde d'enfants au Québec, 1866-1928», 524 et ss, 532.
20 *Ibid.*, 532.
21 *Loi modifiant le Code civil et le Code de procédure civile, relativement aux droits civils de la femme*, 21 Geo. V (1931), c. 101, art. 18.
22 CCBC, art. 1311.
23 *Loi modifiant le Code civil et le Code de procédure civile, relativement aux droits civils de la femme*, art. 27.
24 Beaulieu, «La condition juridique de la femme mariée (1907-1931)», 11-13.
25 Arnaud-Duc, «Les contradictions du droit», 134.
26 *Loi modifiant le Code civil et le Code de procédure civile, relativement aux droits civils de la femme*, art. 5. Les modifications apportées aux articles 210 et 1422 vont de pair avec la reformulation des articles 176 (capacité d'être partie à procès), 177 (capacité contractuelle) et 1318 (séparation de biens au moyen d'une procédure judiciaire). *Ibid.*, art. 2, 3 et 22.
27 Arnaud-Duc, «Les contradictions du droit», 132.
28 *Loi instituant l'assistance aux mères nécessiteuses*, 1 Geo. VI (1937), c. 81. Au sujet de cette loi, voir Vaillancourt, *L'évolution des politiques sociales au Québec, 1940-1960*, 253 et ss.
29 Collectif Clio, *L'histoire des femmes au Québec depuis quatre siècles*, 282.
30 Vaillancourt, *L'évolution des politiques sociales au Québec, 1940-1960*, 278.
31 Chambers, *Married Women and Property Law in Victorian Ontario*, 83.
32 *Ibid.*, 17, 29 et 30.

33 *Ibid.*, 30.
34 *Ibid.*, chap. 2, notamment 45.
35 *Ibid.*, 48. Cette loi est amendée en 1887. Alors que sous la législation de 1855 seules les femmes pouvaient perdre la garde de leurs enfants pour cause d'adultère, ce double standard est aboli. Backhouse, *Petticoats and Prejudice*, 203-4.
36 CCBC, art. 214.
37 Gölz, « 'If a Man's Wife Does Not Obey Him, What Can He Do?' », 330 et ss.
38 Chambers, *Married Women and Property Law in Victorian Ontario*, 30.
39 La façon de procéder et la législation applicable varient selon les provinces. Snell, *In the Shadow of the Law*, 48 et ss.
40 Pour le 19ᵉ siècle, voir Backhouse, *Petticoats and Prejudice*, chap. 6.
41 Snell, *In the Shadow of the Law*, 91.
42 *Ibid.*, 10 et ss. Les données de Snell montreraient que le nombre de demandes de séparation de corps présentées par les habitants de la ville de Québec décline fortement entre 1900 et 1939. Ces chiffres, assez étonnants, contredisent clairement la très forte tendance à la hausse relevée par Marie-Aimée Cliche pour le district judiciaire de Montréal au même moment. Cliche, « Les séparations de corps dans le district judiciaire de Montréal de 1900 à 1930 », 76. Cette anomalie mérite de plus amples recherches.
43 Snell, *In the Shadow of the Law*, 40-1.
44 *Ibid.*, 15-6. Seul le tiers des requêtes en divorce présentées par des épouses contiennent des demandes de pension. La plupart des requérantes estimeraient qu'elles ne seront pas payées, de toute manière. *Ibid.*, 189. Des règlements informels, conclus avant le jugement, expliqueraient quant à eux la rareté des disputes à propos de la garde d'enfants. *Ibid.*, 195-6.
45 CCBC, art. 175.
46 *Ibid.*, art. 173.
47 *Ibid.*, art. 165.
48 *Ibid.*, art. 1423.
49 *Ibid.*, art. 169 et 170.
50 *Ibid.*, art. 166.
51 *Ibid.*, art. 167.
52 *Ibid.*, art. 168.
53 *Ibid.*, art. 190.
54 Pierre-Basile Mignault, *Le droit civil canadien basé sur les « Répétitions écrites sur le code civil » de Frédéric Mourlon, avec revue de la jurisprudence de nos tribunaux*, vol. 2, Montréal, C. Théoret, 1896, 10.

55 *CCBC*, art. 191.
56 *Ibid.*, art. 202.
57 *Ibid.*, art. 213.
58 Le tribunal dispose d'une assez grande latitude quant à l'attribution de la garde. *Ibid.*, art. 214.
59 *Ibid.*, art. 215. La femme mariée en communauté de biens devient séparée de biens lorsque la séparation de corps est accordée. Elle doit dès lors assumer sa part des frais du ménage (celui qu'elle forme dorénavant avec ses enfants, s'ils lui sont confiés) et des frais d'éducation, proportionnellement à ses ressources. *Ibid.*, art. 1317. Un contrat de mariage imputant ces dépenses au mari permet en principe d'obvier à la possibilité que ces charges échoient à l'épouse.
60 Les premières mesures prises en Ontario pour protéger les biens des femmes mariées ne permettaient pas à ces dernières de les gérer ou d'en disposer. Chambers, *Married Women and Property Law in Victorian Ontario*.
61 *CCBC*, art. 208.
62 *Ibid.* Une étude sérielle des contrats de mariage de l'élite permettrait de mesurer la place relative des gains de survie en regard des « dons et avantages » consentis par les époux.
63 Si l'article 208 stipule que les dons contenus dans le contrat peuvent être réclamés à la suite d'une séparation de corps, est-ce parce que le droit civil « prévoit » que des contrats incluent souvent des dons qui ne sont pas suivis d'effets dans l'immédiat ?
64 *CCBC*, art. 208. Les séparations de corps mettent donc en jeu trois types d'entités patrimoniales : les avantages, les dons et les gains de survie. L'article 211 dit que le conjoint coupable perd d'emblée les avantages que l'autre lui avait faits (les dons ne sont pas inclus). Par conséquent, il est du ressort du tribunal, au moyen de l'article 208, de sanctionner l'épouse coupable d'adultère plus sévèrement par la perte des dons, en allant au-delà de la sanction automatique prévue à l'article 211. Si l'article 208 est genré, c'est bien parce que les contrats de mariage comportent des dons de l'homme à la femme, et non l'inverse. Du côté des gains de survie, la femme peut aussi perdre son douaire pour adultère ou désertion, si l'époux procède à cet effet. *Ibid.*, art. 1463. Le douaire peut être coutumier (ou légal) chez les couples mariés en communauté de biens ou fixé par le contrat de mariage (douaire conventionnel ou préfixe) chez les couples unis en séparation de biens. Ces gains de survie ne sont pas perdus automatiquement : il y doit y avoir une procédure en ce sens et il est permis de croire qu'une telle requête peut être incluse dans une demande de

séparation de corps présentée par le mari. Au demeurant, la femme commune en biens peut être déchue du droit de demander le partage de la communauté, pénalité qui ne s'applique pas à l'homme. *Ibid.*, art. 209. La jurisprudence varie quant à savoir si l'époux coupable perd tous ses droits dans la communauté. Jean-Joseph Beauchamp, *Supplément au code civil annoté de la province de Québec*, vol. 1, Montréal, Wilson et Lafleur, 1924, jurisprudence citée sous les articles 106, 107, 209 et 211.

65 *CCBC*, art. 1422. L'épouse séparée de biens ne peut jamais aliéner ses immeubles sans l'aval de son mari ou du juge. *Ibid.*, art. 1424. Elle peut par ailleurs attribuer à son époux la jouissance de ses actifs. *Ibid.*, art. 1425. Si plus tard elle lui demande des comptes, l'homme n'est contraint « qu'à la représentation des fruits existants ». *Ibid*. Dit autrement, il n'aura pas à expliquer ce qu'il a fait des revenus dans le passé. Cette règle pointe en direction d'une problématique fondamentale, déjà évoquée, celle de la réalité de l'administration autonome des femmes séparées de biens. Signalons que la loi de 1931 bonifie la capacité des épouses séparées de biens par contrat de mariage, par le biais d'une modification à l'article 1422 : elles peuvent dorénavant aliéner leurs biens meubles sans autorisation. *Loi modifiant le Code civil et le Code de procédure civile, relativement aux droits civils de la femme*, art. 25.

66 *CCBC*, art. 210.

67 Cette autonomie nouvelle la dégagerait surtout des contraintes de l'article 177, qui stipule qu'elle ne peut jamais contracter sans autorisation maritale, peu importe l'objet ou son statut (voir aussi l'article 986). D'ailleurs, tout en réitérant que la femme séparée de biens seulement (ici à la suite d'une procédure engagée pour sauvegarder ses droits dans la communauté) ou séparée de corps et de biens possède la libre administration de ses affaires, l'article 1318 précise aussi qu'elle a la faculté d'aliéner ses biens meubles, mais pas ses immeubles. L'article 176 prévoit déjà que la femme non commune peut être partie dans une cause, cela seule, lorsque l'enjeu relève de la simple administration de ses affaires.

68 Cette restriction a sa propre histoire, marquée par un recul momentané. Jusqu'en 1875, le code n'exigeait qu'une autorisation judiciaire. L'autorisation du mari, à laquelle peut suppléer le juge, est ajoutée cette année-là. *CCBC*, art. 210 et *Acte amendant l'article 210 du code civil*, 39 V. (1875), c. 24.

69 Crépeau et Brierley, *Code civil 1866-1980*. Une modification apportée en 1920 à l'article 210 fait exception. Si une femme séparée de corps désire aliéner un immeuble, l'autorisation du mari est dorénavant remplacée par un avis donné à celui-ci. L'autorisation du juge demeure en place.

L'article 1318, qui délimite la capacité de la femme séparée de biens à la suite d'une procédure judiciaire, est modifié de manière semblable. *Loi amendant les articles 210 et 1318 du Code civil*, 10 Geo. V (1920), c. 77.

CHAPITRE QUATRE

1 CCBC, art. 163 et 164.
2 Cette affaire a été reconstituée à partir des rapports suivants : « Dastous vs Berthiaume », *Rapports judiciaires de Québec, Cour supérieure* 66 (1928), 241-65 ; « Berthiaume vs Dastous », *Rapports judiciaires de Québec, Cour du banc du Roi* 44 (1928), 346-54 ; « Berthiaume vs Dastous », *Rapports judiciaires de Québec, Cour du banc du Roi* 45 (1928), 391-424 ; « Berthiaume vs Dastous », *Rapports judiciaires de Québec, Cour du banc du Roi* 47 (1929), 533-42. Cette dernière décision est aussi rapportée dans « Berthiaume vs Dastous », *Dominion Law Reports 1930* 1 (1930), 849-56. Les coordonnées de l'imposant dossier judiciaire original de cette affaire sont BAnQ, CVM, TP 11 S2 SS2 SSS2, 1927, no 19050, Dastous vs Berthiaume.
3 BAnQ, CVM, TP 11 S2 SS2 SSS2, 1927, no 19050, témoignage d'Eugène Berthiaume, 3 janvier 1928.
4 *Ibid.*, jugement, 29 juillet 1927.
5 *Ibidem.*
6 *Ibidem.*
7 CCBC, art. 135.
8 BAnQ, CVM, TP 11 S2 SS2 SSS2, 1927, no 19050, Dastous vs Berthiaume, jugement, 30 mai 1928.
9 *Ibidem.*
10 « Dastous vs Berthiaume », *Rapports judiciaires de Québec, Cour supérieure* 66 (1928), 250.
11 *Ibid.*, 253.
12 *Ibid.*, 255.
13 « Berthiaume vs Dastous », *Rapports judiciaires de Québec, Cour du banc du Roi* 45 (1928), 419.
14 *Ibid.*, 418.
15 « Berthiaume vs Dastous », *Rapports judiciaires de Québec, Cour du banc du Roi* 47 (1929), 539. La décision du Conseil privé est rapportée dans ce volume des *Rapports judiciaires de Québec.*
16 *Ibid.*, 539-40.
17 Nootens, « Les plaideurs en Cour supérieure, 1880-1890 » ; Nootens, « Le contentieux de la Cour supérieure, 1880-1890 ».

18 BAnQ, CVM, TP 11 S2 SS2 SSS2, 1927, no 19050, Dastous vs Berthiaume, requête, 23 octobre 1935.
19 *Ibid.*, particularités, 6 mai 1936.
20 *Ibid.*, notes et autorités du défendeur, 22 décembre 1938.
21 *Ibid.*, réponse, 5 janvier 1939.
22 *Ibid.*, jugement, 11 décembre 1936.
23 *Ibidem.*
24 *Ibid.*, jugement, 3 avril 1939.
25 « Neilson vs Beaudin », *Rapports judiciaires de Québec, Cour supérieure* 57 (1920), 37-50.
26 *Ibid.*, 39.
27 *Ibid.*, 43.
28 *Ibidem.*
29 *Ibid.*, 43-4.
30 Cliche, « Morale chrétienne et 'double standard sexuel' ».
31 « Neilson vs Beaudin », 47.
32 *Ibidem.*
33 *Ibid.*, 48.
34 *Ibid.*, 49.
35 « Michalson vs Glassford », *La revue de jurisprudence* 22 (1916), 485-512 et BAnQ, CVM, TP 11 S2 SS2 SSS42, 1914, no 3022, Michalson vs Glassford.
36 « Michalson vs Glassford », 496.
37 BAnQ, CVM, TP 11 S2 SS2 SSS42, 1914, no 3022, Michalson vs Glassford, factum, non daté.
38 *Ibid.*, factum du demandeur en révision, 31 octobre 1916.
39 « Michalson vs Glassford », 488-9.
40 *Ibid.*, 495.
41 *Ibid.*, 499.
42 BAnQ, CVM, TP 11 S2 SS2 SSS42, 1914, no 3022, Michalson vs Glassford, factum du demandeur en révision, 31 octobre 1916.
43 « Michalson vs Glassford », 503.
44 *Ibid.*, 509.
45 BAnQ, CVM, TP 11 S2 SS2 SSS42, 1914 no 3022, Michalson vs Glassford, factum du demandeur en révision, 31 octobre 1916.
46 *Ibid.*, factum, sans date.
47 *Ibid.*, factum du demandeur en révision, 31 octobre 1916.
48 Il semble que la poursuite soit allée en appel de la décision de la Cour de révision, comme ces correctifs pourraient avoir pour effet d'établir qu'Ethel était de bonne foi, ce qui laisse planer la menace d'effets civils du

mariage à son profit. Cependant, la partie du jugement de la Cour supérieure déclarant le mariage nul n'a pas été rectifiée.
49 « Michalson vs Glassford », 509.
50 *Ibid.*, 511.

CHAPITRE CINQ

1 Bradbury, *Familles ouvrières à Montréal*, 246-7.
2 « Gladston vs Slayton », *Rapports judiciaires de Québec, Cour du banc du Roi* 21 (1913), 444.
3 Les séparations de corps par consentement mutuel sont interdites. Les faits allégués (adultère, violences, etc.) ne peuvent pas non plus être admis par la partie visée, à la différence des autres poursuites civiles. Une réconciliation en cours de procès éteint la poursuite. Si les sévices ont été prouvés, le tribunal a quand même le loisir de reporter le jugement à une date ultérieure afin de laisser une chance aux parties de se réconcilier. CCBC, art. 186, 193, 196 et 199. Le fait que des coups puissent être suivis d'une réconciliation est assez significatif quant à la morale juridique du mariage au début du 20e siècle.
4 Selon Pierre-Basile Mignault, comme une épouse malmenée peut craindre le scandale d'une séparation de corps, il lui est possible de demander une pension alimentaire sans avoir recours à la procédure. Pierre-Basile Mignault, *Le droit civil canadien basé sur les « Répétitions écrites sur le code civil » de Frédéric Mourlon, avec revue de la jurisprudence de nos tribunaux*, vol. 1, Montréal, Whiteford et Théoret, 1895, 500.
5 « Gladston vs Slayton », 443.
6 « Stroud vs Stroud », *Rapports judiciaires de Québec, Cour du banc du Roi* 43 (1927), 464-8 ; BAnQ, CVM, TP 11 S2 SS2 SSS2, 1927, no 15428, Stroud vs Stroud.
7 BAnQ, CVM, TP 11 S2 SS2 SSS2, 1927, no 15428, Stroud vs Stroud, requête, 9 février 1927.
8 *Ibid.*, déclaration, 18 février 1927.
9 Bien entendu, conclure un mariage avantageux avec une jeune femme de bonne famille permet aussi à la famille de l'époux de signifier au public le rang enviable qui est le sien.
10 Bradbury, *Wife to Widow*, 151, 157 et ss.
11 BAnQ, CVM, TP 11 S2 SS2 SSS2, 1927, no 15428, Stroud vs Stroud, plaidoyer du défendeur, 3 mars 1927.
12 *Ibidem*.
13 *Ibidem*.

14 Knibiehler, « Corps et cœurs », 392.
15 Snell, *In the Shadow of the Law*, 34-6, 52-3, 57-9.
16 *Ibid.*, 83 et ss, 228 et ss.
17 CCBC, art. 185.
18 BAnQ, CVM, TP 11 S2 SS2 SSS2, 1927, no 15428, Stroud vs Stroud, témoignage de Vida Roberts Stroud, 4 mars 1927.
19 *Ibid.*, témoignage de Edward M. Roberts, 4 mars 1927.
20 *Ibid.*, témoignage de Vida Roberts Stroud, 4 mars 1927.
21 *Ibidem.*
22 *Ibidem.*
23 *Ibidem.*
24 *Ibidem.*
25 « Stroud vs Stroud », *Rapports judiciaires de Québec, Cour du banc du Roi* 43 (1927), 468.
26 « Gladston vs Slayton », *Rapports judiciaires de Québec, Cour du banc du Roi* 21 (1913), 440-50. Cette cause est aussi rapportée dans « Gladstone [sic] vs Slayton », *Dominion Law Reports* 3 (1912), 27-36. Voir également BAnQ, CVM, TP 11 S2 SS2 SSS42, 1907, no 2177, Slayton vs Gladston.
27 « Gladston vs Slayton », *Rapports judiciaires de Québec, Cour du banc du Roi* 21 (1913), 442.
28 *Ibidem.*
29 BAnQ, CVM, TP 11 S2 SS2 SSS42, 1907, no 2177, Slayton vs Gladston, notes du juge Weir, 10 mars 1911.
30 « Gladston vs Slayton », *Rapports judiciaires de Québec, Cour du banc du Roi* 21 (1913), 449.
31 *Ibid.*, 448.
32 « Gladstone [sic] vs Slayton », *Dominion Law Reports* 3 (1912), 27.
33 L'histoire ne s'arrête pas là, comme le testament de James sera contesté devant les tribunaux quelques années plus tard. « Evans vs Slayton », *Rapports judiciaires de Québec, Cour supérieure* 54 (1918), 518-9.
34 BAnQ, CVM, TP 11 S2 SS2 SSS42, 1907, no 2177, Slayton vs Gladston, requête, 13 mars 1907.
35 « Lafontaine vs Poulin », *La revue légale, nouvelle série* 18 (1912), 378-403. Cette affaire ne fait pas partie du corpus principal comme elle ne concerne pas une dame de la bourgeoisie.
36 BAnQ, CVM, TP 11 S2 SS2 SSS42, 1907, no 2177, Slayton vs Gladston, témoignage d'Edward M. Slayton, 19 et 20 janvier 1911.
37 CCBC, art. 175.
38 « Von Eberts vs Pease », *La revue de jurisprudence* 15 (1909), 413-7.
39 *Ibid.*, 416.

40 « Savard vs Letellier », *La revue légale, nouvelle série* 22 (1916), 280-6.
41 *Ibid.*, 282.
42 *Ibid.*, 280.
43 « Barry vs Barry », *La revue de jurisprudence* 14 (1908), 240-57; « Barry vs Barry », *Rapports judiciaires de Québec, Cour supérieure* 38 (1910), 124-7; BAnQ, CVM, TP 11 S2 SS2 SSS1, 1907, no 1552, Barry vs Barry.
44 BAnQ, CVM, TP 11 S2 SS2 SSS1, 1907, no 1552, Barry vs Barry, notes du juge Bruneau, mars 1908.
45 *Ibid.*, factum du défendeur en révision, 16 novembre 1909.
46 *Ibidem.*
47 CCBC, art. 173 et 166.
48 La même décision est rapportée dans « Guertin vs Brunet », *La revue de jurisprudence* 24 (1918), 2-3 et « Guertin vs Brunet », *Rapports judiciaires de Québec, Cour du banc du Roi* 27 (1917), 123-8. Voir également BAnQ, CVM, TP 11 S2 SS2 SSS42, 1912, no 3139, Guertin vs Brunet.
49 BAnQ, CVM, TP 11 S2 SS2 SSS42, 1912, no 3139, Guertin vs Brunet, jugement de la Cour supérieure, 30 décembre 1916.
50 *Ibidem.*
51 *Ibid.*, témoignage de Delphine Guertin, 10 novembre 1916.
52 *Ibid.*, témoignage de David Brunet, 10 novembre 1916.
53 *Ibid.*, jugement de la Cour supérieure, 30 décembre 1916.
54 « Guertin vs Brunet », *Rapports judiciaires de Québec, Cour du banc du Roi* 27 (1917), 124-5.
55 *Ibid.*, 128. Pour une autre poursuite entamée par une épouse afin de forcer son mari à exécuter les engagements pris par contrat de mariage, voir « Cantin vs Dubuc », *Rapports judiciaires de Québec, Cour supérieure* 61 (1923), 180-2. Ce dossier met en scène une veuve chargée de quatre enfants qui s'est remariée avec un jeune étudiant en médecine désargenté. L'homme est fonctionnaire fédéral au moment de la poursuite. Outre la réalisation des promesses du contrat, Mme Cantin exige une pension mensuelle de 100 $ pour elle-même et ses enfants. Il n'est pas question de séparation de fait, mais M. Dubuc plaide à l'encontre de l'action de sa femme.

CHAPITRE SIX

1 La communauté légale, créée automatiquement à défaut de contrat, comprend notamment tous les biens mobiliers des époux et les revenus produits, durant l'union, par les actifs possédés de part et d'autre au moment du mariage. Une fortune essentiellement financière (dépôts bancaires, actions, prêts, etc.) sera donc possédée en commun. CCBC, art. 1270 et ss.

2 « Dawson vs Hislop », *Rapports judiciaires de Québec, Cour supérieure* 57 (1920), 264-72 ; « Dawson vs Hislop », *Rapports judiciaires de Québec, Cour supérieure* 60 (1922), 336-43 ; BAnQ, CVM, TP 11 S2 SS2 SSS42, 1920, no 3237, Dawson vs Hislop.
3 BAnQ, CVM, TP 11 S2 SS2 SSS42, 1920, no 3237, Dawson vs Hislop, plaidoyer du défendeur, 4 septembre 1918.
4 *Ibid.*, notes du juge de Lorimier, janvier 1920.
5 « Church vs Hamilton », *La revue de jurisprudence* 21 (1915), 88-95 ; « Hamilton vs Church », *Rapports judiciaires de Québec, Cour du banc du Roi* 24 (1915), 26-30. Sur la conservation, par l'épouse commune en biens, de ses droits dans la communauté même après une séparation de corps prononcée à son encontre pour adultère, voir « Malloch vs Graham », *Rapports judiciaires de Québec, Cour du banc du Roi* 27 (1918), 446-60. Les juges n'ont reconnu ce droit qu'avec réticence.
6 « Church vs Hamilton », *La revue de jurisprudence* 21 (1915), 95.
7 « Stevenson vs Baldwin », *Rapports judiciaires de Québec, Cour du banc du Roi* 34 (1923), 44.
8 « Odell vs Gregory », *Rapports judiciaires de Québec, Cour supérieure* 5 (1894), 348-53 ; « Odell vs Gregory », *Rapports judiciaires de Québec, Cour du banc du Roi* 19 (1910), 364-9 ; « Gregory vs Odell », *Rapports judiciaires de Québec, Cour supérieure* 39 (1911), 291-310.
9 « Gregory vs Odell », *Rapports judiciaires de Québec, Cour supérieure* 39 (1911), 304.
10 « Cornwell vs Just », *La revue légale, nouvelle série* 28 (1922), 107. La même décision est rapportée dans « Cornwell vs Just », *Rapports de pratique de Québec* 23 (1921), 375-82.
11 « Cornwell vs Just », *La revue légale, nouvelle série* 28 (1922), 113.
12 « L'honorable juge Arthur-Aimé Bruneau ».
13 « Perreault vs Bastien », *La revue légale, nouvelle série* 27 (1921), 433-7 ; « Bastien vs Perrault », *Rapports de pratique de Québec* 25 (1923), 413-25 ; BAnQ, CVM, TP 11 S2 SS2 SSS2, 1921, no 2269, Bastien vs Perreault.
14 BAnQ, CVM, TP 11 S2 SS2 SSS2, 1921, no 2269, Bastien vs Perreault, contrat de mariage, 6 octobre 1892.
15 On avait déjà jugé, antérieurement, qu'un mari irait habiter ailleurs. Toutefois, ces décisions ont été prises au profit d'épouses propriétaires du domicile commun ou faisant commerce à cet endroit. Cette entreprise aurait été mise en danger autrement. « Perreault vs Bastien », *La revue légale, nouvelle série* 27 (1921), 436.
16 BAnQ, CVM, TP 11 S2 SS2 SSS2, 1921, no 2269, Bastien vs Perreault, déclaration amendée, 16 mars 1921.

17 *Ibidem.*
18 *Ibidem.*
19 Demander la garde d'une fille majeure est un peu inhabituel.
20 BAnQ, CVM, TP 11 S2 SS2 SSS2, 1921, no 2269, Bastien vs Perreault, témoignage d'Ovila Stanislas Perreault, 19 mars 1921.
21 *Ibidem.*
22 *Ibidem.*
23 *Ibid.*, témoignage d'Ovila Stanislas Perreault, 2 février 1922.
24 *Ibid.*, état des dépenses, 6 octobre 1921.
25 *Ibid.*, jugement, 2 mars 1922.
26 « Coutlée vs Hétu », *Rapports judiciaires de Québec, Cour du banc du Roi* 27 (1918), 442-6.
27 Chapitre 4.
28 « Pouliot vs Thivierge », *Rapports judiciaires de Québec, Cour du banc du Roi* 45 (1928), 1-11.
29 *Ibid.*, 5.
30 Le juge Allard est dissident. À son avis, la demande d'augmentation découle de la procédure de séparation de corps. L'épouse ayant été autorisée à poursuivre en séparation, la pension constituerait donc un « droit acquis qu'elle peut faire valoir ». *Ibid.*, 9.
31 « Leroux vs Couture », *Rapports de pratique de Québec* 20 (1918), 337-40.
32 Pour un autre exemple de pension annulée après de multiples péripéties judiciaires, voir « Claprood vs Giroux », *Rapports judiciaires de Québec, Cour du banc du Roi* 48 (1930), 538-45.
33 BAnQ, CVM, TP 11 S2 SS2 SSS2, 1921, no 2269, Bastien vs Perreault, requête, 3 mars 1923.
34 « Bastien vs Perrault », *Rapports de pratique de Québec* 25 (1923), 413-25.
35 Nootens, « 'What a Misfortune that Poor Child Should Have Married Such a Being as Joe' ».
36 BAnQ, CVM, TP 11 S2 SS2 SSS2, 1921, no 2269, Bastien vs Perreault, jugement, 5 avril 1923.
37 CCBC, art. 215.
38 « Stevenson vs Baldwin », *Rapports de pratique de Québec* 21 (1919-1920), 401-4; « Stevenson vs Baldwin », *Rapports judiciaires de Québec, Cour du banc du Roi* 34 (1923), 41-54; « Baldwin vs Baldwin », *Dominion Law Reports* 67 (1922), 1-2. La décision relatée dans le premier de ces rapports se trouve également dans « Stevenson vs Baldwin », *La revue légale, nouvelle série* 26 (1920), 298-301. Pour le dossier

judiciaire original, voir BAnQ, CVM, TP 11 S2 SS2 SSS42, 1919, no 4207, Stevenson vs Baldwin. Il est un autre cas d'attribution de pension au terme d'un procès mettant en scène un mauvais mari : « Desautels vs Mailloux », *La revue légale, nouvelle série* 24 (1918), 392-4. Ce couple est plus modeste, par contre.

39. CCBC, art. 214.
40. Sur le père du défendeur, cousin de Robert Baldwin, voir Hayes, « Baldwin, Maurice Scollard ».
41. CCBC, art. 189.
42. *Ibid.*, art. 191.
43. BAnQ, CVM, TP 11 S2 SS2 SSS42, 1919, no 4207, Stevenson vs Baldwin, requête, 1er mars 1919.
44. *Ibid.*, témoignage de Mary A. M. Stevenson, 20 novembre 1919.
45. *Ibid.*, requête, 1er mars 1919.
46. *Ibidem.*
47. *Ibidem.*
48. *Ibid.*, déclaration, 25 mars 1919.
49. *Ibid.*, déclaration amendée de la demanderesse, 30 avril 1919.
50. CCBC, art. 190.
51. BAnQ, CVM, TP 11 S2 SS2 SSS42, 1919, no 4207, Stevenson vs Baldwin, notes des avocats de la demanderesse, 26 janvier 1920.
52. *Ibid.*, notes de l'avocat du défendeur, 14 janvier 1920.
53. *Ibid.*, notes des avocats de la demanderesse, 26 janvier 1920.
54. *Ibid.*, réponses du défendeur à la déclaration amendée, 6 mai 1919.
55. *Ibid.*, notes de l'avocat du défendeur, 14 janvier 1920.
56. *Ibid.*, requête, 1er mai 1919.
57. *Ibid.*, témoignage de Maurice D. Baldwin, 27 novembre 1919. Baldwin aurait même demandé l'interdiction (retrait de la capacité civile) et l'internement de sa femme en septembre 1919.
58. *Ibid.*, témoignage de Mary A. M. Stevenson, 8 janvier 1920.
59. *Ibid.*, notes du juge Howard, 28 juin 1920.
60. Sur cette question, voir le précieux bilan offert par Peter Gossage dans « *Au nom du père ?* », en particulier 52 et ss.
61. BAnQ, CVM, TP 11 S2 SS2 SSS42, 1919, no 4207, Stevenson vs Baldwin, témoignage de Herbert Baldwin, 16 avril 1919.
62. *Ibid.*, jugement de la Cour du banc du Roi, 26 juin 1919.
63. « Boy's Evidence Was Heard in Chambers », *The Montreal Gazette* (1er octobre 1919), 4.
64. BAnQ, CVM, TP 11 S2 SS2 SSS42, 1919, no 4207, Stevenson vs Baldwin, requête du défendeur, 10 décembre 1919.

65 *Ibid.*, requête du défendeur, 7 décembre 1921.
66 « Stevenson vs Baldwin », *Rapports judiciaires de Québec, Cour du banc du Roi* 34 (1923), 50.
67 *Ibid.*, 43.
68 *Ibid.*, 47.
69 *Ibid.*, 44.
70 *Ibid.*, 46.
71 Cette décision est relatée dans *ibid.*, 52 et ss.
72 À peu près au même moment, la Cour du banc du Roi vient au secours d'une autre femme modèle pour la sauver des griffes d'un mari ivrogne, avare, irréligieux et injurieux. L'homme, disent les juges, a fait de sa jeune épouse son « souffre-douleur » et du domicile familial « un lieu inhabitable et infect ». « Bédard vs Dupuis », *Rapports judiciaires de Québec, Cour du banc du Roi* 30 (1921), 551-8.

CHAPITRE SEPT

1 « Davidson vs Winteler », *Rapports judiciaires de Québec, Cour du banc du Roi* 13 (1904), 97-109.
2 « Hill vs Johnson », *Rapports judiciaires de Québec, Cour supérieure* 44 (1913), 160-8.
3 *Ibid.*, 162.
4 CCBC, art. 165 et 175.
5 « Hill vs Johnson », *Rapports judiciaires de Québec, Cour supérieure* 44 (1913), 165. Notons que la Cour de révision considère tout de même que le juge de première instance a erré en partageant de manière égale la responsabilité des frais d'entretien et d'éducation de l'enfant entre cette couturière et son mari mort riche. En vertu du code civil, la contribution aux frais du ménage doit être proportionnelle aux ressources des époux (CCBC, art. 1317 et 1423).
6 « Ouimet vs Thompson », *Rapports de pratique de Québec* 21 (1919-1920), 72-5.
7 « Peloquin vs Brazeau », *Rapports de pratique de Québec* 5 (1903), 128-9 et « Peloquin vs Brazeau », *Rapports de pratique de Québec* 5 (1903), 129-30. Ce sont deux décisions distinctes. La première porte sur la demande d'aliments, la seconde sur les frais de deuil. Voir également BAnQ, CVM, TP 11 S2 SS2 SSS1, 1902, no 1871, Peloquin vs Brazeau.
8 BAnQ, CVM, TP 11 S2 SS2 SSS1, 1902, no 1871, Peloquin vs Brazeau, déclaration, 17 septembre 1902.
9 *Ibidem*.

10 « Peloquin vs Brazeau », *Rapports de pratique de Québec* 5 (1903), 130.
11 « Payette vs Royal Arcanum », *Rapports judiciaires de Québec, Cour supérieure* 60 (1922), 511-6.
12 *Ibid.*, 514.
13 « Courville vs Paquette », *Rapports judiciaires de Québec, Cour supérieure* 50 (1916), 94-6 et BANQ, CVM, TP 11 S2 SS2 SSS42, 1911, no 2499, Courville vs Paquette.
14 Bradbury, *Wife to Widow*.
15 L'identité précise de ces derniers est moins certaine.
16 BANQ, CVM, TP 11 S2 SS2 SSS42, 1911, no 2499, Courville vs Paquette, témoignage de Marie Anne Courville, 12 mai 1913.
17 Le respect de l'autorité exercée par l'épouse sur la conduite du foyer est pris en compte par les juges qui ont à entendre les recours en divorce en Angleterre durant la seconde moitié du 19e siècle. Hammerton, *Cruelty and Companionship*, 128 et ss.
18 « Courville vs Paquette », 95.
19 BANQ, CVM, TP 11 S2 SS2 SSS42, 1911, no 2499, Courville vs Paquette, témoignage de Clara Paquette, 12 mai 1913.
20 *Ibid.*, témoignage de Clara Paquette, 9 mai 1913.
21 « Courville vs Paquette », 96.
22 BANQ, CVM, TP 11 S2 SS2 SSS42, 1911, no 2499, Courville vs Paquette, témoignage de Clara Paquette, 12 mai 1913.
23 *Ibidem*.
24 « Laporte vs Brunet », *Rapports judiciaires de Québec, Cour supérieure* 48 (1915), 74-6.
25 *Ibid.*, 74.
26 Marie-Aimé Cliche signale que les juges tiennent compte, au moment de fixer les pensions consécutives à des séparations de corps, de la capacité de l'épouse à travailler. Cliche, « Les séparations de corps dans le district judiciaire de Montréal de 1900 à 1930 », 87-8. Ce critère n'est certainement pas appliqué indistinctement à toutes les femmes mariées, comme il est inconvenant en milieu possédant qu'une dame en soit réduite à chercher sa subsistance et celle de ses enfants sur le marché du travail.
27 « Laporte vs Brunet », 74.
28 L'affaire « O'Brien vs Berger » (*Rapports judiciaires de Québec, Cour supérieure* 49 (1916), 278-81) voit une épouse obtenir une augmentation de la pension fournie de concert par son mari et sa belle-mère. L'homme est lui-même entretenu en partie par sa mère. La séparation de corps obtenue antérieurement par Mme O'Brien prévoyait déjà que son époux et sa belle-mère allaient lui payer conjointement des aliments.

29 « Dufresne vs Dufresne », *Rapports judiciaires de Québec, Cour supérieure* 54 (1918), 255-9; « Dufresne vs Dufresne », *Rapports judiciaires de Québec, Cour du banc du Roi* 28 (1919), 318-32.
30 Girard, *Mariage et classes* sociales, 76-7.
31 « Dufresne vs Dufresne », *Rapports judiciaires de Québec, Cour supérieure* 54 (1918), 256.
32 « Dufresne vs Dufresne », *Rapports judiciaires de Québec, Cour du banc du Roi* 28 (1919), 325.
33 « Laflamme vs St-Jacques », *Rapports judiciaires de Québec, Cour supérieure* 41 (1912), 172-7.
34 *Ibid.*, 173.
35 Voir le cas de Mme Bastien, abordé au chapitre précédent.
36 « Laflamme vs St-Jacques », 175.
37 « Fields vs Laviolette », *Rapports judiciaires de Québec, Cour supérieure* 55 (1919), 405-12.
38 Nootens, « 'Je crains fort que mon pauvre Henri ne fasse pas grand chose' ».
39 « Fields vs Laviolette », 407.
40 *Ibid.*, 411.

CONCLUSION

1 Belley, « Une croisade intégriste chez les juristes ».
2 Charles-Édouard Dorion, « La communauté de biens : pourquoi faut-il la maintenir dans notre Code ? Parce qu'elle est la protection des droits de la femme », *La revue du droit* 7 (1928-1929), 331.
3 *Ibid.*, 332.
4 *Ibid.*, 333-4.
5 Normand, « Un thème dominant de la pensée juridique traditionnelle au Québec », en particulier 583-5.
6 On pourrait voir là une contradiction avec l'hypothèse soulevée en introduction de la deuxième partie, hypothèse en vertu de laquelle la présence accrue des femmes sur le marché du travail pourrait peut-être expliquer la hausse très importante du nombre de demandes de séparation de corps au début du 20e siècle. La contradiction n'est qu'apparente. Le fait même de devoir demander une séparation de corps – c'est-à-dire vouloir être déliée de l'obligation légale de cohabiter, pour l'essentiel – exprimait une dépendance forcée au droit civil. Certes, gagner de l'argent « à soi » a pu décider bien des femmes à tenter de s'extraire d'une dynamique conjugale invivable. Mais la misère et la honte guettaient plusieurs d'entre elles, sans aucun doute.

7 Par exemple, l'affirmation selon laquelle « le code civil privilégiait l'antériorité des droits matrimoniaux » doit être un peu nuancée (Olson, «'Pour se créer un avenir' », 26). Peut-être en théorie. Mais le droit vécu montre une autre réalité. Il convient aussi de préciser l'interprétation faisant des contrats de mariage un outil favorisant « la compétence et l'identité du couple en tant qu'unité économique » (*Ibid.*, 27). C'était probablement le cas chez les couples assez modestes étudiés par Sherry Olson, couples dont la survie et la mobilité sociale dépendaient de la mise en commun des prestations de l'homme et de la femme. Enfin, il semble un peu hasardeux de soutenir qu'avec la séparation de biens « in case of a husband's bankruptcy, wastefulness or poor administration, the wife's personal property was secure » (Bradbury et al., « Property and Marriage », 33).
8 La confusion dans la formulation des contrats constatée pour les premières décennies du 19e siècle n'était pas encore vraiment éteinte au début du 20e siècle. Pour la période plus ancienne, c'était la mise sur pied ou non d'un régime de séparation, enjeu vraiment crucial, qui semble avoir engendré des méprises. Bradbury et al., « Property and Marriage », 24-6.
9 Bourdieu, « La force du droit ».

Bibliographie

SOURCES MANUSCRITES

Bibliothèque et Archives Nationales du Québec, centre du Vieux-Montréal
Fonds de la Cour supérieure, greffe de Montréal, matières civiles en général (TP 11 S2 SS2)
    Dossiers (TP 11 S2 SS2 SSS1).
        1897, no 2281, Desrochers vs Roy.
        1900, no 582, Honan vs Duckett.
        1900, no 2332, Turgeon vs Shannon.
        1902, no 876, Robertson vs Honan.
        1902, no 1871, Peloquin vs Brazeau.
        1902, no 2639, Calcutt vs Tiffin.
        1903, no 99, Allan vs Trihey.
        1907, no 1552, Barry vs Barry.
        1912, no 432, Duhamel vs Hubou dit Deslongchamps.
        1914, no 341, ex parte Gagnon.
        1916, no 1679, Durnin vs Heney.
    Dossiers portés en appel (TP 11 S2 SS2 SSS2).
        1921, no 2269, Bastien vs Perreault.
        1927, no 15428, Stroud vs Stroud.
        1927, no 19050, Dastous vs Berthiaume.
    Dossiers de grand format (TP 11 S2 SS2 SSS42).
        1907, no 2177, Slayton vs Gladston.
        1911, no 2499, Courville vs Paquette.
        1912, no 432, Duhamel vs Hubou dit Deslongchamps.
        1912, no 3139, Guertin vs Brunet.
        1912, no 3733, St-Amour vs Lalonde.

1913, no 1493, Langlois vs Labbé.
1914, no 3022, Michalson vs Glassford.
1916, no 1095, Cordasco vs Garneau.
1916, no 2642, Yerisslavitz vs Yerisslavitz.
1916, no 4287, Kearns vs Smart.
1917, no 894, Johnson vs Hudon.
1919, no 4207, Stevenson vs Baldwin.
1920, no 3237, Dawson vs Hislop.

Répertoire des causes (TP 11 S2 SS2 SSS3).

Fonds de la Cour de circuit du district de Montréal, matières civiles en général (TL 38 S2)

Registre des jugements en termes et en vacances (TL 38 S2 SS4).

3 juin 1903, no 16749, Walker vs Massey.

SOURCES IMPRIMÉES

Législation

Ordonnance pour prescrire et régler l'enrégistrement des Titres aux Terres, Ténements, et Héritages, Biens Réels ou Immobiliers, et des Charges et Hypothèques sur iceux; et pour le changement et l'amélioration, sous certains rapports, de la Loi relativement à l'Aliénation et l'Hypothècation des Biens Réels, et des Droits et intérêts acquis en iceux. 4 V. (1841), c. 30.

Acte pour étendre et définir les pouvoirs de la Banque d'Épargne de la cité et du district de Montréal. 25 V. (1862), c. 66.

Acte pour assurer aux femmes et aux enfants le bénéfice des assurances sur la vie de leurs maris et parents. 29 V. (1865), c. 17.

Acte amendant l'article 210 du code civil. 39 V. (1875), c. 24.

Loi abolissant la continuation de communauté, créant l'usufruit légal en certains cas et amendant à cet effet les articles 1323 à 1337 du Code civil, inclusivement. 60 V. (1897), c. 52.

Loi amendant l'article 1301 du Code civil, relativement à la capacité de la femme mariée de faire certains contrats. 4 Ed. VII (1904), c. 42.

Loi modifiant le Code criminel. 8-9 Ed. VII (1909), c. 9.

Loi amendant le Code civil relativement aux successions. 5 Geo. V (1915), c. 74.

Loi amendant les articles 210 et 1318 du Code civil. 10 Geo. V (1920), c. 77.

Loi modifiant le Code civil et le Code de procédure civile, relativement aux droits civils de la femme. 21 Geo. V (1931), c. 101.

Loi instituant l'assistance aux mères nécessiteuses. 1 Geo. VI (1937), c. 81.
Loi sur la capacité juridique de la femme mariée. 12-13 Eliz. II (1964), c. 66.

Codes et codes annotés

Beauchamp, Jean-Joseph. *Supplément au code civil annoté de la province de Québec*. Vol. 1. Montréal, Wilson et Lafleur, 1924.

Code civil du Bas-Canada. Ottawa, Malcolm Cameron, 1866.

Code criminel, 1892. Ottawa, Samuel Edward Dawson, 1892.

Crépeau, Paul-A., et John E.C. Brierley. *Code civil 1866-1980*. Montréal, Société québécoise d'information juridique, 1981.

Langelier, François. *Cours de droit civil de la province de Québec*. Vol. 1. Montréal, Wilson et Lafleur, 1905.

– *Cours de droit civil de la province de Québec*. Vol. 4. Montréal, Wilson et Lafleur, 1908.

Martineau, Jean-Chrysostome. *Code de procédure civile de la province de Québec*. Montréal, Wilson et Lafleur, 1933.

Mignault, Pierre-Basile. *Code de procédure civile du Bas-Canada annoté*. Montréal, J.M. Valois, 1891.

– *Le droit civil canadien basé sur les « Répétitions écrites sur le code civil » de Frédéric Mourlon, avec revue de la jurisprudence de nos tribunaux*. Vol. 1. Montréal, Whiteford et Théoret, 1895.

– *Le droit civil canadien basé sur les « Répétitions écrites sur le code civil » de Frédéric Mourlon, avec revue de la jurisprudence de nos tribunaux*. Vol. 2. Montréal, C. Théoret, 1896.

– *Le droit civil canadien basé sur les « Répétitions écrites sur le code civil » de Frédéric Mourlon, avec revue de la jurisprudence de nos tribunaux*. Vol. 4. Montréal, C. Théoret, 1899.

– *Le droit civil canadien basé sur les « Répétitions écrites sur le code civil » de Frédéric Mourlon, avec revue de la jurisprudence de nos tribunaux*. Vol. 6. Montréal, C. Théoret, 1902.

Jurisprudence

a) recueils

Beauchamp, Jean-Joseph. *Répertoire général de jurisprudence canadienne*. 4 vol. Montréal, Wilson et Lafleur, 1914.

Saint-Cyr, Joseph-Fortunat. *Supplément au répertoire général de jurisprudence canadienne*. 2 vol. Montréal, Wilson et Lafleur, 1927.

Tellier, Maurice. *Supplément au répertoire général de jurisprudence canadienne*. 2 vol. Montréal, Wilson et Lafleur, 1935.

b) causes rapportées

« Allan vs Trihey. » *Rapports judiciaires de Québec, Cour supérieure* 24 (1903), 12-4.
« Baldwin vs Baldwin. » *Dominion Law Reports* 67 (1922), 1-2.
« The Bank of Hamilton vs Rosenthal. » *La revue légale, nouvelle série* 28 (1922), 37-9.
« La Banque de Montréal vs Roy. » *Rapports judiciaires de Québec, Cour du banc du Roi* 26 (1917), 549-57.
« Barry vs Barry. » *Rapports judiciaires de Québec, Cour supérieure* 38 (1910), 124-7.
« Barry vs Barry. » *La revue de jurisprudence* 14 (1908), 240-57.
« Bastien vs Perrault. » *Rapports de pratique de Québec* 25 (1923), 413-25.
« Bédard vs Dupuis. » *Rapports judiciaires de Québec, Cour du banc du Roi* 30 (1921), 551-8.
« Bennette vs Cameron. » *Rapports judiciaires de Québec, Cour supérieure* 66 (1928), 5-11.
« Berthiaume vs Dastous. » *Dominion Law Reports* 1930 1 (1930), 849-56.
« Berthiaume vs Dastous. » *Rapports judiciaires de Québec, Cour du banc du Roi* 44 (1928), 346-54.
« Berthiaume vs Dastous. » *Rapports judiciaires de Québec, Cour du banc du Roi* 45 (1928), 391-424.
« Berthiaume vs Dastous. » *Rapports judiciaires de Québec, Cour du banc du Roi* 47 (1929), 533-42.
« Boivin vs Larue. » *Canadian Bankruptcy Reports* 5 (1925), 742-52.
« Bouchard vs Weeks. » *La revue légale, nouvelle série* 21 (1915), 310-7.
« Calcutt vs Tiffin. » *Rapports judiciaires de Québec, Cour supérieure* 23 (1903), 175-9.
« Cantin vs Dubuc. » *Rapports judiciaires de Québec, Cour supérieure* 61 (1923), 180-2.
« Church vs Hamilton. » *La revue de jurisprudence* 21 (1915), 88-95.
« Claprood vs Giroux. » *Rapports judiciaires de Québec, Cour du banc du Roi* 48 (1930), 538-45.
« Cordasco vs Garneau. » *Rapports judiciaires de Québec, Cour supérieure* 56 (1919), 1-3.
« Cornwell vs Just. » *Rapports de pratique de Québec* 23 (1921), 375-82.

« Cornwell vs Just. » *La revue légale, nouvelle série* 28 (1922), 107-13.

« Courville vs Paquette. » *Rapports judiciaires de Québec, Cour supérieure* 50 (1916), 94-6.

« Coutlée vs Hétu. » *Rapports judiciaires de Québec, Cour du banc du Roi* 27 (1918), 442-6.

« Dastous vs Berthiaume. » *Rapports judiciaires de Québec, Cour supérieure* 66 (1928), 241-65.

« Davidson vs Winteler. » *Rapports judiciaires de Québec, Cour du banc du Roi* 13 (1904), 97-109.

« Dawson vs Hislop. » *Rapports judiciaires de Québec, Cour supérieure* 57 (1920), 264-72.

« Dawson vs Hislop. » *Rapports judiciaires de Québec, Cour supérieure* 60 (1922), 336-43.

« Déry vs Paradis. » *Rapports judiciaires de Québec, Cour du banc du Roi* 10 (1901), 227-36.

« Desautels vs Mailloux. » *La revue légale, nouvelle série* 24 (1918), 392-4.

« Desrochers vs Roy. » *Rapports judiciaires de Québec, Cour supérieure* 18 (1900), 70-100.

« Dufresne vs Dufresne. » *Rapports judiciaires de Québec, Cour du banc du Roi* 28 (1919), 318-32.

« Dufresne vs Dufresne. » *Rapports judiciaires de Québec, Cour supérieure* 54 (1918), 255-9.

« Duhamel vs Hubou dit Deslongchamps. » *Rapports judiciaires de Québec, Cour supérieure* 56 (1919), 445-51.

« Durnin vs Heney. » *Rapports judiciaires de Québec, Cour supérieure* 51 (1917), 515-7.

« Evans vs Slayton. » *Rapports judiciaires de Québec, Cour supérieure* 54 (1918), 518-9.

« Ex parte Gagnon. » *Rapports de pratique de Québec* 16 (1914), 204-6.

« Fields vs Laviolette. » *Rapports judiciaires de Québec, Cour supérieure* 55 (1919), 405-12.

« Fox vs Lamarche. » *Rapports judiciaires de Québec, Cour du banc du Roi* 16 (1907), 83-6.

« Gladston vs Slayton. » *Rapports judiciaires de Québec, Cour du banc du Roi* 21 (1913), 440-50.

« Gladstone [sic] vs Slayton. » *Dominion Law Reports* 3 (1912), 27-36.

« Gregory vs Odell. » *Rapports judiciaires de Québec, Cour supérieure* 39 (1911), 291-310.

« Guertin vs Brunet. » *Rapports judiciaires de Québec, Cour du banc du Roi* 27 (1917), 123-8.

« Guertin vs Brunet. » *La revue de jurisprudence* 24 (1918), 2-3.

« Hamilton vs Church. » *Rapports judiciaires de Québec, Cour du banc du Roi* 24 (1915), 26-30.

« Hauzberg vs Hauzberg. » *Rapports judiciaires de Québec, Cour supérieure* 60 (1922), 534-37.

« Hill vs Johnson. » *Rapports judiciaires de Québec, Cour supérieure* 44 (1913), 160-8.

« Honan vs Duckett. » *Rapports judiciaires de Québec, Cour supérieure* 19 (1901), 418-21.

« Huestis vs Fellows. » *Rapports judiciaires de Québec, Cour supérieure* 65 (1927), 137-140.

« In re Cameron, ex parte Hebert. » *Canadian Bankruptcy Reports* 3 (1923), 771-3.

« Johnson vs Hudon. » *La revue légale, nouvelle série* 25 (1919), 171-3.

« Kavanagh vs McCrory. » *Rapports de pratique de Québec* 3 (1900), 445-8.

« Kavanagh vs McCrory. » *La revue de jurisprudence* 7 (1901), 147-9.

« Kearns vs Smart. » *Rapports judiciaires de Québec, Cour supérieure* 59 (1921), 524-42.

« Laberge vs Savaria. » *Rapports judiciaires de Québec, Cour supérieure* 61 (1923), 128-31.

« Laflamme vs St-Jacques. » *Rapports judiciaires de Québec, Cour supérieure* 41 (1912), 172-7.

« Lafontaine vs Poulin. » *La revue légale, nouvelle série* 18 (1912), 378-403.

« Langlois vs Labbé. » *Rapports judiciaires de Québec, Cour supérieure* 46 (1914), 373-7.

« Laporte vs Brunet. » *Rapports judiciaires de Québec, Cour supérieure* 48 (1915), 74-6.

« Leroux vs Couture. » *Rapports de pratique de Québec* 20 (1918), 337-40.

« Malloch vs Graham. » *Rapports judiciaires de Québec, Cour du banc du Roi* 27 (1918), 446-60.

« Michalson vs Glassford. » *La revue de jurisprudence* 22 (1916), 485-512.

« Morin vs Mailloux. » *Rapports judiciaires de Québec, Cour supérieure* 60 (1922), 552-4.

« Neilson vs Beaudin. » *Rapports judiciaires de Québec, Cour supérieure* 57 (1920), 37-50.

« O'Brien vs Berger. » *Rapports judiciaires de Québec, Cour supérieure* 49 (1916), 278-81.

« Odell vs Gregory. » *Rapports judiciaires de Québec, Cour du banc du Roi* 19 (1910), 364-9.
« Odell vs Gregory. » *Rapports judiciaires de Québec, Cour supérieure* 5 (1894), 348-53.
« Ouimet vs Thompson. » *Rapports de pratique de Québec* 21 (1919-1920), 72-5.
« Payette vs Royal Arcanum. » *Rapports judiciaires de Québec, Cour supérieure* 60 (1922), 511-6.
« Peloquin vs Brazeau. » *Rapports de pratique de Québec* 5 (1903), 128-9.
« Peloquin vs Brazeau. » *Rapports de pratique de Québec* 5 (1903), 129-30.
« Perreault vs Bastien. » *La revue légale, nouvelle série* 27 (1921), 433-37.
« Pouliot vs Thivierge. » *Rapports judiciaires de Québec, Cour du banc du Roi* 45 (1928), 1-11.
« Proulx vs Klineberg. » *Rapports judiciaires de Québec, Cour supérieure* 30 (1906), 1-6.
« Robertson vs Honan. » *Rapports judiciaires de Québec, Cour supérieure* 24 (1903), 510-4.
« Robertson vs Honan. » *La revue de jurisprudence* 10 (1904), 250-5.
« Savard vs Gagnon. » *Rapports de pratique de Québec* 15 (1914), 386-92.
« Savard vs Letellier. » *La revue légale, nouvelle série* 22 (1916), 280-6.
« Schiller vs Lamarche. » *La revue de jurisprudence* 13 (1907), 36-52.
« Sharpe vs de Pedro. » *Dominion Law Reports* 9 (1913), 129-32.
« St-Amour vs Lalonde. » *La revue légale, nouvelle série* 19 (1913), 153-65.
« Stevenson vs Baldwin. » *Rapports judiciaires de Québec, Cour du banc du Roi* 34 (1923), 41-54.
« Stevenson vs Baldwin. » *Rapports de pratique de Québec* 21 (1919-1920), 401-4.
« Stevenson vs Baldwin. » *La revue légale, nouvelle série* 26 (1920), 298-301.
« Stroud vs Stroud. » *Rapports judiciaires de Québec, Cour du banc du Roi* 43 (1927), 464-8.
« Turgeon vs Shannon. » *Rapports judiciaires de Québec, Cour supérieure* 20 (1901), 135-49.
« Von Eberts vs Pease. » *La revue de jurisprudence* 15 (1909), 413-7.
« Walker vs Massey. » *Rapports de pratique de Québec* 5 (1903), 369-70.
« Yerisslavitz vs Yerisslavitz. » *Rapports judiciaires de Québec, Cour supérieure* 58 (1920), 509-11.
« Young vs Côté. » *Rapports judiciaires de Québec, Cour du banc du Roi* 33 (1922), 55-61.

Doctrine

Baker, W.A. « Incapacité de la femme mariée : dissertation sur les articles 176 à 184 C. C. » *La revue légale, nouvelle série* 1 (1895), 154-60.

Beauchamp, Jean-Joseph. « De l'incapacité légale de la femme mariée. » *La revue légale, nouvelle série* 5 (1899), 481-4.

– « Obligations de la femme mariée avec ou pour son mari. » *La revue légale, nouvelle série* 2 (1896), 321-89.

Brunet, Roch. « Des donations de biens futurs en contrat de mariage. » *La revue du notariat* 34 (1931-1932), 249-66.

« Du contrat de mariage. » *La revue du notariat* 13 (1910-1911), 211-9.

« Donations en contrat de mariage. » *La revue du notariat* 6 (1903-1904), 168-75.

Dorion, Charles-Édouard. « La communauté de biens : pourquoi faut-il la maintenir dans notre Code ? Parce qu'elle est la protection des droits de la femme. » *La revue du droit* 7 (1928-1929), 323-37.

Fontaine, Paul. « Conventions matrimoniales. » *La revue du notariat* 30 (1927-1928), 73-84.

Gérin-Lajoie, A. « De l'obligation de la femme avec ou pour son mari : article 1301 du Code civil. » *La revue du droit* 9 (1930-1931), 199-217.

– « Encore l'article 1301, C. C. » *La revue du droit* 9 (1930-1931), 455-9.

Germano, J. « Contrats de mariage portant attribution à la femme de tous les meubles et objets mobiliers du mari, présents et futurs. » *La revue du notariat* 6 (1903-1904), 301-7.

« Immutabilité des conventions matrimoniales. » *La revue du notariat* 12 (1909-1910), 129-40.

Kavanagh, H.J. « The Incapacity of Married Women Separate, and the Recent Decision by the Privy Council Interpreting Article 1301 of the Civil Code. » *La revue légale, nouvelle série* 9 (1903), 529-38.

Lavallée, Armand. « Incapacité légale de la femme mariée de s'obliger pour ou avec son mari. » *La revue du notariat* 35 (1932-1933), 261-85.

Loranger, Louis J. *De l'incapacité légale de la femme mariée*. Montréal, Eusèbe Senécal & Cie, 1899.

« Note de la direction. » *La revue du notariat* 6 (1903-1904), 238-43.

Pouliot, Elzébert. « De l'importance du contrat de mariage. » *La revue du notariat* 32 (1929-1930), 152-4.

« Une thèse à la faculté de droit de l'Université de Montréal. » *La revue du notariat* 34 (1931-1932), 245-8.

Article de journal

« Boy's Evidence Was Heard in Chambers. » *The Montreal Gazette* (1er octobre 1919), 4.

ÉTUDES

Arnaud-Duc, Nicole. « Les contradictions du droit. » Dans Geneviève Fraisse et Michelle Perrot, dir., *Histoire des femmes en Occident*, vol. 4, *Le XIXe siècle*, 101-139. Paris, Perrin, 2002.

Backhouse, Constance. *Petticoats and Prejudice : Women and Law in Nineteenth-Century Canada*. Toronto, Women's Press, 1991.

Backhouse, Constance, et Nancy L. Backhouse. *The Heiress vs the Establishment : Mrs Campbell's Campaign for Legal Justice*. Vancouver, University of British Columbia Press, 2004.

Baillargeon, Denyse. *Ménagères au temps de la crise*. Montréal, Remue-ménage, 1991.

Baskerville, Peter. *A Silent Revolution ? Gender and Wealth in English Canada, 1860-1930*. Montréal et Kingston, McGill-Queen's University Press, 2008.

Beaulieu, Maryse. « La condition juridique de la femme mariée (1907-1931) : salaire et communauté. Position de Marie Lacoste Gérin-Lajoie. » *Recherches féministes* 14, 1 (2001), 5-14.

Belley, Jean-Guy. « Une croisade intégriste chez les juristes : La revue du droit (1922-1939). » *Les Cahiers de droit* 34, 1 (1993), 183-217.

Blumin, Stuart M. *The Emergence of the Middle Class : Social Experience in the American City, 1760-1900*. Cambridge, Cambridge University Press, 1989.

Bourdieu, Pierre. « La force du droit : éléments pour une sociologie du champ juridique. » *Actes de la recherche en sciences sociales* 64 (1986), 3-19.

Bradbury, Bettina. « Debating Dower : Patriarchy, Capitalism and Widows' Rights in Lower Canada. » Dans Tamara Myers et al., dir., *Power, Place and Identity : Historical Studies of Social and Legal Regulation in Quebec*, 55-78. Montréal, Montreal History Group, 1998.

– *Familles ouvrières à Montréal : âge, genre et survie quotidienne pendant la phase d'industrialisation*. Montréal, Boréal, 1995.

– *Wife to Widow : Lives, Laws, and Politics in Nineteenth-Century Montreal*. Vancouver, University of British Columbia Press, 2011.

Bradbury, Bettina, et al. « Property and Marriage : The Law and the Practice in Early Nineteenth-Century Montreal. » *Histoire sociale/Social History* 26, 51 (1993), 9-39.

Brisson, Jean-Maurice, et Nicholas Kasirer. « La femme mariée et le code civil du Bas-Canada : une commune émancipation ? » Dans H. Patrick Glenn, dir., *Droit québécois et droit français : communauté, autonomie, concordance*, 221-44. Cowansville, Yvon Blais, 1993.

Brode, Patrick. *Courted and Abandoned : Seduction in Canadian Law*. Toronto, University of Toronto Press, 2002.

Chambers, Lori. *Married Women and Property Law in Victorian Ontario*. Toronto, University of Toronto Press, 1997.

Chambers, Lori, et John Weaver. « Alimony and Orders of Protection : Escaping Abuse in Hamilton-Wentworth, 1837-1900. » *Ontario History* 95, 2 (2003), 113-35.

– « 'The Story of Her Wrongs' : Abuse and Desertion in Hamilton, 1859-1892. » *Ontario History* 93, 2 (2001), 107-26.

Christie, Nancy. « From Interdependence to 'Modern' Individualism : Families and the Emergence of Liberal Society in Canada. » *History Compass* 10, 1 (2012), 81-104.

Cipriani, Lucile. « La justice matrimoniale à l'heure du féminisme : analyse critique de la jurisprudence québécoise sur la prestation compensatoire, 1983-1991. » *Les Cahiers de Droit* 36, 1 (1995), 209-43.

Cliche, Marie-Aimée. « Morale chrétienne et « double standard sexuel » : les filles-mères à l'hôpital de la Miséricorde à Québec, 1874-1972. » *Histoire sociale/Social History* 24, 47 (1991), 85-125.

– « Les procès en séparation de corps dans la région de Montréal, 1795-1879. » *Revue d'histoire de l'Amérique française* 49, 1 (1995), 3-33.

– « Puissance paternelle et intérêt de l'enfant : la garde des enfants lors des séparations de corps dans le district judiciaire de Montréal, 1795-1930. » *Lien social et Politiques-RIAC* 37 (1997), 53-62.

– « Les séparations de corps dans le district judiciaire de Montréal de 1900 à 1930. » *Revue canadienne droit et société* 12, 1 (1997), 71-100.

Collectif Clio. *L'histoire des femmes au Québec depuis quatre siècles*. Montréal, Le Jour, 1992.

Cott, Nancy F. *Public Vows : A History of Marriage and the Nation*. Cambridge, Harvard University Press, 2000.

Crête, Raymonde. « Aspects méthodologiques de la jurisprudence québécoise en droit commercial à la fin du 19e siècle. » *Les Cahiers de droit* 34, 1 (1993), 219-55.

Crête, Raymonde, Sylvio Normand et Thomas Copeland. « Law Reporting in Nineteenth Century Quebec. » *The Journal of Legal History* 16, 2 (1995), 147-71.

Davidoff, Leonore, et Catherine Hall. *Family Fortunes: Men and Women of the English Middle Class, 1780-1850*. Chicago, The University of Chicago Press, 1987.

Fish, Cynthia S. « La puissance paternelle et les cas de garde d'enfants au Québec, 1866-1928. » *Revue d'histoire de l'Amérique française* 57, 4 (2004), 509-33.

Fraisse, Geneviève, et Michelle Perrot. « La femme civile, publique et privée. » Dans Geneviève Fraisse et Michelle Perrot, dir., *Histoire des femmes en Occident*, vol. 4, *Le XIXe siècle*, 385-90. Paris, Perrin, 2002.

Fyson, Donald. « Les historiens du Québec face au droit. » *Revue juridique Thémis* 34, 2 (2000), 295-328.

Gagnon, Serge. *Mariage et famille au temps de Papineau*. Sainte-Foy, Les Presses de l'Université Laval, 1993.

Gilles, David. *Essais d'histoire du droit : de la Nouvelle-France à la province de Québec*. Sherbrooke, Les Éditions Revue de droit de l'Université de Sherbrooke, 2014.

Girard, Denise. *Mariage et classes sociales : les Montréalais francophones entre les deux Guerres*. Sainte-Foy, Les Presses de l'Université Laval, 2000.

Girard, Philip. « Land Law, Liberalism, and the Agrarian Ideal : British North America, 1750-1920. » Dans John McLaren, A. R. Buck et Nancy E. Wright, dir., *Despotic Dominion : Property Rights in British Settler Societies*, 120-43. Vancouver, University of British Columbia Press, 2005.

Gölz, Annalee E. « 'If a Man's Wife Does Not Obey Him, What Can He Do ?' Marital Breakdown and Wife Abuse in Late Nineteenth-Century and Early Twentieth-Century Ontario. » Dans Louis A. Knafla et Susan W.S. Binnie, dir., *Law, Society, and the State : Essays in Modern Legal History*, 323-50. Toronto, University of Toronto Press, 1995.

Gordon, Linda. *Heroes of their Own Lives : The Politics and History of Family Violence*. Urbana, University of Illinois Press, 1988.

Gossage, Peter. « *Au nom du père* ? Rethinking the History of Fatherhood in Quebec. » *American Review of Canadian Studies* 44, 1 (2014), 49-67.

Greenwood, Murray. « Lower Canada (Quebec) : Transformation of Civil Law, from Higher Morality to Autonomous Will, 1774-1866. » *Manitoba Law Journal* 23, 1-2 (1996), 132-82.

Hall, Catherine. *White, Male and Middle Class: Explorations in Feminism and History*. Cambridge, Polity Press, 1992.

Hammerton, A. James. *Cruelty and Companionship: Conflict in Nineteenth-Century Married Life*. Londres, Routledge, 1992.

Harvey, Kathryn. « Amazons and Victims: Resisting Wife-Abuse in Working-Class Montréal, 1869-1879. » *Journal of the Canadian Historical Association* 2, 1 (1991), 131-48.

Hayes, Alan L. « Baldwin, Maurice Scollard. » *Dictionnaire biographique du Canada* 13. Université Laval / University of Toronto, 1994.

Hébert, Karine. « Elsie Reford, une bourgeoise montréalaise et métissienne : un exemple de spatialisation des sphères privée et publique. » *Revue d'histoire de l'Amérique française* 63, 2-3 (2009-2010), 275-303.

« L'honorable juge Arthur-Aimé Bruneau. » Dans *Les juges du Québec de nomination fédérale, de 1849 à 2009*, 296-7. Québec, Direction des communications du ministère de la Justice du Québec, 2010.

Knibiehler, Yvonne. « Corps et cœurs. » Dans Geneviève Fraisse et Michelle Perrot, dir., *Histoire des femmes en Occident*, vol. 4, *Le XIXe siècle*, 391-438. Paris, Perrin, 2002.

Lachance, André, et Sylvie Savoie. « Violence, Marriage, and Family Honour: Aspects of the Legal Regulation of Marriage in New France. » Dans Jim Phillips, Tina Loo et Susan Lewthwaite, dir., *Essays in the History of Canadian Law*, vol. 5, *Crime and Criminal Justice*, 143-73. Toronto, The Osgoode Society, 1994.

Lavigne, Marie, Yolande Pinard et Jennifer Stoddart. « La Fédération nationale Saint-Jean-Baptiste et les revendications féministes au début du XXe siècle. » *Revue d'histoire de l'Amérique française* 29, 3 (1975), 353-73.

Lemieux, Denise, et Lucie Mercier. *Les femmes au tournant du siècle, 1880-1940 : âges de la vie, maternité et quotidien*. Québec, Institut québécois de recherche sur la culture, 1989.

Linteau, Paul-André, René Durocher et Jean-Claude Robert. *Histoire du Québec contemporain : de la Confédération à la Crise (1867-1929)*. Montréal, Boréal, 1989.

McKay, Ian. « The Liberal Order Framework: A Prospectus for a Reconnaissance of Canadian History. » *The Canadian Historical Review* 81, 4 (2000), 617-45.

McLean, Lorna. « 'Deserving' Wives and 'Drunken' Husbands: Wife Beating, Marital Conduct, and the Law in Ontario, 1850-1910. » *Histoire sociale/Social History* 35, 69 (2002), 59-81.

Mimeault, Mario. *L'exode québécois, 1852-1925 : correspondance d'une famille dispersée d'Amérique*. Québec, Septentrion, 2013.

Mintz, Steven, et Susan Kellogg. *Domestic Revolutions: A Social History of American Family Life*. New York, The Free Press, 1988.
Morris, R.J. *Men, Women and Property in England, 1780-1870*. Cambridge, Cambridge University Press, 2005.
Morton, Desmond. « Smart, Charles Allan. » *Dictionnaire biographique du Canada* 16. Université Laval / University of Toronto, 2015.
Nootens, Thierry. « Le contentieux de la Cour supérieure, 1880-1890 : droit, marché et société durant la transition au capitalisme industriel. » *Revue d'histoire de l'Amérique française* 69, 1-2 (2015), 165-88.
— « 'Je crains fort que mon pauvre Henri ne fasse pas grand chose' : les héritiers 'manqués' et les querelles de la succession Masson, 1850-1930. » *Revue d'histoire de l'Amérique française* 59, 3 (2006), 223-57.
— « Les plaideurs en Cour supérieure, 1880-1890 : classe, genre et juridicité durant la transition au capitalisme industriel. » *Revue d'histoire de l'Amérique française* 68, 1-2 (2014), 25-56.
— « 'What a Misfortune that Poor Child Should Have Married Such a Being as Joe' : les fils prodigues de la bourgeoisie montréalaise, 1850-1900. » *The Canadian Historical Review* 86, 2 (2005), 225-56.
Normand, Sylvio. « Beauchamp, Jean-Joseph. » *Dictionnaire biographique du Canada* 15. Université Laval / University of Toronto, 2005.
— « La codification de 1866 : contexte et impact. » Dans H. Patrick Glenn, dir., *Droit québécois et droit français : communauté, autonomie, concordance*, 43-62. Cowansville, Yvon Blais, 1993.
— « Un thème dominant de la pensée juridique traditionnelle au Québec : la sauvegarde de l'intégrité du droit civil. » *Revue de droit de McGill* 32 (1987), 559-601.
Olson, Sherry. « Feathering Her Nest in Nineteenth-Century Montreal. » *Histoire sociale/Social History* 33, 65 (2000), 1-35.
— « 'Pour se créer un avenir' : stratégies de couples montréalais au 19e siècle. » *Revue d'histoire de l'Amérique française* 51, 3 (1998), 357-89.
Olson, Sherry, et Patricia Thornton. *Peopling the North American City : Montreal 1840-1900*. Montréal et Kingston, McGill-Queen's University Press, 2011.
Owens, Alastair. « Property, Gender and the Life Course : Inheritance and Family Welfare Provision in Early Nineteenth-Century England. » *Social History* 26, 3 (2001), 299-317.
Parent, France, et Geneviève Postolec. « Quand Thémis rencontre Clio : les femmes et le droit en Nouvelle-France. » *Les Cahiers de droit* 36, 1 (1995), 293-318.
Piketty, Thomas. *Le capital au XXIe siècle*. Paris, Seuil, 2013.

Poutanen, Mary Anne. *Beyond Brutal Passions: Prostitution in Early Nineteenth-Century Montreal*. Montréal et Kingston, McGill-Queen's University Press, 2015.

Ramirez, Bruno. « Cordasco, Antonio. » *Dictionnaire biographique du Canada* 15. Université Laval / University of Toronto, 2005.

Ryan, Mary P. *Cradle of the Middle Class: The Family in Oneida County, New York, 1790-1865*. Cambridge, Cambridge University Press, 1981.

Shammas, Carole. *A History of Household Government in America*. Charlottesville, University of Virginia Press, 2002.

— « Re-Assessing the Married Women's Property Acts. » *Journal of Women's History* 6, 1 (1994), 9-30.

Smith, Bonnie G. *Ladies of the Leisure Class: The Bourgeoises of Northern France in the Nineteenth Century*. Princeton, Princeton University Press, 1981.

Snell, James G. *In the Shadow of the Law: Divorce in Canada*. Toronto, University of Toronto Press, 1991.

Stewart, Alan M., et Bettina Bradbury. « Marriage Contracts as a Source for Historians. » Dans Donald Fyson, Colin M. Coates et Kathryn Harvey, dir., *Class, Gender and the Law in Eighteenth- and Nineteenth-Century Quebec: Sources and Perspectives*, 29-53. Montréal, Montreal History Group, 1993.

Stoddart, Jennifer. « Quebec's Legal Elite Looks at Women's Rights: The Dorion Commission, 1929-1931. » Dans David H. Flaherty, dir., *Essays in the History of Canadian Law*, vol. 1, 323-57. Toronto, The Osgoode Society, 1981.

Vaillancourt, Yves. *L'évolution des politiques sociales au Québec, 1940-1960*. Montréal, Les Presses de l'Université de Montréal, 1988.

Vickery, Amanda. « Golden Age to Separate Spheres? A Review of the Categories and Chronology of English Women's History. » *The Historical Journal* 36, 2 (1993), 383-414.

Ward, Peter. *Courtship, Love, and Marriage in Nineteenth-Century English Canada*. Montréal et Kingston, McGill-Queen's University Press, 1990.

Warren, Kim. « Separate Spheres: Analytical Persistence in United States Women's History. » *History Compass* 5, 1 (2007), 262-77.

Whan, Eric, Tamara Myers et Peter Gossage. « Stating the Case: Law Reporting in Nineteenth-Century Quebec. » Dans Donald Fyson, Colin M. Coates et Kathryn Harvey, dir., *Class, Gender and the Law in Eighteenth- and Nineteenth-Century Quebec: Sources and Perspectives*, 55-79. Montréal, Montreal History Group, 1993.

Young, Brian. *Patrician Families and the Making of Quebec: The Taschereaus and McCords*. Montréal et Kingston, McGill-Queen's University Press, 2014.
– *The Politics of Codification: The Lower Canadian Civil Code of 1866*. Montréal et Kingston, McGill-Queen's University Press, 1994.

Index

abnégation, 137, 146, 180-1, 189-90
adultère, 6, 97, 99-100, 129-30, 151, 157, 171, 173, 178-9, 228n35, 229n64, 233n3, 236n5
aliments, 91, 97-101, 109-10, 126-7, 135, 153-79, 181-6, 191-8. *Voir aussi* frais du ménage; séparation de corps; séparation de fait
annulation de mariage, 102-22
Archibald (juge), 31, 78, 81, 186
Asselin, M., 48
Asselin, Mme, 48

Baldwin, Maurice Day, 167
Barry, George, 140
Barry, Mme, 141
Bastien, Eugène, 62
Bastien, Marie Louise Églantine, 154, 163
Beauchamp, Jean-Joseph, 9, 69-70
Beaudin, Alexina, 115
Belleau (juge), 116-18, 194-5
Bernier (juge), 56, 107-8, 114
Berthiaume, Eugène, 103
Blanchet (juge), 183

Boivin, Marie, 46
Bond (juge), 104, 107
Boucher, M., 81
Boucher, Mme, 81
Bourbonnière, Roch, 31
Brazeau, Alphonse, 185
Bruneau (juge), 59, 73, 78, 92, 131-5, 141-2, 153-4, 165, 178, 185
Brunet, David, 142
Brunet, M., 191
Brunet, Roch, 41

Cantin, Étienne, 51
Carroll (juge), 124, 137, 178-9
Casgrain (juge), 114
Champagne (juge), 37
Clément, Mlle, 33
Coderre (juge), 155, 176
commission Dorion, 7, 201
common law, 19-20, 96-7, 202
communauté de biens, 20-1, 63-4, 73, 148-50, 200-1, 215n47, 235n1
Conseil spécial, 21, 69-70
contrat de mariage : fondements, 24-5, 41-2, 75-6, 200 ; latitude

quant au contenu, 23-4; et reproduction sociale, 21-2. *Voir aussi* donations; frais du ménage; interdiction; séparation de biens; séparation de fait
Cornwell, Mme, 153
Courville, Godefroy, 187
Cousineau (juge), 113-14
Coutlée, M., 162
Cross (juge), 137, 152

Dastous, Anne-Marie, 103
Davidson (juge), 74
Davidson, M., 182
Dawson, Mary Claire, 148
Delisle, Arthur, 83
De Lorimier (juge), 139-40, 150
Demers (juge), 34-5, 197
Demolombe, 196
De Pedro, M., 86
De Pedro, Mme, 86
Depocas, Henri Arthur, 50
Déry, Virginie, 59
divorce, 14, 97-8, 130-4, 148-50, 215n44, 228n44, 240n17
donations: à cause de mort, 24, 33-4, 40, 53, 78, 82; à titre onéreux ou gratuit, 51, 62-3; de biens à venir (ou futurs), 24, 33-5, 38-42, 53, 55-6, 77-82, 220n39; entre vifs, 24, 27-30, 35-6, 51-3, 56, 81-2. *Voir aussi* contrat de mariage; interdiction; séparation de corps; séparation de fait
Dorion, Charles-Édouard, 200-1
Dorion (juge), 49, 116
douaire coutumier, 20-1
Dufresne, Bertille, 192
Dufresne, Hector, 192
Dufresne, Napoléon F.-X., 192
Dunedin, vicomte, 108

épouses: connaissances juridiques et financières des, 12-13, 45, 55, 61-3, 71, 85, 131-4, 143-4, 161-2, 204-6; patrimoine en propre des, 31-2, 37, 54-5, 59-61, 127-35, 166-7. *Voir aussi common law*; incapacité des femmes mariées; interdiction; mariage; séparation de biens; séparation de corps; séparation de fait
Evans, James Shanks, 136

faillite, 27-33, 46-51, 58-61, 181
Falardeau-Savard, Marie-Anna, 32
Foster, M., 55
Fox, Sarah, 28
frais du ménage: responsabilité des époux, 22-3, 98-100, 151-5, 166-70, 183-4, 229n59, 239n5. *Voir aussi* aliments; séparation de corps

Gagnon, Dorimène, 58
Garneau, Meva, 57
Gérin-Lajoie, Marie Lacoste, 15, 215n47
Germano, J., 40-1
Gilbert, N. H., 46
Glassford, Ethel, 118
Greenshields (juge), 86-8, 107, 178, 183-4
Gregory, Mme, 151
Guérin (juge), 107, 190
Guertin, Delphine, 142

Haensel, M., 79
Haldane, vicomte, 179
Hall (juge), 107
Hauzberg, M., 34
Heney, Mme, 73
Hétu, Mme, 162

Hill, Mme, 183
Hislop, Walter Mackay, 148
Honan, Martin, 37
Howard (juge), 174, 177-8
Hubou, Mme, 31
Hudon, Blanche, 3, 83

incapacité des femmes mariées : à contracter, 24, 36-7, 67-8, 72-8, 83-8, 216n22 ; à ester en justice, 32-3, 104-5, 125-6, 163, 206 ; fondements, 8-9. *Voir aussi* interdiction ; séparation de biens ; séparation de corps ; séparation de fait ; sphères séparées
interdiction : des contrats de vente entre époux, 24 ; faite à l'épouse séparée de biens de s'obliger au profit de son mari, 24, 49, 55, 57-8, 68-70, 223n57 ; faite aux époux de s'avantager entre vifs, 24, 38-40, 44-53, 58-61, 68, 77, 81, 152, 188-90, 217n32, 221n3 ; de modifier le contrat de mariage, 24, 44-5
Internoscia, Jerome, 57

Jameison, M., 139
Johnson, M., 183
jurisprudence : comme source historique, 10

Kavanagh, Mme, 63
Klineberg, Louis, 27
Kurczyn, Gabriela Matilde, 74

Labbé, Arthur, 65
Laflamme, Mme, 195
Lafontaine (juge), 48, 67-8
Lalonde, Marie-Louise, 50
Langelier, François, 9, 23

Langlois, Marie-Louise, 65
Laporte, Mme, 191
Larue (juge), 28
Laviolette, Mme, 196
Leroux, Mme, 163
Létourneau (juge), 107
Loranger (juge), 55, 105-8
Loranger, Louis J., 9, 25

McCorkill (juge), 33, 151-2
McCrory, M., 63
McLennan (juge), 77, 144, 149
McWood, Ellen Maud, 75
Mailloux, Mme, 30
mariage : chez l'élite, 3-6, 201-3 ; et ordre social, 16-17, 23-4, 39-42, 92, 94-5, 102, 106-7, 180, 206-7. *Voir aussi* abnégation ; contrat de mariage ; donations ; épouses ; incapacité des femmes mariées ; séparation de biens ; séparation de corps ; séparation de fait
Martineau (juge), 31, 196-7
Massey, M., 36
Mathieu (juge), 29, 65, 186
Michalson, Harris, 118
Mignault, Pierre-Basile, 8, 99, 212n22, 220n39, 233n4
Mooney, Ella Jane, 36

Neilson, Robert, 115

Odell, M., 151
Ontario. *Voir common law*
Ouimet, Rodias, 184

Panneton (juge), 73, 197
Paquette, Clara, 187
Payette, Arthur, 186
Payette, Marie Adéline, 186
Pelletier (juge), 145

Peloquin, Émélia, 185
pension alimentaire. *Voir* aliments
Perreault, Ovila Stanislas, 154, 163
Pouliot (juge), 50-1, 119-21

Québec: conservatisme de la province de, 14-15, 69, 96-7, 202-3, 215n47

Raimbault, Frank, 73
Raymond, Charles, 58
remariage, 36, 51, 185-91
Roberts, Vida Florence Alberta, 125
Robitaille, George, 59
Rosenthal, M., 58
Rosenthal, Mme, 58
Roy, Élisa, 51
Roy, Mme, 79

Saint-Jacques, M., 195
saisie: 28-9, 33-8, 40, 42-3, 56, 75, 79-82, 140, 143-4, 150, 197, 205
Schiller, Carl, 28
séparation de biens, 20-2, 41, 200-1, 242n7; et capacité des femmes mariées, 23, 33, 58, 98, 125, 216n9, 230n65; obtenue en justice, 49, 64-5, 96
séparation de corps, 93-101, 147-80, 233n3, 241n6; et capacité des femmes mariées, 96, 100-1, 230n67, 230n68, 230n69; et communauté de biens, 148-50, 236n5; conséquences sur le régime matrimonial et le contrat de mariage, 100-1, 229n64; et garde des enfants, 95-7, 152-3, 155-7, 162, 165-80, 229n58. *Voir aussi* aliments; divorce
séparation de fait, 123-46
Shannon, Mary T., 62
Sheffer, Jennie, 27
Slayton, Olive M., 136
Smart, Charles Allan, 75
sphères séparées, 13-14, 41-2, 203-5, 214n42
Stein, Marie Louise, 37
Stevenson, Mary, 3, 166
Stroud, Paul McKay, 125
substitution, 83, 196
Surveyer (juge), 109, 111-13

Taché, Jean, 54
Taché, Mme, 54
Tait (juge), 81
Taschereau, H.-T. (juge), 38
Tellier (juge), 135, 178
Thompson, Élizabeth, 184
Tiffin, Charles L., 74
Trahan (juge), 82
Trihey, M., 33

violence conjugale, 93-4, 99
Von Eberts, Mme, 139

Weir (juge), 134-5, 137
Wilson, Mme, 34
Winteler, Mme, 182
Wurtele (juge), 60-1

Yerisslavitz, Moses, 35
Yerisslavitz, Pauline, 35
Young, Mme, 55